기후변화에 대한 법적 대응

-유엔기후체제, 국내법 및 통상법의 관점에서-

박덕영 · 최승필 · 고문현

박영사

본 연구는 산업통상자원부(MOTIE)와 한국에너지기술평가원(KETEP)의 지원을 받아 수행한 연구 과제임
(No. 20174010201440)

이 저서는 2016년 대한민국 교육부와 한국연구재단의 지원을 받아 수행된 연구임
(NRF-2016S1A3A2925230)

머리말

우리는 기후변화의 시대에 살고 있다. 지구온난화로 인해 기후가 변하고 기온이 계속 상승할 것이라는 과학적 연구 결과가 연일 발표되고 있다. 과학계의 경고를 굳이 찾아보지 않더라도, 우리는 매년 여름 찾아오는 폭염과 이상기후는 물론 국민에게 마스크 착용과 실외활동 자제까지도 종용하는 미세먼지 문제까지 경험하고 있다. 봄이 되면 미세먼지에 대한 대응을 둘러싼 논란에서 시작하여 여름에는 폭염에 대한 성토와 함께 전기료 누진제에 대한 찬반은 매년 더욱 치열해지는 중이다. 이에 더해 탈원전, 수소에너지, 경유차, 태양광, 풍력 및 지열발전에 대한 논란까지 이어지면서 기후변화를 포함한 환경문제는 우리 사회의 주요 이슈가 되었다.

이렇듯 심각한 기후변화 문제를 법학자로서 바라보고 이 문제의 논란에 어떻게 대응해야 할 것인지는 매우 중요하다. 비록 기후변화에 대한 대응은 우리 국민은 물론 더 나아가 인류 전체에게 주어진 숙제이지만, 관련된 논란의 시작과 끝은 법과 제도를 통해 나타나기 때문이다. 우리나라에서 기후변화에 대응하기 위한 법률 중 가장 대표적인 것은 저탄소 녹색성장 기본법이라 할 수 있으며, 국제사회에서는 1992년 이래 기후변화협약, 교토의정서 및 파리협정으로 이어지는 유엔기후체제(UN Climate Regime)를 형성한 바 있다. 국내에서든 국제사회에서든 관련된 논의는 법과 조약을 위한 논의에서 시작되고, 법과 조약이 만들어지기 전후 논의의 결과는 다시 법과 조약에 의해 정리된다.

이러한 상황을 고려해보았을 때, 기후변화에 있어 법학자에게는 두 가지 사명이 주어진다고 생각한다. 첫째는 기후변화를 이해하고 관련 논의에 참여하려 노력해야 한다는 점이고, 둘째는 관련된 논란이 논쟁에서 끝나는 것이 아니라 구체적 결과, 즉 법과 조약으로 이어지도록 이끄는 것이다. 이 책은 이러한 법학의 역할을 보여주기 위해 기획되었다.

이 책은 법학, 환경정책학, 외교학, 국제정치학 등 사회과학의 영역에서 기후변화 문제에 관심을 가지는 이들, 더 정확히는 관심을 가져야 하는 대학생들과 대학원생들을 위해 쓰였다. 물론 기후변화 문제에 관심을 가지고자 하는 학자들에게도 이 책은 유용한 길잡이가 될 것이다. 특히 내용에서는 유엔기후체제에 대한 설명을 중심으로 하여 국내법, EU환경 · 통상법, 국제통상법과 환경문제에 이르는 다양한 주제를 다루고 있으므로, 각 영역을 전공하는 사람들에게도 기후변화로의 저변을 넓히는 기회를 제공해줄 것으로 믿는다.

이 책은 숭실대학교 기후변화특성화대학원의 지원을 받아 시작되어, 한국연구재단의 사회과학연구 지원사업(SSK)의 지원을 받아 결실을 본 것이다. 필자가 센터장으로 있는 연세대학교 SSK 기후변화와 국제법 연구센터는 앞으로 이와 같은 저술이 계속 나와서 전문가들로부터 일반 대중, 더 나아가 이 지구를 물려받게 될 미래세대가 기후변화 문제를 보다 깊이 이해할 기회를 마련하고자 한다. 현재 신기후체제의 중심이 되는 파리협정을 해설한 <파리협정의 이해> 등이 기획 중에 있음을 여기서 미리 밝혀둔다.

이 책이 나오기까지, 또 바쁜 연구일정을 묵묵하게 지원해주고 있는 연구센터 구성원들에게 고마움을 표하며, 박영사의 안종만 회장님, 조성호 이사님, 이 책이 잘 나올 수 있도록 세심하게 배려해주신 조보나 대리님께도 감사의 뜻을 전한다.

2019년 2월

저자를 대표하여 박덕영 씀

목 차

/ CHAPTER 01 /

기후변화 대응을 위한 유엔기후체제

/ CHAPTER 02 /

기후변화협약과 국내법·제도적 대응
-공법적 쟁점을 중심으로-

/ CHAPTER 03 /

EU기능조약상의 환경보호체계

/ CHAPTER 04 /

다자간 환경협정(MEAs)과 통상규범

/ CHAPTER 05 /

무역과 기후변화정책의 상호 발전적 대응 방안

/ APPENDIX /

기후변화 국제조약

-영한대역-

기후변화 대응을 위한 유엔기후체제

01

CHAPTER 01

기후변화 대응을 위한 유엔기후체제

Ⅰ. 기후변화협약의 성립배경

지구의 기온은 대기 중에 존재하는 온실가스의 농도에 의해 커다란 영향을 받는다. 온실가스는 지구를 온화하게 유지해준다는 다소의 장점도 갖고 있지만, 인간 활동으로 인해 대기에 축적되는 온실가스는 이른바 온실효과를 일으키고, 특히 태양열이 지구 표면을 벗어나지 못하게 하여 지구온난화라는 원치 않는 결과를 발생시키게 된다. 이러한 기후변화의 문제를 해결하기 위한 국제적 법체계가 바로 국제기후변화법제(International Climate Change Law)이며, 주로 유엔을 중심으로 논의되기 시작한 세 개의 조약을 중심으로 발전해오고 있다. 다만, 기후변화에 대한 국제적 대응은 복잡하고, 국가 간 첨예하고 커다란 입장차 속에서 진화하고 있다. 누구나 기후변화 문제의 시급성에 대해 인식하고 즉각적인 행동을 통해 기후변화 문제를 해결해야 한다는 점에 대해서는 자각하고 있지만, 이 문제를 다루는 구체적인 방법에 대한 합의에 도달하는 것은 각국의 이해관계를 고려하면 그리 쉬운 일이 아니었다.

국지적인 환경 문제에 대한 관심은 꽤나 오래전부터 이어져 왔지만, 이것을 국제적인 문제, 더 나아가 전 세계의 문제로 인식하기 시작한 것은 대략 1960년 대부터라고 할 수 있다. 많은 국가들이 법과 정책을 통하여 환경 문제에 관심을 갖기 시작했으나, 개별 국가의 관심 내지 국지적 협력만으로는 문제를 해결할 수 없다는 것을 인식하게 되었다. 해양에서의 기름유출을 비롯한 해양오염 문제가 대두되면서 전 세계 대중이 환경 문제에 경각심을 갖게 된 것은 물론이고, 환경오염은 전 지구적으로 확산되는 문제라는 점이 큰 공감대 속에 확인된 바 있다. 특히 스웨덴 정부는 1968년 유엔이 인간과 환경에 관한 국제회의를 소집해줄 것을 요청하였는데, 여기서 제시된 목표는 환경 문제의 중요성 내지 심각성에 대한 관심을 촉구하는 동시에 유엔에서 이 문제를 구체적이고 장기적으로 다루도록 하는 기초를 마련하는 것이었다. 유엔총회는 결의 2398(XXIII)을 통해 환경 문제 해결을 위한 국제회의 개최를 결정하고, 1972년 6월 5일부터 16일까지 스웨덴 스톡홀름에서 유엔 환경회의를 개최하였다.

한편 민간 차원에서 1972년 세계 52개국의 학자와 기업인, 전직 대통령 등 각계 지도자 백 명으로 구성된 연구기관인 로마클럽[1)]에서는 '성장의 한계(The Limits to Growth)'라는 보고서를 발간하였다. 이 보고서의 핵심내용은 지구상에 존재하는 천연자원은 한정되어 있고, 인구는 계속해서 증가할 것이므로 미래의 경제발전은 제한을 받을 수밖에 없다는 것이었다. 여기서는 특히 식량 산출량의 증가를 넘어서는 인구증가, 공업생산의 증대와 이보다 훨씬 빠르게 소멸하는 자본재의 문제, 재생 불가능한 자원 사용의 급속한 증가로 인한 자원고갈, 인류의 산업활동 증가에 따른 환경오염의 가속화 문제 등을 집중적으로 경고하고 있다.[2)] 이 보고서는 경제발전과 환경 문제 간의 관계를 반성적으로 재조명함으로써 1980년대 이후부터 본격적으로 세계적 차원에서 환경 문제에 대한 국가 간 협력이 이루어지는 데 필요한 이론적 기반을 제공하였다.

특히 과학계는 20세기 중반부터 대기 중 이산화탄소가 해양에 의해 흡수되지 못할 수 있다는 점에 대해 경고하기 시작했고, 더욱이 대기 중의 이산화탄소 농도를 측정할 수 있게 됨에 따라 이산화탄소 농도가 매년 지속적으로 증가한다는 점과 기후변화로 인해 야기될 수 있는 환경적 영향이 매우 크다는 점이 확인되었다. 무엇보다 대기 중 이산화탄소 농도가 지구의 평균기온과 밀접하게 관련

---

1) 로마클럽에 대한 보다 상세한 내용은 勝田 悟 저, 박덕영·이현정 역, 2018, 『CSR 환경책임』, 박영사, pp.67-68 참조.
2) 최승국, "녹색경제를 향한 모색", http://happy100.tistory.com/340.

되어 있다는 점이 과학적으로 밝혀짐에 따라 기후변화 문제에 대한 경각심과 이를 억제하기 위한 노력의 필요성이 인식되었다.

기후변화 문제를 다루기 위한 국제적인 노력은 끊임없이 계속되었다. 1979년 스위스 제네바에서는 세계기후회의(World Climate Conference)가 개최되었고, 회의의 결과로 세계기후 프로그램(World Climate Program)이 만들어졌으며, 1985년에는 오스트리아 빌라흐 회의(Villach Conference)를 통해 기후변화의 과학적 측면에 대한 논의를 위한 장이 마련되기도 하였다.

1988년에는 지구온난화의 과학적 근거 마련 및 사회경제적 영향평가 수행을 위하여 '기후변화에 관한 정부 간 패널(Intergovernmental Panel on Climate Change: IPCC)'[3]이 설립되었고, IPCC가 1990년 최초로 발간한 평가보고서는 다음 한 세기 동안 지구의 평균기온이 0.2℃에서 0.5℃ 정도 상승할 수 있다고 경고한 바 있다. 여기서 기온의 상승은 전 세계의 강우량이 증가한다는 것을 의미할 뿐 아니라, 해수면이 2030년에는 20cm, 21세기 말에는 65cm까지 상승할 수 있다는 것을 의미한다. 이는 1992년 브라질 리우데자네이루에서 열린 리우회의라고도 불리는 유엔환경개발회의(UN Conference on Environment and Development: UNCED)에서 '기후변화에 관한 국제연합 기본협약(UNFCCC, 이하 기후변화협약)'에 이르는 과학적인 근거가 되었다.

기후변화를 다루는 국제적 합의가 필요하다는 공감대 속에 1990년에 국가들 사이의 공식적인 논의가 시작되었는데, 유엔총회가 이 작업에 착수하고자 할 때, 가장 쟁점이 되었던 사안은 협정에 어떠한 내용을 어느 범위까지 어떻게 다루어야 하는지를 결정하는 문제였고, 다른 하나는 선진국들과 개발도상국들에 대한 규율방식 차등화를 어떻게 규율할 것인가의 문제였다. 미국과 일부 선진국들은 구체적인 의무를 포함하지 않은 기본협약(framework convention)을 채택하는 방식을 선호한 데 반하여, 다수의 유럽 국가들과 도서국가들은 기후변화와 관련된 논의가 단지 기본협약을 체결하기에는 너무나 많이 진척되었으므로 보다 심화된 의무를 부여하는 협약을 만들어야 한다고 주장하였다. 한편 개발도상국과

3) 유엔환경계획(United Nations Environment Program: UNEP)과 세계기상기구(World Meteorological Organization: WM0)가 인간의 활동이 기후변화에 미치는 영향을 분석하기 위해 1988년 11월 설립. 기후변화에 관련된 과학적·기술적 사실에 대한 평가를 제공하고, 국제적인 대책을 마련하기 위한 정부 간 협의체.

선진국 사이의 차등화 문제는 과거에도 문제가 되었지만, 오늘날에도 여전히 미해결의 문제로 남아 있다. 이는 선진국과 개발도상국 간에 기후변화를 야기한 책임이 국가별로 누구에게 얼마나 있는가에 의해 좌우되는 것인데, 각 회원국이 부담해야 하는 협약상의 의무를 정하는 문제와도 밀접하게 연결되어 있는 이슈이다.

기후변화협약에 대한 협상이 개시되고, 협약의 발효에 이르기까지의 공식적인 조약체결 절차에는 3년이 조금 넘는 기간이 소요되었는데, 이는 환경과 관련한 국제협상치고는 비교적 짧은 기간이라고 할 수 있다. 게다가 실제의 협상은 협상기간이 종료되기 몇 달 전, 첨예한 쟁점에 대해서는 몇 시간 전의 극적 합의를 통해 협약이 성립될 수 있었다고 알려져 있다. 유엔총회가 1990년 기후변화협약을 위한 정부 간 협상위원회(Intergovernmental Negotiating Committee for a Framework Convention on Climate Change: INC)를 출범시켰지만 처음부터 협상당사국들 사이의 입장차는 컸다. 비단 선진국과 개발도상국 사이의 입장차뿐만 아니라, 선진국들 상호 간에, 또 개발도상국들 사이에서도 의견차가 적지 않았다. 막판에 가서는 기후변화협약이 어떻게든 성립되어야 한다는 필요성을 앞세워 몇몇 협상국들만이 협약문을 결정하는 일까지도 용인되었다. INC는 1991년 2월과 1992년 5월 사이에 5차례 회합하였고, 1992년 5월 9일에 기후변화협약을 기본협약의 형태로 채택하게 되었다. 협약은 재정 메커니즘(제11조), 상세한 보고 요구사항들(제12조)과 국제적 검토(제7조 2항 e호)를 포함하는 비교적 강력한 이행체제를 확립하고 있다는 점에서 전형적인 기본협약과는 다른 모습을 보여주고 있다. 이후 50개국이 비준한 결과 2년이 채 지나지 않은 1994년 3월 21일에 발효되었다. 기후변화협약은 2019년 2월 현재 197개의 당사국이 참여하고 있으며, 우리나라는 1993년 47번째로 협약에 가입하였다.[4]

이렇게 협약이 초기에 성공할 수 있었던 이유로는 많은 국가들 사이에서 형성된 기후변화에 대한 공동대응의 필요성이라는 공감대가 있었고, 협약에서 1992년 6월 UNCED에서 서명하도록 최종기한을 설정한 점 역시 주효했던 것으로 평가된다. 이로 인해 국가들은 상당한 압박을 받았을 것으로 보인다. UNCED는 스톡홀름 회의로부터 20년 후에 개최된 회의로, 그동안 발생한 환경 문제들

---

4) IPCC는 1990년 8월, "2100년에는 지구 평균기온이 약 3℃ 상승한다. 대기 중 농도를 현재 수준으로 유지하려면 즉시 인간활동에 의한 C02 배출을 60% 이상 저감하지 않으면 안 된다"는 내용의 제1차 평가보고서를 발표하였다.

에 주목하고, 그간 국제사회에 의해 추진되어 온 노력들에 대한 평가가 이루어졌으며, 무엇보다 인류의 지속가능한 발전과 환경 문제의 상화관계에 대한 논의를 위해 마련된 것이었다(유엔총회 결의 44/228). 특히 유엔은 환경 문제를 크게 9가지 범주로 나누었는데, 대기, 수자원, 해양환경, 육지자원, 폐기물 등 환경 문제와 함께 생활 및 직업 환경의 개선, 인간 건강의 증진 및 삶의 질 향상이라는 인간 중심의 문제 역시 함께 망라되었다. 동 회의에서는 기후변화협약과 함께 생물다양성협약(Convention on Biodiversity)도 서명되어, 현재까지 국제환경법의 발전에 있어 가장 중요했던 회의라고 할 수 있다.

Ⅱ. 유엔기후체제의 구조와 특징

기후변화에 대응하기 위한 국제적 노력은 다방면에서 이루어지고 있다. 비단 국가들 사이에서의 노력뿐만 아니라, 지방정부, 도시 또는 민간(시민사회 및 경제주체)의 노력도 끊임없이 이어지고 있다. 하지만 기후변화대응 논의에 있어 가장 핵심이 되는 규범을 형성하고, 전 세계적 행동을 규정하는 규범체계는 기후변화협약을 중심으로 발전하고 있는 이른바 유엔기후체제(UN Climate Regime)라고 할 수 있다. 유엔기후체제는 기후변화를 억제하기 위한 목표를 설정하고, 이를 실천하기 위한 구체적인 행동의무를 정하고, 이러한 행동에 대해 평가하고 그 이행방안을 강구하도록 하는 이행 메커니즘으로 구성되어 있다. 물론 이러한 세 가지 요소는 긴밀한 관계를 갖고 있으며, 상호보완적이다.

유엔기후체제는 환경 문제를 다루는 현대의 국제규범들에서 자주 활용되고 있는 이른바 기본협약–의정서(framework convention–protocol) 방식을 따르고 있다. 즉, 기후변화협약은 하나의 골격 내지 원칙으로서의 기능을 하고, 이를 구체화하고 업데이트하는 것은 이후에 성립되는 또 다른 조약인 의정서에 맡기는 방식이다. 이에 따라 기후변화협약 제17조에는 의정서 성립에 관한 근거가 마련되었고, 실제로 협약이 성립되고 5년이 지난 후인 1997년 교토의정서(Kyoto Protocol)

가 채택되었다. 이후 2015년 파리협정(Paris Agreement)이 성립되었는데, 이는 형식적으로는 기후변화협약의 의정서는 아니지만, 실질에 있어서는 교토의정서와 마찬가지로 협약의 내용을 보충·구체화하고 모든 기후변화협약 당사국들의 참여를 인정한 보편적 의정서이다.

적어도 기후변화협약과 교토의정서하에서는 공통의 그러나 차이가 나는 책임의 원칙에 따라 가입 당사국을 부속서 I(Annex I) 국가, 부속서 II(Annex II) 국가, 비부속서(Non-Annex I) 국가로 구분하여 각기 다른 방법으로 온실가스 감축 의무를 부담하기로 결정하였다. 부속서 I 국가는 주로 선진국들로 1992년 기준 24개의 OECD 가입국과 체제전환국(Economies in Transition: EIT)인 러시아, 발트해 연안 국가, 일부 동유럽 국가 및 EU를 포함하고 있다. 그 후 제3차 기후변화협약 당사국총회(COP3)에서 6개국이 추가되었다. 부속서 II 국가는 부속서 I 국가 중 EIT를 제외한 OECD 가입국으로, 개발도상국에 재정과 기술을 지원할 의무를 지닌다. 비부속서 국가들은 대부분 기후변화의 부정적인 영향에 대처할 역량이 부족한 개발도상국을 포함하고 있다.

표 1-1 기후변화협약(UNFCCC) 부속서 및 비부속서 국가 현황[5)]

구분	부속서 I 국가	부속서 II 국가	비부속서 국가
국가	- OECD 국가 - EU - 체제전환국(EIT: 11개국)	부속서 I 국가 중 동구권 EIT 국가를 제외한 OECD 국가와 EU	기후변화협약 가입국 중 부속서 I 외의 국가
의무	온실가스 배출량 1990년 대비 평균 5.2% 감축	개발도상국에 재정지원 및 기술이전 의무	국가보고서 제출 등 협약상의 공통의무 이행

기후변화협약은 최고의사결정기구로 당사국총회(Conference of Parties: COP)를 두고 있으며, 1995년 독일 베를린에서 제1차 회의가 개최된 이래 매년 1회 개최되고 있다. 제1차 당사국총회에서는 2000년까지 온실가스 배출을 1990년 수준으로 감축시킬 것을 목표로 한 선진국의 공약이 부적절하다고 결론짓고, 부속서 I 국가들의 이행수준을 강화하기로 한 소위 '베를린 위임사항(Berlin Mandate)'에 합

5) 석현덕 외, 2010, "기후변화협약 ERDD+메커니즘의 이해와 향후 협상전망", 한국농촌경제연구원, p.36.

의하였다. 그 후 2년간의 협상과정을 거쳐 1997년 12월 일본 교토에서 개최된 제3차 당사국총회(COP3)에서 채택된 것이 바로 교토의정서이다.

교토의정서는 산업혁명 이후 지구온난화의 주요 원인을 제공해 온 선진국에게 역사적인 책임을 묻고, 실질적인 온실가스 감축목표를 달성하기 위해 부속서 I 국가를 대상으로 구속력 있는 온실가스 감축목표치를 부여하였다. 이에 따라 교토의정서는 2008~2012년에 이르는 제1차 공약기간 동안 38개국에 평균 5.2%의 의무 감축률을 설정하였다. 우리나라는 교토의정서 채택 당시 OECD 국가였으나, 금융위기(IMF) 등으로 인해 개도국으로 분류되어 멕시코와 함께 비의무감축국으로 남았다. 교토의정서의 가장 특징적인 부분은 선진국들이 자국에 부여된 감축의무를 국내적인 수단으로만 달성하기에는 한계가 있다는 점을 인정하여, 배출권 거래나 공동이행, 청정개발체제(CDM) 제도 등을 통해 의무 이행에 유연성을 부여했다는 점이다.[6] 그러나 2001년 3월, 단일국가로는 세계 최대 온실가스 배출국이었던 미국(36.1%)이 교토의정서를 비준하지 않기로 함에 따라 교토의정서의 발효요건을 충족하지 못하였고, 발효는 보류된 채 당해 11월 마라케시 합의문을 통해 교토의정서의 세부운영 규칙에 대한 합의만을 이루었다.[7] 2004년 11월 러시아의 비준으로 인해 발효요건을 갖춘 교토의정서는 2005년 2월 발효되었고, 당시 부속서 I 국가의 총배출량은 전 세계 배출량의 약 2/3를 차지한 바 있다.

6) 앞의 글, p.38.

7) 교토의정서 제25조 1항: “This Protocol shall enter into force on the ninetieth day after the date on which not less than 55 parties to the Convention, incorporating Parties included in Annex I which accounted in total for at least 55 percent of the total carbon dioxide emissions for 1990 of the Parties included in Annex I, have deposited their instruments of ratification, acceptance, approval or accession.”

III. 기후변화협약 및 교토의정서의 주요 내용

1. 기후변화협약

가. 협약의 목적

기후변화협약의 가장 큰 성과는 기후변화에 대한 원인 중 인간활동이 중요한 부분을 차지하고, 이러한 인간활동에 대해 적절한 조치를 취함으로써 온실가스 농도를 안정시켜야 한다는 데 합의를 이룬 것이라고 할 수 있다. 즉, 협약 제2조 1문에서는 “기후체계가 위험한 인위적 간섭을 받지 않는 수준으로 대기 중 온실가스 농도의 안정화를 달성하는 것”을 협약의 궁극적 목적으로 언급하고 있다. 여기에서 ‘기후체계’란 협약 제1조에 명시된 바와 같이 ‘대기권, 수권, 생물권과 지리권 그리고 이들의 상호작용의 총체’를 의미한다. 협약의 목적이 이와 같기 때문에 대기권, 수권, 생물권 및 지리권이 인위적 간섭으로 인하여 온실가스의 배출농도를 측정하고 이를 감축하기 위한 노력 및 그 결과의 평가는 협약 이행에 있어서 가장 기초적인 과제가 된다.

그러나 이러한 목적의 타당성은 지구온난화 자체를 부정하는 이론 및 인위적 활동과의 연관성 부족에 대한 비판 등이 지속적으로 제기되면서 그 타당성을 의심받아 왔다. 이에 대응하기 위하여 IPCC는 정기적으로 발표하는 기후변화 보고서를 통해 각종 과학적 관측 결과와 분석을 통해 협약의 목적이 갖는 타당성을 입증하여 왔다. 기후변화 문제에 대한 과학의 역할과 과학적 근거제시의 중요성 때문에 과학은 협상과 함께 기후변화에 대한 국제적 논의를 떠받치는 두 개의 기둥 중 하나라고 설명하기도 한다.[8] 가장 최근(2014년)에 발표된 것이 IPCC의 제5차 평가보고서(Assessment Report)인데, 이미 제4차 보고서에서 유형별 온실가스 배출량을 분석해 “인류의 활동에 의하여 발생한 지구 온실가스(GHGs) 배출량은 산업화 이전부터 증가해 왔으며, 1970년부터 2004년 사이에는 70%나 증가

8) Dupuy, Pierre-Marie, Viñuales, Jorge E., 2018, International Environmental Law, 2nd edition, Cambridge: Cambridge University Press, p.173.

하였다"는 점을 분명히 하였다.[9] 2014년 제5차 평가보고서는 더욱 적나라하고 충격적인데, 보고서는 다음과 같은 결론을 도출하고 있다.

- 기후시스템의 온난화는 "명백하다." 영국기상청의 최신자료에 따르면, 현재 지구의 평균기온은 산업화 이전 수준보다 거의 1℃ 정도 올라간 것으로 나타났다.
- "20세기 중엽부터 관찰된 온난화의 지배적 원인이 인간의 활동이었을 가능성이 매우 높다."
- "관찰된 많은 변화들은 수십 년에서 수천 년 동안 전례가 없던 것들이다. 대기와 해양이 온난해졌고, 눈과 얼음의 양이 줄어들었으며, 해수면이 상승했고, 온실가스의 농도가 증가했다."
- 이 변화들은 "모든 대륙과 모든 해양의 자연 및 인간 시스템에 영향을 미쳤다." "온실가스의 지속적인 배출은 온난화를 심화시킬 것이며, … 심각하고, 광범위하고, 돌이킬 수 없는 영향을 미칠 가능성을 증가시킨다."[10]

또한 시뮬레이션을 통해 자연적 요인과 인위적 요인에 따른 지표 온도의 변화값을 측정함으로써 지구온난화 현상이 인위적 강제력이 없이는 발생하지 않았을 것이라는 점도 밝히고 있다. 제1문에서 언급된 '위험한 인위적 간섭'에 대한 근거 역시 강화된 과학적 예측결과에 의해 뒷받침되고 있다. IPCC 제4차 보고서는 2090~2099년에는 1990~1999년에 비해 지구의 온도가 시나리오에 따라 최소 1.1℃에서 최대 6.4℃까지 상승하고 이러한 상승폭의 중간값인 3.8℃ 정도 상승한다고 가정할 경우, 생물종의 30~40%가 멸종위험에 노출되고, 모든 위도에서 곡물의 생산성이 감소하기 시작하여 3천만~1억 2천만에 달하는 인류가 기근의 위협에 놓이게 된다고 전망한다. 따라서 인위적 간섭이 현재와 같은 수준으로 유지될 경우에 초래될 기후체계에 대한 위험성은 명백하다고 할 수 있다.

마지막으로 '온실가스'에 해당하는 물질을 이산화탄소(CO2), 메탄(CH4), 아산화질소(N20), 수소불화탄소(HFCS), 과불화탄소(PFCS), 육불화황(SF6) 등 여섯 가

9) IPCC, Climate Change 2007: Synthesis Report. Contribution of Working Group I, II and III to the Fourth Assessment Report of the Intergovernmental Panel on Climate Change.
10) IPCC, Climate Change 2014: Synthesis Report (2014) Summary for Policymakers.

지로 분류하였다. 각각이 지닌 위험성의 정도와 전체적인 온실가스 농도 안정화에 미치는 영향은 본고가 다루는 범위를 벗어나는 전문적인 문제로서, 자세한 내용은 IPCC의 제5차 보고서까지의 내용을 참고하기 바란다.

나. 협약의 원칙

기후변화협약의 원칙은 협약 제3조의 1항에서 5항에 걸쳐 규정되어 있다. 협약의 기본원칙은 기본'의무'라고도 말하는데, 이는 협약의 기초가 될 뿐만 아니라 이러한 원칙에 따른 행동을 회원국에게 요구하고 있기 때문이다. 예를 들어 협약 제3조 3항은 사전주의적 조치를 취하도록 하는데, 이는 당사국에게 이러한 조치를 취할 의무가 있다는 것을 천명한 것이기도 하다. 물론 당사국이 의무를 '이행'하기 위해서는 의무가 구체화될 필요가 있지만, 협약상의 원칙을 단지 지도원리나 가이드라인 정도로 볼 수는 없으며, 이들 역시 의무로서 당사국을 구속한다는 점을 염두에 둘 필요가 있다.

협약이 규정하고 있는 첫 번째 원칙은 '형평성에 입각하여 공통의 그러나 차이가 나는 책임과 개별국가 역량에 따라' 기후체계를 보호하는 것이다. 기후변화협약에서 가입 당사국을 부속서 I, II, 비부속서 국가로 나누어 각기 다른 의무를 부담하도록 한 것도 이러한 원칙에 의한 것이다. 부속서는 OECD 가입 여부, 시장경제체제를 갖추었는지 여부, 기후변화에 대한 책임 정도 등을 기준으로 각 국가를 분류하고 있다. 특히 선진국, 즉 부속서 I 국가에 더 무거운 감축의무를 부과한 것은 IPCC 제4차 보고서에서 언급된 바와 같이 산업화라는 인위적 활동이 19세기와 20세기에 걸쳐 지구온난화에 미친 부정적 영향을 고려한 결과라고 할 수 있다. 그러나 이러한 역사적 책임은 정량적으로 측정할 수는 없기 때문에, 선진국이 어느 정도의 책임을 분담할 것인지 정하는 데 있어서는 여전히 많은 논란과 이견이 존재한다. 선진국은 역사적 배출량뿐만 아니라 역량이라는 측면에서도 기후변화 대응에 있어 주도적인 역할을 담당해야 한다. 그러나 아무리 선진국의 역할이 중요하다고 하더라도 기후변화 대응은 공통의 과제이자 책임이며, 여기서의 형평성은 동시대적 형평성을 넘어 세대간 형평성(inter-generational equity)을 포괄하는 개념이다.

두 번째 원칙은 기후변화에 대한 부담의 정도를 결정하는 데 있어 '개발도상국의 특수한 사정에 대한 배려'를 하라는 것이다. 이는 동조 제1항에서 천명된 형평 내지 공통의 그러나 차이가 나는 책임을 구체화한 것으로, 제3조 2항의 내용에 따르면, 특수한 사정이라 함은 '기후변화의 부정적 효과에 특별히 취약'할 수밖에 없는 환경적 또는 사회경제적 조건에 놓여 있다는 것을 의미하는 것으로 보인다. 기후변화에 얼마나 취약한가의 정도는 그 지역의 적응 능력과 그 지역에 미칠 기후변화현상의 잠재적 영향력에 따라 결정된다. 예를 들어, 가난과 자원부족, 식량난, 경쟁의 세계화, 무력분쟁, HIV/AIDS와 같은 질병의 높은 발병률 등은 그 지역이 기후변화로 인해 간헐적으로 발생하는 재해에 대비할 수 있는 인적·물적 자원이 부족함을 암시한다. 또한 협약 제4조 8항에 명시된 군소도서 국가, 저지대 연안국, 가뭄과 사막화에 취약한 국가 등은 같은 기후변화 현상에도 더 큰 피해를 입을 가능성이 높다. 이러한 사실은 실증적인 분석에 의해서도 두루 뒷받침되고 있는데, 대표적인 것 중 하나는 개발과 환경 분야의 비영리단체인 German Watch에서 개발한 기후위기지표(Climate Risk Index: CRI)이다.[11] CRI 분석에 따르면 1997~2016년 사이 기후변화위기로 인해 가장 심각한 피해를 입은 10대 취약국은 모두 개발도상국 또는 최빈국으로 나타났다.

이와 같이 대부분의 개발도상국은 기후변화에 대한 적응능력이 낮거나, 잠재적 피해의 가능성이 크거나 혹은 두 가지 모두에 해당하는 경우가 많으므로 기후변화협약에서는 온실가스의 감축의무에 있어 이들의 예외적 사정을 고려하기 위한 원칙을 명시하고 있다. 이를 종합적으로 보면, 협약은 유엔의 전통적 방식에 따라 우선 개도국(더 나아가 최빈개도국)과 선진국을 구별한 후, 개도국 중에서도 기후변화의 결과 및 기후정책에 영향을 받을 수 있는 국가들을 따로 나누어 그들에게 특별한 배려를 제공하고 있다. 또 선진국 그룹도 부속서 I 국가와 부속서 II 국가로 구분하여 부담하는 의무를 달리하고 있다. 특히 협약 제4조 7항은 선진국의 재정지원 및 기술이전이 개도국 의무이행의 전제가 된다고 밝히고 있어 선진국의 역할 없이는 개도국의 행동이 불가능할 것이라는 점을 분명히 하고 있기도 하다.

---

11) https://germanwatch.org/sites/germanwatch.org/files/publication/20432.pdf(Briefing Paper: Global Climate Risk Index 2018) CRI는 기후변화현상으로 인한 총 사망자 수, 인구 10만 명당 사망자 수, 총피해금액, GDP 대비 피해금액의 비중, 이 네 가지 지표를 바탕으로 작성된다.

표 1-2 10대 기후변화 취약국(1997~2016년)

순위	국가	CRI 지표	연간 사망자 수	총 피해액 (백만불)	연평균 10만 명당 사망자 수	GDP 대비 피해규모 (%)	사건·사고 횟수
1	온두라스	12.17	301.65	561.11	4.28	1.968	62
2	아이티	13.50	280.40	418.77	2.96	2.730	72
3	미얀마	14.00	7097.76	1277.86	14.55	0.694	43
4	니카라과	19.33	162.45	234.60	2.96	1.127	44
5	필리핀	20.17	859.55	2893.41	0.98	0.611	289
6	방글라데시	26.50	641.55	2311.07	0.44	0.678	187
7	파키스탄	30.50	523.10	3816.82	0.33	0.605	141
8	베트남	31.83	312.60	2029.80	0.37	0.549	216
9	태국	33.83	139.60	7696.59	0.21	0.967	137
10	도미니카 공화국	34.00	210.90	234.53	2.32	0.262	49

세 번째 원칙은 '기후변화의 원인 및 부정적 효과를 완화하기 위한 예방적 조치'를 취해야 한다는 것이다. 제3조 3항에서 이러한 예방적 조치의 필요성은 주로 비용 효율적인(cost-effective) 조치를 고려하도록 요구하고 있다. 또한 '과학적 증거의 불완전성'이 조치의 시행을 연기하는 데 유효한 근거가 될 수 없음을 언급함으로써 기후변화현상으로 인한 피해 가능성을 최대한 사전적으로 판단해 대비할 것을 주문하고 있다. 이는 리우선언 제15원칙에 천명된 사전주의원칙(precautionary principle)과도 상응하는 것이다. 자연재해가 본질적으로 갖는 불확실성과 그 피해의 초국경적 파급효과를 고려해 볼 때, 이러한 원칙은 충분히 타당성을 지닌다고 할 수 있다.

네 번째 원칙은 각 당사국은 지속가능한 발전을 증진할 권리를 지니며, 기후체계 보호를 위한 조치가 각 국가의 발전계획에 통합되어야 한다는 것이다. 그리고 경제적 발전이 기후변화대응에 필수적인 만큼 이러한 통합에 있어서 각자가 지닌 고유한 상황이 고려된다. 이 원칙은 기후변화에 대응하는 데 있어 단지 환경정책 차원의 접근만으로는 충분히 효과적이지 않다는 현실적 인식을 담고 있다. 기후변화에 대한 적극적 대응이 지나친 사회적 비용을 초래하여 경제적 발전에 심각한 저해가 된다면 환경과 경제 둘 중 어느 것도 지속 가능하지 않을 것이기 때문이다. 따라서 각 국가의 주어진 상황 속에서 지구온난화 방지를 위한 정책과 경제발전을 위한 정책이 서로 유리되지 않고 조화를 이룰 수 있도록 해야 한다. IPCC의 제3실무그룹이 발표한 제4차 보고서에서 "기후변화 및 다른 지속가능한 개발 정책들은 항상은 아니지만 종종 시너지 효과를 나타낸다. 예를 들면, 흔히 기후정책과는 별도로 여겨지는 거시적 경제정책, 농업정책, 다각적인 개발, 은행대출, 보험, 전력시장 개혁, 에너지 안보 및 산림 보전에 관한 의사 결정이 배출량을 상당히 감소시킬 수 있다는 증거들이 속속 등장하고 있다"고 밝힘으로써 지속가능한 개발과 기후변화의 완화가 정책적으로 보완적 관계로 발전할 수 있음을 보여주고 있다.[12)]

다섯 번째 원칙은 개방적인 국제경제체제를 촉진하여 모든 당사국, 특히 개발도상국의 지속가능한 발전과 효과적인 기후변화대응을 이끌어 낸다는 것이다. 또한, 협약은 "기후변화에 대응하기 위한 조치가 국제무역체제에 대한 자의적 또는 정당화할 수 없는 차별수단이나 위장된 제한이 되어서는 안 된다"는 점을 명시함으로써, 개별국가가 취할 수 있는 기후변화 조치의 한계를 설정하고 있다. 이러한 표현은 GATT 제20조 예외조항의 두문과 거의 동일한 것인데, 이는 기후변화협약이 자유무역 국제경제체제의 예외로 작용하더라도 그 체제가 인정하고 있는 예외의 범위를 벗어나지 않을 것임을 나타낸다.

다. 공약 및 이행

'공통된 그러나 차이가 나는 책임과 개별적 역량'의 원칙에 따라 협약을 통해 이행하게 되는 공약 역시 모든 당사국의 공약과 선진국의 공약으로 나뉘어 있다. 제4조 1항은 모든 당사국의 공약사항을, 제2항은 부속서 I 국가들의 차등화된 공약사항을 명시하고 있다. 각각의 공약사항에 담긴 핵심요지를 정리하면 다음과 같다.

---

12) http://www.ipcc.ch/pdf/assessment-report/ar4/wg3/ar4-wg3-spm.pdf (Contribution of Working Group III to the Fourth Assessment Report of the Intergovernmental Panel on Climate Change, 2007).

라. 제4조 1항 – 모든 당사국의 공약사항

- 온실가스 배출원에 따른 인위적 배출량과 흡수원에 따른 흡수량에 관한 국가통계 작성 및 제출
- 온실가스 감축을 통한 기후변화 완화조치의 계획 수립 및 공표
- 산업·농업·에너지 등 전 분야에 걸친 온실가스 감축기술 및 공정의 적용
- 생물자원·산림·해양 등 온실가스 흡수원의 보존 및 강화
- 기후변화로 인한 부정적 영향에 대비, 적응 및 대응계획 개발
- 기후체계에 관한 과학적·기술적·사회경제적 조사를 통해 기후변화에 대한 대응 전략이 지니는 불확실성의 축소 또는 제거
- 기후체계에 관한 과학적·사회경제적·법적 정보의 포괄적이고 신속한 교환

마. 제4조 2항 – 부속서 I 국가의 공약사항

- 온실가스의 인위적 배출을 제한하는 내용을 포함하는 기후변화완화에 관한 국가 정책의 채택. 2000년까지 1990년 수준으로 온실가스 배출량을 감축
- 채택된 조치의 결과로서 나타난 정기적인 배출량 감축정보를 당사국총회에 보고
- 협약의 목적 달성을 위하여 관련 경제적 및 행정적 수단을 검토하고 조정

제4조 1항과 2항을 비교해 보면, 두 국가군에 대한 협약의 기대수준에 차이가 확연히 드러난다. 제4조 1항은 공약을 수행하는 데 있어 각 국가의 특수한 국가적·지역적 개발 우선순위 등을 고려한다는 점이 명시되어 있는 반면, 2항에서는 그러한 언급 없이 공약에 대한 합의사실만 언급되어 있다. 이는 2항 (a)호에서 밝히고 있는 바와 같이 본 협약은 선진국에 단순히 공약의 준수 가능성을 기대하는 것이 아니라, 협약의 목적을 수행하는 데 있어 선도적인 역할(taking the lead)을 기대하고 있기 때문이다. 또한, 모든 당사국에 해당하는 공약사항과 달리 선진국의 공약사항에는 '1990년 수준'이라는 구체적인 목표 감축량도 정해져 있다. 그러나 제4조 6항에 따라 시장경제로의 이행기에 있는 국가군에 대해서는 이러한 공약내용을 이행하는 데 있어 어느 정도의 융통성이 허용된다.

바. 제4조 3~5항 - 부속서 II 국가의 공약사항

- 개발도상국의 제12조 1항에 따른 공약이행(이행관련 정보의 가공 및 통보)에 따르는 부가비용을 충족시키기 위해 새로운 추가적 재원 제공
- 기후변화에 취약한 국가에 대한 적응비용의 지원
- 개발도상국이 협약의 규정을 이행하는 데 필요한 기술 및 노하우 이전

부속서 II 국가에는 부속서 I 국가 중 시장경제로의 이행기에 있는 국가군이 포함되지 않기 때문에 개발도상국에 대한 재정적·기술적 지원의무가 더욱 구체적으로 명시되어 있다. 2001년 마라케시에서 개최된 제7차 당사국총회에서는 이러한 협약상 공약에 따라 '최빈국기금(Least Developed Countries Fund: LDCF)'과 '특별기후변화기금(Special Climate Change Fund: SCCF)'과 같은 개발도상국 지원기금을 설립하기로 결정하였다 이 기금들은 독립적인 금융기구인 GEF(Global Environmental Facility)[13]의해 운영되고, 선진국의 자발적인 기여에 의존하고 있다.[14]

사. 제12조 - 이행 관련 정보의 통보

제12조는 제4조에 명시된 공약의 이행을 위해 당사국이 충분한 조치를 취했는지에 대해 검증하는 메커니즘을 담고 있다. 제4조 1항에 명시된 바에 따라, 모든 당사국은 온실가스의 배출량과 흡수량에 관한 국가통계 및 협약이행을 위해 취한 조치의 내용 등이 담긴 보고서를 제공해야 하는데, 부속서 I 국가는 제4조 2항에 명시된 공약에 따른 조치사항을, 부속서 I 국가는 제4조 3~5항에 따라 취한 조치의 상세내용을 각각 사무국에 통보해야 한다. 부속서 II 국가는 4~5년마다 정기적으로 보고서를 당사국총회에 제출해야 하지만, 개발도상국은 특별히 정해진 주기가 없다. 제출된 보고서는 1~2년간 전문가 검토팀(Expert Review Teams: ERTs)이 협약상의 공약내용에 기초해 검토한다.

---

13) GEF(Globl Environmental Facility)는 개발도상국의 지구환경보호 프로젝트에 무상으로 자금을 제공하는 독립적 금융기구이다. 주요 분야는 기후변화, 생물다양성, 국제 수자원, 오존층 파괴방지, 토양보존 등이며, 1991년 세계은행의 파일럿 프로그램으로 설립되었고, 1992년 리우 정상회의를 통해 별도의 독립기구로 재탄생하였다. 현재 유엔 생물다양성협약(UNCBD), 기후변화협약(UNFCCC), 사막화방지협약(UNCCD), 스톡홀름협약의 재원 메커니즘으로 작용한다.

14) 정지원 외, 2010, 『개도국의 기후변화대응을 위한 국제사회의 지원』, KIEP, pp.26-28.

아. 기후변화협약의 기관

(1) 당사국총회(Conference of the Parties: COP)

기후변화협약 제7조는 당사국총회의 설치를 규정하고 있다. 당사국총회는 기후변화협약 내 최고의사결정기구로서, 협약체결 당시 해결하지 못했던 이슈들을 찾아내어 분류하고, 과학적 지식 및 기후상황의 발전에 비추어 이러한 이슈들에 대한 해결책을 모색한다. 또한 협약에 따라 제공된 모든 정보에 입각하여 당사국이 채택한 조치의 효과 및 성취도 등을 환경·경제·사회적 측면에서 평가한다. 당사국총회는 기후변화협약상의 의무 및 조치, 그리고 이행에 관한 제반 사항을 결정하기 때문에 당사국총회에서 달리 결정하지 않는 한 매년 1회 개최된다.[15] 1995년 독일 베를린에서 제1차 당사국총회가 개최된 후로 매년 1회 개최되었고, 2018년 12월에는 폴란드 카토비체에서 제24차 당사국총회가 약 2주간 개최되었다.

(2) 과학·기술 자문 보조기구(Subsidiary Body for Scientific and Technological Advice: SBSTA)

기후변화협약은 당사국총회의 의사결정 지원을 위해 두 개의 상설 하부기관을 설치·운영하고 있는데, 제9조에 명시된 SBSTA가 그중 하나이다. 객관적인 과학적 사실을 추구하는 IPCC의 과학자 실무그룹(Group I)과 달리, SBSTA는 유관 분야의 권한 있는 정부대표로 구성되므로 정부의 입장을 대변하기 위한 협상포럼의 성격을 지닌다.[16] 따라서 당사국총회가 개최되는 시기의 중간에 모여 IPCC의 실무그룹이 발견한 과학적 사실과 당사국총회가 추구하는 정책적 목표를 이어주는 역할을 하기도 한다. SBSTA의 주요 업무는 기후변화와 그 효과에 대한 과학지식을 평가하고, 당사국이 협약을 이행하기 위해 채택한 조치들의 과학적 효과를 평가하는 것이다. 그 밖에도 기후변화와 관련하여 환경 친화적 연구를 통해 새로운 기술을 개발하고 협약이행을 위해 적용할 수 있는 방법을 모색하는 것 등이 SBSTA의 업무에 포함된다.

---

15) Michael Grubb, 1999, The Kyoto Protocol－A Guide and Assessment, Earthscan, pp.41－42.
16) Ibid., p.42.

(3) 이행보조기구(Subsidiary Body for Implementation: SBI)

기후변화협약의 두 번째 상설 하부기관은 제10조에 명시된 이행보조기구이다. SBI는 당사국총회가 협약의 효과적인 이행상황을 평가하고 검토하는 것을 지원하기 위한 목적으로 설치되었다. 즉 제12조 1항 및 2항에 따라 통보된 정보를 최신의 과학적 평가에 비추어 심의하는 업무를 수행한다. 또한 GEF와 함께 당사국총회에 비부속서 국가들에 대한 재정적 지원에 관련된 사항을 조언하기도 한다. SBSTA와 SBI는 매년 2회, 1회는 당사국총회와 같은 기간에, 나머지 1회는 5월에 기후변화협약 사무국이 있는 독일 본에서 모인다.

그림 1-1 기후변화협약 구조

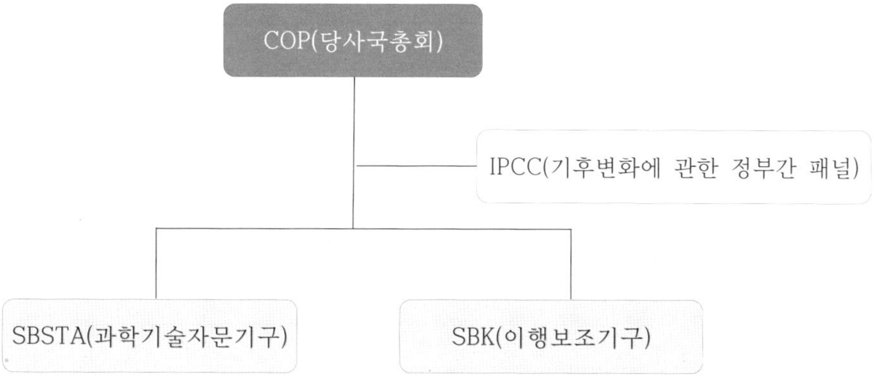

2. 교토의정서

가. 공약기간 및 감축목표

교토의정서의 주된 목적은 2000년 이후의 온실가스 감축체제를 구축하여 실질적이고 가시적인 기후변화 완화의 효과를 거두는 것이었던 만큼, 어떤 목표를 어느 정도의 기간 내에 달성할 것인가를 정하는 것은 매우 중요한 문제였다. 다수 국가들은 구체적인 연도에 맞추어 비강제적인 공약을 이행하는 방안을 선호했고, 미국은 이행기간은 유연하게 늘리되 강제적인 공약을 이행하는 방안을 선호했다. 1~3년은 예측불가능하고 변동성이 큰 기후변화의 특성을 고려할 때 지나치게 짧은 기간이라는 점에 동의하여 4년의 공약기간이 대안으로 등장했지만, 미국은 국내 정치적 주기와 겹치게 될 것을 우려해 이에 반대했다. 미국은 다시 5년이라는 공약기간을 제시했고 협상 막바지에 EU와 일본 등 다른 선진국들도 이에 동의함으로써 5년이라는 공약기간이 확정되었다.[17)]

교토의정서에서 가장 중요한 성과 중 하나는 각 당사국에 구체적인 수치를 감축목표로 부과했다는 것이다. 제3조 1항에 따르면 공약기간(2008~2012년) 내에 1990년 수준의 5% 이상 감축하기 위해 기후변화협약 부속서 I 당사국은 교토의정서 부속서 A에 규정된 온실가스의 총 인위적 배출량이 부속서 B에 규정된 허용량을 초과하지 않도록 해야 한다. 이에 따라 1990년 배출수준을 기준으로 하여 국가에 따라 8% 감축에서부터 최대 10% 증가 허용까지 차등적으로 감축 의무가 부과되었다. 또한 교토의정서 제3조 2항에 따라 각 당사국은 이러한 공약을 달성하는 데 따른 가시적 진전이 있었음을 제시해야 한다. 2001년 3월 단일국가로는 온실가스 최대배출국이었던 미국이 교토의정서를 비준하지 않기로 하여, 감축목표치는 부과되었지만 이에 구속받지 않게 되었다.[18)]

표 1-3 부속서 I 국가의 온실가스 감축목표율

감축률	국가
-8%	EU, 스위스, 벨기에, 불가리아 외 23개국
-7%	미국
-6%	일본, 캐나다, 헝가리, 폴란드
-5%	크로아티아
0%	러시아, 뉴질랜드, 우크라이나
+1%	노르웨이
+8%	호주
+9%	아이슬란드

또 한 가지 중요한 논점은 감축대상, 즉 온실가스의 범위이다. 교토의정서

17) Ibid., p.69.
18) 김찬우, 2010, 『포스트2012 기후변화 협상』, 에코리브르, p.38.

협상 당시, EU와 일본은 이산화탄소(CO2)+메탄(CH4)+아산화질소(N2O) 이렇게 세 종류의 묶음으로 한정하는 안을 선호했다. 한편 미국은 여기에 수소불화탄소(HFCS), 과불화탄소(PFCs), 그리고 육불화황(SF6) 등 세 가지 종류를 추가한 묶음을 주장했다. 1990년대에 화학공업이 일찍 성숙한 단계에 이르러 있던 미국의 입장에서는 1990년대 수준으로 이들 가스의 배출량을 감소시키는 것이 상대적으로 수월했기 때문이다. 그러나 EU와 일본은 미국에 일방적으로 유리한 이 의견에 반대했고, 결국 최종안에서는 수소불화탄소(HFCs), 과불화탄소(PFQ), 그리고 육불화황(SF6)의 배출량 측정 시 1995년도를 기준연도로 사용할 수 있도록 하는 것으로 절충되었다.[19)]

교토의정서 제3조 3항 및 7항은 토지이용 변화 및 임업활동(Land Use Change and Forests: LUCF)에 따라 온실가스가 배출되는 동시에 산림·토지 등으로 흡수되는 문제에 대해 규정한다.[20)] LUCF는 교토의정서에서 채택된 용어로서, 온실가스의 배출감축을 위한 방법으로 산림의 증대나 수종의 전환 등을 수행하게 되면, 결과적으로 온실가스의 순감축을 이룰 수 있다는 논리에서 출발한다. 이는 산림과 토지를 온실가스 흡수원(sink)으로서 인정한 것이며, 토지의 이용도 변화와 산림이 새로운 온실가스 감축 수단으로 등장한 것이다.[21)] 제3조 7항은 1990년도 이후의 토지이용 변화와 임업활동에 기인하는 온실가스 배출량과 흡수량은 전자에서 후자를 공제한 양을 해당기간의 배출량으로 간주한다는 점을 명시함으로써 이를 확인하고 있다.[22)]

---

19) 교토의정서 제3조 8항: "Any party included in Annex I may use 1995 as its base year for hydrofluorocarbons, perfluorocarbons and sulphur hexafluoride, for the purposes of the calculation referred to in paragraph 7 above."

20) 교토의정서 제3조 3항: "The net changes in greenhouse gas emissions by sources and removals by sinks resulting from direct human-induced land-use change and forestry activities, limited to afforestation, reforestation and deforestation since 1990, measured as verifiable changes in carbon stocks in each commitment period, shall be used to meet the commitments under this Article of each Party included in Annex I. The greenhouse gas emissions by sources and removals by sinks associated with those activities shall be reported in a transparent and verifiable manner and reviewed in accordance with Articles 7 and 8."

21) 기상청, 2009, 『기후변화 핸드북』, p.85, 기상청.

22) 교토의정서 제3조 7항: "In the first quantified emission limitation and reduction commitment period, from 2008 to 2012, the assigned amount for each Party included in Annex I shall be equal to the percentage inscribed for it in Annex B of its aggregate anthropogenic carbon dioxide equivalent emissions of the greenhouse gases listed in Annex A in 1990, or the base year or period determined in accordance with paragraph 5 above, multiplied by five. Those

나. 교토 메커니즘(Kyoto Mechanism)

교토의정서에서 가장 주목할 만한 특징은 이른바 '교토 메커니즘'으로 불리는 시장원리에 입각한 온실가스 감축수단을 도입했다는 점이다. 교토의정서는 공동이행제도(Joint Implementation: JI), 청정개발체제(Clean Development Mechanism: CDM), 배출권거래제(Emission Trading: ET) 등을 통해 선진국의 의무 이행의 가능성을 높이고 이행비용도 절감할 수 있도록 하였다. 각 제도의 상세한 내용은 다음과 같다.

(1) 공동이행제도(제6조)

공동이행제도는 부속서 I 국가가 제3조의 공약을 이행하기 위해 온실가스를 감축하는 데 있어서, 다른 부속서 I 국가로부터 감축량을 취득하거나, 그들에게 감축량을 이전하는 등의 방식으로 공동으로 이행할 수 있다는 것을 의미한다. 예를 들어, 부속서 I 국가 A가 부속서 I 국가 B에 투자한 결과 일정량의 온실가스가 감축되었다면, 이는 배출저감단위(Emission Reduction Units: ERUs)에 해당되고, ERUs는 A국의 배출 저감실적으로 인정된다.[23] ERUs의 인증 등 공동이행제도와 관련된 주요 사항은 공동이행 감독위원회(Joint Implement Supervisory Committee: JISC)에 의해 검증 및 결정된다.[24] 실질적인 감축이 없는 상태에서도 다른 국가의 감축분을 구입하여 온실가스 배출 감축량으로 인정받는 배출권거래제와는 달리, 공동이행제도는 구체적인 사업을 통해 발생한 온실가스 배출량만을 감축량으로 인정받을 수 있다.[25]

(2) 청정개발체제(제12조)

청정개발체제는 부속서 I 국가가 비부속서국가에서 온실가스 감축사업을 수

---

arties included in Annex I for whom land-use change and forestry constituted a net source of greenhouse gas emissions in 1990 shall include in their 1990 emissions base year or period the aggregate anthropogenic carbon dioxide equivalent emissions by sources minus removals by sinks in 1990 from land-use change for the purposes of calculating their assigned amount."

23) 한국생산기술연구원 외, 2011, 『주요산업·국가별 무역 환경규제 대응 가이드라인』, 한국생산기술연구원 국가청정생산지원센터, p.24.

24) 김호철, 2011, 『기후변화와 WTO』, 경인문화사, p.24.

25) 김홍균, 2010, 『국제환경법』, 홍문사, pp.148-149.

행해 얻은 감축량의 일부 또는 전부를 자국의 감축량으로 인정받는 것을 의미한다. 이 제도는 궁극적으로 비부속서국가의 지속가능한 개발을 돕고, 제3조에 의한 부속서 I 국가의 공약이행을 지원하는 데 그 목적이 있다. 이러한 제도를 이용해 선진국은 온실가스 감축량을 얻고, 개발도상국은 이들로부터 기술 및 재정을 지원 받을 수 있기 때문이다. 즉 공동이행제도가 선진국 간의 협력 메커니즘이라면, 청정개발체제는 선진국과 개발도상국 간의 협력 메커니즘으로 볼 수 있다. 또한 청정개발체제는 사업이 수행되는 국가가 개발도상국이기 때문에 공동이행보다 더 비용을 절감할 수 있다는 장점이 있다. 아울러 2000년부터 시작되는 청정개발사업은 제1차 공약기간 개시 전이라 하더라도 소급해서 공약기간 동안의 배출 감축량으로 취득할 수 있도록 하는 '조기 온실가스 감축활동(Early Action)'이 인정되었다.

(3) 배출권거래제(제17조)

배출권거래제는 교토의정서에서 온실가스 감축목표를 부여받은 부속서 B 국가들이 제3조 공약의 달성을 위해서 상호 간 온실가스 배출권을 거래할 수 있도록 한 것이다. 배출권거래제하에서 각 국가는 각자가 배출한도로 할당받은 배출권(AAU), 공동이행제도(ERU)와 청정개발체제(CER)로 발생하는 배출권, 그리고 조림 등을 통해 발생하는 배출권(RMU) 등을 주고받을 수 있다(<표 1-4>). 배출권은 모두 이산화탄소 1톤을 기본단위로 하며 서로 자유롭게 교환할 수 있다.[26] 공동이행제도와의 차이점은 특정 사업으로부터 발생한 감축량을 취득하는 것이 아니라 온실가스 감축분을 기초로 실제 배출 할당량에서의 이전을 허용한다는 점에 있다.[27] 그런데 이러한 배출권 거래는 감축목표를 준수하기 위한 국내적 조치에 보충적(supplemental)으로만 활용 가능하다고 명시되어 있다. 이는 일부 선진국이 배출권거래제에만 의존하여 자국 내에서의 실질적인 온실가스 감축을 등한시하는 상황을 경계한다는 의미를 담고 있다. 즉, 배출권거래제는 어디까지나 감축의무 이행에 있어 보조적인 수단에 불과하다는 것이다.[28] 그러나 '보조적'이라는 것이 어느 정도의 수준까지 허용하는지에 대한 통일된 해석은 아직까지 존재하지 않으므로 논란의 여지가 있다.

---

26) 김찬우, 앞의 책, pp.40-41.
27) 김호철, 앞의 책, p.25.
28) 김홍균, 앞의 책, p.147.

표 1-4 교토 메커니즘상 배출권 종류[29)]

종류	특징
AAU (Assigned Amount Unit)	- 교토의정서 부속서 I 국가들에 할당된 온실가스 배출권 - AAU를 달성하기 위한 배출권 거래허용
CER (Certified Emission Unit)	- 부속서 I 국가와 비부속서국가 간의 온실가스 감축사업인 CDM(청정개발체제)을 통해 발생하는 크레딧 - 투자국의 AAU에 영향을 주지 않는 추가적 사업으로부터 발생한 배출권
ERU (Emission Reduction Unit)	- 부속서 I 국가 간의 JI(공동이행)를 통한 온실가스 감축사업에 의한 감축실적 - 해당 국가의 AAU에 영향 - 2008~2012년 기간 동안만 유효
RMU (Removal Unit)	- 교토의정서 제13조 7항에 명시된 토지이용 변화 및 산림활동에 대한 온실가스 흡수원에 의한 감축실적

Ⅳ. 역대 당사국총회 결정의 주요 내용

표 1-5 기후변화협약 당사국총회 중요 결정문 목록

회차 및 개최지(연도)	결정의 명칭 혹은 약칭	결정 번호 및 문서기호
제1차 베를린(1995)	**Berlin Mandate**	Decision 1/CP.1 FCCC/1995/7/Add.1
제2차 제네바(1996)	Geneva Ministerial Declaration	FCCC/CP/1996/15/Add.1
제3차 교토(1997)	**Kyoto Protocol**	Decision 1/CP.3 FCCC/CP/1997/7/Add.1
제4차 부에노스아이레스 (1998)	Buenos Aires Plan of Action	Decision 1/CP.4 FCCC/CP/1998/16/Add.1
제5차 본(1999)	-	-

29) 석현덕 외, 앞의 책, P.39.

제6-1차 헤이그(2000)	-	-
제6-2차 본(2001)	Bonn Agreements	Decision 5/CP.6 FCCC/CP/2001/5
제7차 마라케시(2001)	**Marrakech Accords**	Decisions 2-39/CP.7 FCCC/CP/2001/13/Add.1
제8차 뉴델리(2002)	Delhi Ministerial Declaration on Climate Change and Sustainable Development	Decision 1/CP.8 FCCC/CP/2002/7/Add.1
제9차 밀라노(2003)	-	-
제10차 부에노스아이레스 (2004)	-	-
제11차 몬트리올(2005)	제1차 교토의정서 당사국회의 (CMP-1)	FCCC/KP/CMP/2005/8/Add.1
제12차 나이로비(2006)	-	-
제13차 발리(2007)	**Bali Action Plan**	Decision 1/CP.13 FCCC/CP/2007/6/Add.1
제14차 포젠(2008)	-	-
제15차 코펜하겐(2009)	**Copenhagen Accord**	Decision 2/CP.15 FCCC/CP/2009/11/Add.1
제16차 칸쿤(2010)	**Cancun Agreements**	FCCC/CP/2010/7/Add.1 FCCC/KP/CMP/201/12/Add.1
제17차 더반(2011)	**Durban Platform for Enhanced Action**	Decision 1/CP.17 FCCC/CP/2011/9/Add.1
제18차 도하(2012)	**Doha Amendment**	Decision 1/CMP.8 FCCC/KP/CMP/2012/13 Add.1
제19차 바르샤바(2013)	Further Advancing the Durban Platform	Decision 1/CP.19 FCCC/CP/2013/10/Add.1
제20차 리마(2014)	Lima Call for Climate Action	Decision 1/CP.20 FCCC/CP/2014/10/Add.1
제21차 파리(2015)	**Adoption of the Paris Agreement**	FCCC/CP/2015/L.9/Rev.1
제22차 마라케시(2016)	제1차 파리협정 당사국회의 (CMA-1)	Decision 1/CP.22 FCCC/CP/2016/10/Add.1
제23차 피지/본(2017)	Fiji Momentum for Implementation	Decision 1/CP.23 FCCC/CP/2017/11/Add.1
제24차 카토비체(2018)	**Rulebook** for the Implementation of the Paris Agreement	Decision 1/CP.24 etc. FCCC/CP/2018/10/Add.1

1. 당사국총회 결정의 주요 내용

위 <표 1-5>는 역대 기후변화 당사국총회의 차수, 개최연도 및 개최지를 표로 정리한 것이다. 각 회차에서 결정문 형태로 도출된 합의들 중에서 중요한 것들을 추려 정리한 후, 널리 인용됨에 따라 약칭 내지 별칭이 부여된 것에는 굵게 표시를 해두었다. 2005년과 2016년은 기후변화와 관련된 새로운 조약들이 발효되어 각각 새로운 논의가 개시된 시점인데, 이들은 각각 음영을 입혀 표시하였다. 여기에 제시된 결정문들에는 마지막 칸에 표시된 결정문 번호가 부여되어 있고, 이는 FCCC/로 시작하는 유엔의 문서분류에 따라 부여된 번호에 의해 식별되고 있다. 따라서 해당 결정문을 찾기 위해서는 FCCC/로 시작하는 문서를 찾아서 열람하면 된다.[30)]

기후변화와 관련된 국제규범은 줄곧 진화하고 있다. 따라서 현재의 기후변화규범을 가지고 미래에 대해 예측하기는 쉽지 않으며, 조약에 의한 체제가 가지는 논의의 현주소를 보여주지도 못한다. 그 가운데 하나의 예는 교토의정서인데, 그것이 가지고 있는 실험적이고 긍정적인 역할에도 불구하고, 동 의정서가 앞으로 주목할 만한 역할을 계속 이어갈 것이라고 말할 수는 없다. 도리어 기후변화협약과 그로 인해 만들어진 당사국총회에서의 논의와 그 논의의 결과로서 도출되는 결정문들이 기후변화체계의 발전을 더 잘 반영하고 있다고 말할 수도 있다.

기후변화협약 당사국총회는 1995년부터 매년 개최되고 있다. 제6차 당사국총회가 2000년 헤이그에서 개최되었다가 그다음 해인 2001년 본에서 이른바 제6-2차로 연장되었던 것을 제외하면, 당사국총회는 한 해에 한 번씩 차수를 늘려가며 협상이 이루어지고 있다.

대체로 1995년부터 2004년까지의 당사국총회는 유엔기후체제를 더욱 구체화하고, 무엇보다 교토의정서의 성립과 발전을 위한 과정이라고 설명되고 있다. 비록 교토의정서는 1995년 새로운 의정서의 필요성이 확인된 이후에 단 2년간의 논의를 거쳐 탄생하기는 했지만, 이를 구체화하고 실행 가능한 상태로 만들기 위해 상당히 많은 시간이 필요했다. 교토의정서는 결국 2005년 2월 발효되었지만, 2001년 제7차 당사국총회인 마라케시총회에서 200여 페이지에 이르는 일련의 결

30) 제15차 당사국총회 이후의 결정문은 박덕영, 2017, 『기후변화 국제조약집』, 박영사의 제3부에도 수록되어 있다.

정을 통해 이를 보충해야 했고, 2004년 총회에 와서야 시장 메커니즘에 관한 내용이 정리될 수 있었다. 의정서 발효 후에도 이를 세부적으로 조율하는 작업이 이어졌는데, 이하에서는 제1차 교토의정서 당사국회의가 기후변화협약 당사국총회와 동시에 진행된 몬트리올총회에서부터 협상의 배경과 총회를 통해 도출된 주요 내용에 대해서 살펴보도록 할 것이다.

2. 몬트리올총회(2005): 포스트-교토체제의 서막

가. 협상 의제 및 전개

2005년 몬트리올에서 개최된 제11차 기후변화협약 당사국총회(제1차 교토의정서 당사국회의)는 교토의정서가 발효된 후 첫 회합이라는 의의를 지녔다. 교토의정서는 비록 발효되었지만, 의정서에서 설정한 의무기간이 2008년에서 2012년까지였으므로 그 이후의 의무기간에 대한 조속한 논의가 필요했다. 이에 더해 교토의정서의 두 번째 의무기간을 넘어서는 대략 2020년 이후의 감축에 대한 청사진을 그릴 필요성이 제기되었다.

1만 명이 넘는 참여자들로 애초부터 큰 기대를 모은 바 있는 몬트리올총회는 Three I, 즉 Implementation(이행), Improvement(개선) 및 Innovation(혁신)이라는 모토를 가지고 협상을 진행했다. 전자의 두 가지는 교토의정서의 이행과 그 발전을 염두에 둔 것이라면, 후자의 혁신은 포스트-교토를 위한 혁신적 논의를 위한 것이었다.

다만, 몬트리올에서의 협상에서는 기존 교토의정서에 대한 논의를 거듭하기보다는 새로운 주제에 대해 논의하려는 노력이 두드러졌다고 할 수 있다. 이러한 전략을 통해 이미 합의가 이루어진 부분에 대해서 다시 협상이 이루어지고, 회원국들이 결국 자신의 본래 입장으로 회귀하는 일은 방지되어야 했다. 따라서 이미 마라케시총회를 통해 구체화된 내용들은 어떠한 추가적인 논의 없이 속전속결로 교토의정서 당사국회의의 결정으로 받아들여졌다. 그러나 시장 메커니즘과 관련해서 여전히 해결되지 못한 다소의 문제나 새롭게 제기되는 문제들이 있었는데, 이들에 대한 문제는 전반적으로 동 총회를 통해 해결되지 못하고, 향후의 논의로 그 결정이 미루어졌다.

나. 총회의 결과

당사국총회의 결과 역시 위에서 제시된 Three I에 의해 요약될 수 있다. 우선 교토의정서의 이행과 관련해서 회원국들은 그간 당사국총회를 통해 구체화된 내용들을 별다른 논의 없이 받아들였다. 특히 시장 메커니즘과 관련해서는 마라케시 합의문을 통해 혹은 이후의 총회결정들을 통해 상당한 구체화가 이루어진 바 있다. 다만, 아직까지 크게 진전이 이루어지지 못한 영역도 있었는데, 대표적인 것이 이행과 비준수 대응 문제에 관한 것이다. 감축의무를 준수하지 못한 회원국에게 그에 대한 제재로서 다음 의무기간에 1.3배의 감축을 하도록 한 것에 대해서는 합의에 이를 수 있었지만, 이것이 총회결정만으로 가능한 것인지에 대해서는 의문이 제기되었다. 따라서 향후 열리는 두 차례의 당사국총회를 통해 의정서 개정을 논의하기로 결정하였다.

동 총회에서는 주로 교토의정서상의 시장 메커니즘과 관련하여 개선이 시도되었다. 메커니즘과 관련하여 가장 중요한 결정은 교토의정서상의 첫 번째 의무기간이 끝나더라도 메커니즘이 계속 운영되도록 한다는 점이었다. 이에 따라 첫 번째 의무기간이 경과하더라도 이미 수행되고 있는 사업은 물론이고, 이후에 시작되는 사업도 허가를 받을 수 있게 되었다. 또 공동이행과 관련하여 CDM의 집행위원회에 상응하는 기능을 하는 공동이행 감독위원회의 설치가 최종적으로 승인되었다. 한편 시장 메커니즘을 운영하면서 드러난 문제점들 역시 개선되기 시작했다. 예를 들어 그동안 제기되었던 CDM 사업의 승인 및 검증절차가 너무 느리고, 불투명하다는 지적에 따라 절차를 개선하고, 보다 신속한 절차가 이루어질 수 있도록 하는 예산을 편성할 것이 결정되었다. 더 나아가 CDM 사업을 하나로 묶어 이른바 범주별 CDM 사업이 가능하도록 하는 방안이 마련되었는데, 이는 추가성에 대한 보고와 모니터링에 있어 사업자가 추가성(additionality)을 입증하는 데 도움을 주기 위한 것이었다.

이와 함께 그동안 승인되지 않았던 이산화탄소 포집 및 저장 프로젝트에 대한 승인 여부에 대해 본격적으로 논의하도록 결정되었고, 기존 토지이용, 토지이용변화 및 임업활동(Land Use, Land-Use Change, and Forestry: LULUCF) 논의를 산림황폐화의 방지로까지 확대하여 이를 CDM 사업으로 승인할 것인지 여부 역시 줄곧 논의하기로 결정했다.

끝으로 혁신과 관련해서도 몬트리올총회는 적지 않은 성과를 보였다. 우선 관련 협상은 두 가지 범주로 나누어졌다. 우선 교토의정서와 관련해서는 두 번째 의무기간에 대한 논의를 시작해야 한다는 점이 다시금 확인되었다. 물론 이는 의정서의 이행이라는 측면과도 관련이 있는데, 의정서 제3조 9항에서 의무기간이 종료되기 7년 전부터 논의를 시작한다고 정해두고 있었기 때문이다. 또 다른 한편으로 의정서 제9조는 의정서가 발효된 후 의정서 전반에 대한 검토 작업을 하도록 정하고 있는데, 교토의정서가 생각보다 늦게 출범한 만큼 이를 평가하는 일 역시 서둘러 진행할 필요가 있었다. 이러한 필요에 따라 교토의정서 임시작업반(Ad Hoc Working Group on the Kyoto Protocol: AWG-KP)이 구성되었고, 동 작업반으로 하여금 필요한 업무를 수행하도록 위임되었다. 전반적인 논의의 방향으로 미루어 보았을 때, 교토의정서의 두 번째 의무기간에 있어서도 감축의무를 부담하는 것은 부속서 I 국가라는 점이 전제되었던 것으로 보인다. 하지만 이와 관련된 어떠한 명시적 결정이 내려진 것은 없었으며, 더욱이 의정서 제9조에 의한 검토 절차가 마련된 것은 다분히 개발도상국 역시 언젠가는 감축의무를 부담해야 할 수 있다는 점을 어느 정도 전제로 했던 것이다.

이와는 별개로 기후변화에 적극적이지 않으면서도 서로 첨예한 입장차를 보여 왔던 미국과 개발도상국 사이의 대화 역시 시도되었다. 이른바 협약에 따른 장기적 협력에 관한 대화(Dialogue on long term cooperative action under the Convention)는 주로 미국과 개발도상국이 더욱 심도 있는 대화를 나누고, 타협에 이르도록 하는 플랫폼 내지 포럼으로서의 역할을 담당하게 되었다. 물론 기후변화 행동에 대해 여전히 명백한 반대 입장을 가진 국가들도 있었지만, 2005년 제11차 총회 당시에도 이미 많은 개발도상국들이 특정 조건과 여건하에서는 감축의무를 부담할 수도 있다는 쪽으로 입장이 많이 누그러진 상태였다. 다만, 각자가 감축의무의 요건 내지 조건으로 삼고 있는 바는 서로 달랐으므로 이를 조율하는 일이 또 향후의 과제로 미루어졌다.

3. 나이로비총회(2006): 아프리카를 위한 당사국총회

가. 협상 의제 및 전개

2006년 나이로비에서 개최된 제12차 당사국총회(제2차 교토의정서 당사국회의)

는 포스트-교토체제를 공고히 하고, 이전 총회들에 의해서 위임받은 사항을 이행하고 점검하기 위한 것이었다. 세계은행 출신 경제학자인 Nicolas Stern이 낸 보고서에서 기후변화에 있어 적응이 감축에 비해 훨씬 더 많은 비용을 필요로 하게 될 것이라는 점이 지적되면서 기후변화 문제에 관한 대중 및 정치권의 관심이 꽤나 높아진 상황에서 당사국총회가 개최되었다. 하지만 실제로 협상국들이 기울인 관심은 몬트리올에 비할 수 없었는데, 이는 제1차 교토의정서 당사국회의라는 이벤트 이후에 치러진 회의라는 점과 동 총회가 유독 아프리카 관련 이슈들을 부각했다는 점에 의해 영향을 받았을 것으로 추측된다.

적어도 협상의 방향과 관련하여 가장 논란이 되었던 쟁점은 두 번째 의무기간에 관한 논의와 교토의정서의 재검토 사이의 관계를 어떻게 설정할 것인지였다. 선진국들은 이 두 논의를 가급적 긴밀하게 하고자 하였으나, 개발도상국들은 이 두 논제를 각각 분리하여 논의하기를 원했다. 선진국과 개발도상국이 각각 이러한 입장을 가졌던 데는 다음과 같은 이유가 있었다. 즉, 선진국들은 개발도상국들이 언제가 되었든 감축의무를 부담해야 한다는 전제하에 자신들의 감축의무와 개발도상국의 감축의무가 같은 장에서 논의되기를 원했다. 이에 반해 개발도상국들은 자칫 강력한 의무를 부담하게 될 것을 우려하였으며, 적어도 교토의정서에 있어서는 선진국과 개발도상국의 구별이 유지되기를 원했다.

나. 총회의 결과

나이로비 당사국총회의 결과 중에는 그렇게 주목할 만한 것은 없었다. 교토의정서 제3조 9항과 관련해서 두 번째 의무기간에 부속서 I 국가들의 의무를 어떻게 정할 것인지의 문제를 계속 논의하기로 결정했고, 이를 AWG-KP가 담당하기로 했다. 의정서 제9조상의 재검토와 관련해서 일단 이번 당사국총회에서 평가가 이루어지기는 했는데, 여기서 의정서에 의한 여러 시도들에도 불구하고, 적응 등 일부 영역에 대한 관심과 논의가 부족하다는 점이 지적되기도 하였다. 회원국들은 비공식적으로 2년 후에 재점검을 진행하는 것으로 정하기는 했지만, 개발도상국들은 자신들의 감축의무를 논의하는 것 자체를 대단히 꺼렸다. 즉, 자발성에 기반한 감축행동을 할 수는 있지만, 그것이 어떠한 목표, 더 나아가 의무와 결부되도록 하는 논의를 아직까지 받아들이지 못했던 것이다.

한편 적응 문제와 관련해서는 영향, 취약성 및 적응에 관한 나이로비 작업

프로그램(Nairobi work program on impacts vulnerability and adaptation)이 기획되어 기후변화에 취약한 개발도상국의 적응 문제에 대한 대응논의를 돕도록 했다. 이는 SBSTA에 의한 논의에 방향을 제시한 것 정도라고 평가할 수 있다.

또 기술이전과 관련해서는 기술이전 전문가위원회의 활동이 다음 해까지로 연장되면서 다시금 관련된 결정을 미루게 되었다.

4. 발리총회(2007): 코펜하겐협정을 향한 첫 단계

가. 협상 의제 및 전개

2007년 발리에서 개최된 제13차 당사국총회(제3차 교토의정서 당사국회의)는 기후변화에 대한 국제적 논의에서 전환점 내지 혁신이라고 평가되는 코펜하겐 협정을 논의한 첫 단계라고 평가할 수 있다. 무엇보다 발리에서는 발리 행동계획(Bali Action Plan)이 작성되는 과정에서 그동안 첨예한 대립을 보인 당사국들 사이에서 점차 타협의 가능성이 발견되면서 기후변화에 대응하기 위한 공동의 노력이 가능할 것이라는 희망을 갖게 했다. 특히 지구상 온실가스를 두 번째로 많이 배출하는 미국에 새로운 행정부가 구성되면서 기후변화 논의에서 기존과는 다른 태도를 보였고, 엘 고어가 제작한 <불편한 진실>이라는 다큐멘터리는 대중이 가지는 당사국총회에 대한 기대감을 크게 끌어올렸다. 과학적 측면에서 2007년 IPCC가 발간한 보고서는 기후변화에 대한 더욱 적극적인 대응을 요구하는 실증적 근거들을 제시한 바 있다.

물론 협상과정 중에서 미국은 여전히 개발도상국, 적어도 신흥국들이 감축의무를 부담하지 않는다면, 자신도 구속력 있는 감축의무를 부담할 의사가 없다는 점을 거듭 천명하였다. 개발도상국 역시 처음부터 공통의 그러나 차이가 나는 책임 원칙을 방패삼아 선진국들의 역사적 책임을 강조하는 전략을 포기하지 않았다.

나. 총회의 결과

미국과 개발도상국 사이의 팽팽한 긴장은 발리 당사국총회의 결정문인 발리 행동계획이 작성되는 과정에서 서로가 조금씩 양보하면서 타협을 이끌어내면서 다소 해소되었다. 이에 따라 개발도상국들은 감축의무를 부담할 수 있다는 입장을 갖게 되었고, 미국 역시 감축의무를 부담할 것임을 확인하면서 구체적인 감축의무에 대해 협상하게 되었다.

이전 당사국총회에서와 마찬가지로 협상의 결과는 두 가지 트랙으로 나뉘어져 도출되었다. 우선 교토의정서의 두 번째 의무기간을 위한 협상 트랙과 이와 별개로 선진국 및 잠재적으로 개발도상국의 감축의무를 함께 논의하기 위한 협상 트랙이 마련되었는데, 특히 일부 회원국들의 요청에 따라 교토의정서에 의해 감축의무를 부담하는 국가들(부속서 I 국가들)과 의무를 부담하지 않는 국가들의 협상은 또다시 서로 나뉘어 진행될 수밖에 없었다.

이에 따라 우선 교토의정서의 두 번째 의무기간에 대한 논의가 이어졌으며, 그 결과로서 IPCC의 보고서에 제시된 감축수준을 수용해야 한다는 데 의견을 모았다. IPCC의 보고서에 의하면, 전 세계는 2020년까지 1990년을 기준으로 약 25%에서 40%까지 온실가스의 배출을 억제해야 한다. 이러한 공감대가 형성된 것이 곧 회원국이 바로 의무를 부담할 것임을 약속한 것은 아니었으며, 이를 구체화하는 논의는 결코 순탄하게 전개되지 않았다.

두 번째 협상 트랙에서는 선진국이 가지는 감축의무의 내용을 IPCC가 낸 보고서에 부합하도록 조정하고, 무엇보다 이전과 다른 참여의지를 보이는 미국의 감축의무를 정하는 임무를 수행해야 한다는 점에 대해 인식하게 되었다. 그 결과 지금까지 그랬던 것처럼 다시 임시 작업반을 설치하는 일로 논의를 시작했다. 이렇게 출범한 것이 바로 협약상 장기간 협력행동에 관한 임시작업반(Ad Hoc Working Group on Long-term Cooperative Action under the Convention: AWG-LCA)이었으며, 이는 2009년, 즉 코펜하겐총회 시까지 어떠한 가시적인 결과를 도출하도록 목표를 부여받았다. 선진국의 감축의무를 정하는 일과 이를 이행하는 체계를 구축하는 일, 즉 보고, 측정 및 검증을 위한 방법과 이행점검을 위한 기술적이고 정책적인 목표를 수립하는 것이 필요했다. 아울러 개발도상국이 감축의무를 부담한다면, 이들에게 그에 상응하는 금전 또는 기술 지원이 필요했으므로 이와 관련된 논의 역시 진행되어야 했다. 애초에 임시작업반 논의는 단지 결정문의 채택을 넘어, 새로운 의정서의 채택, 더 나아가 기후변화협약 자체의 개정까지도 염두에 둔 바 있다. 그만큼 발리에서의 목표설정은 대단히 야심찼다고 할 수 있을 것이다. 이와 관련하여 발리 행동계획은 더 이상 부속서 I 내지 비부속서 국가라는 말을 사용하지 않기 시작했는데, 이는 향후의 기후논의에 있어 목록을 기초로 하는 기존의 접근방식이 사용되지 않을 것이며, 이로써 국가구별을 보다 유연하게 할 수 있는 전제가 마련되었다고 할 수 있다.

또 한편으로 발리 당사국총회의 결과로 이른바 적응기금(adaptation fund)가 새롭게 나오게 되었는데, 이는 개발도상국이 협약상의 재정 메커니즘 기관인 GEF에 대해 가지는 유보적 태도를 해소하기 위한 것이었지만, 이것의 운영은 실질적으로 GEF와 세계은행에 맡겨졌으므로 이것이 기존 체제로부터의 작별을 의미하는 것은 아니었다.

기술이전 및 기후재정과 관련하여 주목할 만한 변화도 감지되었다. 개발도상국은 선진국의 재정지원 및 기술지원이 감축의무를 부담하는 데 전제조건이 된다는 점을 관철했고, 실효성을 확보하기 위해 이러한 지원조치들이 측정 가능하고, 보고되어야 하며, 검증될 수 있는 형태로 제공되어야 한다는 점이 명시되도록 했다. 그러나 개발도상국 역시 이러한 조치의 결과로 감축의무를 부담할 때, 측정 가능하고, 보고되며, 검증될 수 있는 체계를 갖출 의무를 부담하도록 결정됨으로써 선진국의 입장 역시 반영되었다. 기술이전과 관련하여 본래 2007년까지 활동하기로 되어 있던 기술이전 전문가위원회는 그 활동을 5년간 연장하게 되었으며, 이를 통해 향후 기술 메커니즘이 출현할 수 있는 기초가 마련되었다.

또 몬트리올에서도 논의된 바 있는 바처럼 REDD 관련 논의도 계속 이어졌다. REDD 메커니즘은 감축의무를 이행하는 개발도상국 입장에서도, 이를 지원하는 선진국 입장에서도 필요한 조치로는 인식되고 있다. 다만, 조림뿐 아니라 산림황폐화의 방지와 이와 관련된 재정지원까지 의무이행의 차원에서 다루어질 수 있는지에 대해서는 의문이 제기될 수밖에 없었다. 이와 관련해서는 지속적으로 논의가 이루어질 것이 예고되었으나, 당장 발리 당사국총회의 결과로서 어떠한 합의가 도출된 것은 아니다.

5. 포젠총회(2008): 코펜하겐으로 가는 중간 기착지

가. 협상 의제 및 전개

2008년 포젠에서 열린 제14차 당사국총회(제4차 교토의정서 당사국회의)는 코펜하겐에서 성립이 기대된 바 있는 새로운 합의를 준비하고, 논의를 심화시키기 위한 하나의 중간지점 내지 도약판과 같은 역할을 했다. 교토의정서가 제1차 당사국총회인 베를린총회에서 결의되고, 이로부터 2년 후인 1997년 제3차 교토 당사국총회에서 성립된 탓인지, 새로운 합의에 이르는 데 필요한 시간이 매우 짧게 설정되어 있었다는 점에서 포젠에서의 상당한 합의 내지는 절충이 진척되어야만 했다. 하지만 제2차 당사국총회인 제네바총회에서 별다른 성과 없이 바로 교토에서 교토의정서가 채택되는 경험을 한 회원국들은 포젠총회에서 무엇인가 극적인 합의를 기대하지는 않았던 것으로 보인다. 더욱이 당시는 글로벌 금융위기로 인해 전 세계가 패닉 상태에 빠져 있던 시기였는데, 위기극복에 위한 노력에도 불구하고, 기후변화 문제와 경제 건전화를 위한 논의가 함께 이루어지지는 못했다.

협상 중에도 회원국 공동의 감축목표를 만들기 위한 노력이 계속되었고, 특히 교토의정서와 관련해서는 IPCC에서 권고한 바와 같이 2020년까지 25%에서 40%까지의 감축이 필요하다는 점이 줄곧 강조되기는 했지만, 이것을 구체적인 합의로 이끄는 데 있어 회원국들은 상당히 무기력했던 것으로 보인다. 이러한 상황에서 AGW-LCA는 2009년 코펜하겐 당사국총회에서 논의될 협상초안을 사실상 창작해내라는 의무를 부여받게 되었다.

나. 총회의 결과

포젠 당사국총회는 사실상 이렇다 할 성과를 내지 못했다. 줄곧 감축목표에 대한 추상적이고 포괄적인 내용에 대해서만 논의가 전개되었다. 교토의정서의 두 번째 의무기간을 정하고, 이것을 구체화함에 있어서도 별다른 진척을 보이지 못했고, 교토의정서 제9조에서 정한 의정서 검토과정에서도 이렇다 할 합의점을 도출하지 못했다.

그나마 적응기금에 대한 세부적인 규칙과 절차가 정해진 것은 포젠총회의 성과라고 할 수 있다. 그러나 개발도상국은 CDM 사업에서뿐만 아니라 여타의 교토 메커니즘에서 나온 배출 단위와 배출 크레딧에 대해서도 일정 수익을 적응기금에 편입되도록 해야 한다고 주장했으나, 여기서는 이러한 주장이 관철되지는 못했다.

한편 기술이전과 관련해서도 다소의 논의가 이루어졌다. 다만, 기술이전의 방법, 주체, 재정지원과의 관계 등에 대해 제기되는 지속적인 이견으로 인해 합의사항으로 도출된 부분은 거의 없었다. GEF에 위해 친환경 기술이전과 관련하여 수행되고 있는 투자사업을 포젠 기술이전 전략 프로그램(Posnan Strategic

Program on Technology Transfer)이라고 바꾸어 부르게 된 점 정도가 그나마 주목할 만한 성과였다고 이야기할 수 있다.

6. 코펜하겐총회(2009): Seal the Deal, 신기후체제를 위한 밑거름

가. 협상 의제 및 전개

2009년 코펜하겐에서 열린 제15차 당사국총회(제5차 교토의정서 당사국회의)는 상당히 이례적인 회의로 평가될 수 있을 것이다. 12월 7일부터 19일까지 2주간 진행된 회의에서 협상 당사국 장관급 인사들이 거의 자리를 뜨지 않고 협상에 참여한 것은 물론이고, 총회가 끝나는 마지막 이틀간은 수많은 협상국의 대통령과 총리를 비롯한 국가원수가 참여해 기후변화 논의에 있어 하나의 전환점이 마련될 것이라고 기대를 모은 바 있다. 객관적인 결과로 본다면, 이러한 기대는 충족되지 못했는데, 협상의 결과로 조약은 고사하고, 결정문조차 채택되지 못했기 때문이다. 하지만 코펜하겐 당사국총회의 결과는 정치적 합의 내지 선언인 코펜하겐 합의(Copenhagen Accord)로 문서화되었고, 이는 향후의 기후변화 논의를 진전시키고, 파리협정을 성립시키는 데 있어 결정적인 역할을 하였다.

협상에 대한 기대에 비해 준비된 것은 크지 않았다. 다시 말해 엄청나게 높은 기대가 있었지만, 그에 상응하는 준비는 이루어지지 못했던 것이다. 즉, AWG-KP와 AWG-LCA에 의한 그간의 회합에도 불구하고, 협상을 위한 적절한 문서가 준비되지 못했다. AWG-LCA의 의장이 준비한 협상문서는 150페이지에 이르렀으므로 협상을 위한 것이라고 하기에는 지나치게 많은 분량이었고, 수많은 선택지들을 어지럽게 정리한 수준이었다. 애초에 세부 분과별로 나누어 협상을 진행하려던 계획은 개발도상국의 반대로 인해 실현되지 못했다. 개발도상국들은 이러한 시도가 민주적이지 못하고, 합리적이지도 않다고 지적했다. 그러나 이러한 불합리한 협상방식의 대안으로 나온 방식 역시 그다지 훌륭했던 것은 아니다. 즉, 코펜하겐에서는 미국, 인도, 브라질, 중국 및 남아프리카 공화국으로 구성된 협상그룹이 비공식적인 회합을 하도록 하고, 이들 사이에서 어떠한 합의가 도출될 수 있도록 했다. 이들은 주로 기후변화 논의에 있어 반대의견을 내는 역할을 해왔던 국가들인데, 이는 각자의 문제를 스스로 자각하는 기회를 가졌을지는 몰라도, 이러한 회의방식이 유용한 것인지에 대해서는 큰 의문이 제기되었다.

나. 총회의 결과

총회의 결과는 코펜하겐 합의에 의해 정리되었다. 형식적으로 내지는 법적 구속력 측면에서 본다면, 동 합의문은 어떠한 공식적인 채택절차도 거치지 않았고, 법적 구속력도 갖지 못하는 것이다. 즉, 이는 의도되었던 여러 옵션들 중에서 조약, 의정서 또는 여타의 국제법상의 문서에 해당하지 않은 것은 물론이고, 심지어 당사국총회의 결정문으로서의 지위도 갖지 못했다. 이러한 상황에서 구속력에 대해서는 말할 필요도 없었다. 비록 코펜하겐 합의는 결정 2/CP.15라는 문서에 포함되어 있기는 했지만, 코펜하겐 합의 텍스트가 시작되기도 전에 "당사국총회는 다음을 인식한다(takes note)."라는 술어를 포함함으로써 합의의 구속력을 부정했다. 그 결과 코펜하겐 합의는 단지 정치적인 합의에 머물게 되었다. 물론 파리협정이 성립된 현 시점에서 코펜하겐 합의는 결코 폄하될 수 없는 중요한 성과라는 점이 강조되기도 하지만, 이는 코펜하겐 합의 자체가 중요성을 가지기 때문에 그런 것인지, 코펜하겐 합의의 내용이 이후의 결정문들과 파리협정에 반영된 결과인지는 분명하지 않다.

어쨌든 코펜하겐 합의에는 일단 공동의 목표에 대한 내용이 담겼다. 현재 파리협정에 있는 2℃ 온도목표는 이 시기에 정착된 것이라고 볼 수도 있다. 이는 산업화 이전과 비교하여 지구의 기온상승을 2℃ 이하로 억제하자는 것인데, 이에 대한 평가는 엇갈린다. 우선 이를 긍정적으로 보는 견해는 2℃ 온도목표가 충분히 유연하다는 점을 강조한다. 2℃ 목표를 충족하기 위해서는 구체적으로 어떠한 행동이 필요한지에 대한 과학적 구체화가 요구된다. 이러한 요구를 충족하기 위해 필요한 조치는 과학계에 의해, 특히 IPCC에 의해 줄곧 규명될 것이고, 경우에 따라 최신의 증거에 따라 더 높은 수준의 감축목표를 제시하게 될 수 있다고 보았다. 이에 반해 2℃ 목표를 부정적으로 보는 견해는 2℃ 목표가 이미 1990년 중반부터 주장되던 것으로 어떠한 발전과 의지를 반영한 것이 아니고, 2℃ 목표만으로 의무가 충분히 구체화되지 않을 것이라는 점이 문제된다고 보았다. 더욱이 2℃ 목표를 위한 세부적인 감축목표가 바뀐다고 하더라도 회원국들이 이를 무조건 수용하여 자신들의 의무를 아무런 저항 없이 업데이트할 것이라고 보기도 어렵다고 판단하였다.

이러한 감축목표를 세워두기는 했지만, 감축의무를 부담하는 데는 상향식의 방법이 원용되었다. 이에 따라 선진국은 자신이 부담하게 될 감축목표를 스스로 정해 기후변화협약 사무국에 제출하도록 하는 접근방식이 시도되었다. 이에 따라 선진국들은 이른바 QELROs(Quantified Emission Limitation and Reduction Objectives)를 제출할 의무를 부담하게 되었고, 개발도상국은 NAMAs(Nationally Appropriate Mitigation Actions)를 기후변화협약 사무국에 보고하고, 보고한 바를 이행할 의무를 부여받았다. 개발도상국은 일단 측정, 보고 및 검증으로부터는 면제를 받았으나, 앞서 본 바와 같이 일단 선진국으로부터 재정 및 기술지원을 받은 경우에는 선진국과 마찬가지로 이를 보고할 의무를 부담하도록 되어 있었다.

지원과 관련하여 선진국 회원국들은 연간 1천억 달러의 재원을 마련할 것을 약속했으며, 기술 메커니즘이 만들어질 것임을 다시 한번 천명하였다. 또 그간 논의되었던 REDD 메커니즘에 대한 논의는 큰 진전을 이루지 못했지만, 코펜하겐 합의는 별다른 설명 없이 REDD를 REDD+로 바꾸어 부르기 시작했고, 여전히 그 중요성을 강조하게 되었다.

한편 코펜하겐에서의 논의의 결과로 이후 녹색기후기금(Green Climate Fund: GCF)으로 발전하는 Copenhagen Green Climate Fund의 조성이 합의되었고, 이 기금을 통해 REDD+ 사업에 대한 지원도 이루어질 것이 명시되기도 하였다.

총회는 아쉬운 대로 AWG-LCA의 활동을 다음 회기인 제16차 당사국총회 시까지로 연장하여 지속적인 논의를 다짐하면서 마무리되었다.

7. 칸쿤총회(2010): 논의 및 목표의 거듭된 연장

가. 협상 의제 및 전개

2010년 칸쿤에서 개최된 제16차 당사국총회(제6차 교토의정서 당사국회의)는 코펜하겐에서 결정문을 도출하지 못한 데 따라 이를 만회하기 위한 총회로서 기대를 모았다. 이는 발리 행동계획상의 위임사항과도 관련되는 것으로서 협상국들은 계획된 바들이 칸쿤에서 매듭지어지는 계기가 마련되기를 바랬다.

그러나 협상은 코펜하겐에서와 마찬가지로 쉽지는 않았던 것으로 보인다. 미국과 개발도상국은 보고의무와 관련하여 여전히 대립했고, 특히 개발도상국의 보고의무에 대해서 서로의 이견을 드러냈다. 더 나아가 뒤에서 살펴볼 칸쿤 합의문은 볼리비아의 명시적인 반대에도 불구하고, 총회의 결정으로 채택되었다. 다수결에 의한 결정문의 채택은 기후변화협약이나 당사국총회의 절차규칙에서 예정된 바가 아니며, 그동안의 당사국총회 결정문은 컨센서스에 의해 채택되어 왔다.

한편 유엔기후체제의 구조 문제 역시 논의의 대상이 되었다. 교토의정서에 참여하지 않은 미국은 신기후체제의 출범으로 만들어질 국제문서로 인해 기존 교토의정서가 폐지되는 모델을 선호한 데 반해, 많은 국가들은 교토의정서와 새로운 국제문서의 병존을 더욱 선호했던 것으로 보인다. 무엇보다 교토의정서에 정한 강력한 기후변화 억제를 위한 의무들을 완전히 폐지하는 것은 매우 아까운 일이며, 향후 이와 유사한 합의에 이르기는 대단히 어려운 일이 될 것이라고 본 것이다.

나. 총회의 결과

칸쿤 당사국총회의 결과로 도출된 결과는 이른바 칸쿤 합의문(Cancun Agreements)이다. Agreements가 복수형으로 쓰인 점에서도 알 수 있듯이 칸쿤 합의문은 총 두 개의 결정문으로 구성되어 있는데, 하나는 기후변화협약 당사국총회의 결정문이고, 또 하나는 교토의정서 당사국회의의 결정문이다. 물론 이렇게 별개의 결정문이 도출되기는 했지만, 이 둘은 상당히 큰 상호작용 속에서 결합되어 있었다. 예를 들어 감축의무에 있어 칸쿤 합의문은 기존과는 달리 교토의정서상의 목표와 이와 독립적인 향후의 목표를 서로 달리 다루었던 태도에서 벗어나 이 두 목표를 연계하기 시작했고, 공동의 목표를 달성하기 위해 회원국이 노력하기로 하였다.

공통의 목표와 관련하여 코펜하겐에서 확인된 2℃ 목표가 공식적인 승인을 받게 되었고, 산업화 이전과 비교하여 1.5℃라는 도전적인 목표를 달성하기 위해 노력할 것이라는 점이 추가적으로 확인되었다. 다음 해에 개최되는 제17차 당사국총회에서 2050년까지의 감축목표에 대한 검토가 이루어질 것이 예정되었고, 온실가스의 배출이 최고 정점에 이르는 시기에 대해서도 제17차 총회에서 논의되도록 계획이 수립되었다. 단, 이는 기후변화협약 당사국총회의 결정에 포함되었던 다른 계획 및 프로그램과는 달리 단지 권고 또는 목표에 머물러 있었다.

칸쿤 합의문은 감축의무와 관련해서도 코펜하겐에서보다는 다소 진일보한 측면을 보여주었다. 그럼에도 불구하고, 여전히 코펜하겐 합의의 문언인 인식한다("takes note")라는 표현이 반복되면서 합의로서의 의미는 상당히 무색해진 바 있다. 어쨌든 합의문은 선진국이 져야 하는 기후변화에 대한 역사적 책임에 대해, 또 그러한 이유에서 선진국이 담당해야 하는 주도적 역할에 대한 내용을 포함하고 있다. 합의문에 따라 선진국은 스스로 정한 감축목표를 제출할 의무를 부담한다. 더 엄밀히 말하면, 이러한 의무를 부담한다는 점을 인식하게 되었다. 다만, 칸쿤 합의문은 선진국인 회원국이 1년에 한 차례씩 온실가스 배출 인벤토리 보고서를 제출해야 한다는 점, 격년으로 감축성과에 대한 보고서와 개발도상국에 대한 지원에 관한 보고서를 제출해야 한다는 점을 확인함으로써 보고의무를 강화하는 데 성공했다.

시장 메커니즘에 관한 논의는 교토의정서에 의해 이미 도입된 바 있는 시장 메커니즘을 근간으로 하는 모델이 계속 이용될 것임이 확인되었다. 다만, 이를 구체화하는 것은 계속 논의되어야 하는 과제로 남게 되었고, 무엇보다 첫 번째 의무기간에 사용하지 않은 배출 단위 및 크레딧의 이월 가능성에 대해서는 큰 논란이 있었으므로 이에 대한 합의점이 도출되어야 했다.

개발도상국이 부담하는 감축의무도 다소 구체화되면서 강화되었다. 코펜하겐에서 확인된 바와 같이 지원을 받는 경우에 보고의무를 부담하게 된다. 하지만 아무리 보고의무와 국제적 검토절차가 없다고 하더라도 감축의무를 완전히 자율적으로 이행하도록 할 수는 없었다. 따라서 칸쿤 합의문은 개발도상국인 회원국이 스스로 측정과 보고를 하되 국제적인 기준을 사용하도록 정하였다. 선진국이든 개발도상국이든 상향식의 접근방식은 이제 자명하고 당연한 것으로 받아들여져 갔고, 여기에 국제적 기준 또는 검토절차라는 하향식의 요소가 다소 부연되는 형식이 정착되었다.

기후변화 적응과 관련해서는 칸쿤 적응 프레임워크(Cancun Adaptation Framework: CAF)라는 새로운 메커니즘이 도출되었고, 이것의 운영기관으로서 적응위원회(adaptation committee)가 출범하도록 예정되었다. 위원회의 구성과 절차에 대해서는 추후 결정하기로 했다.

또한 칸쿤 합의문에 의해 GCF가 출범하였다. GCF는 24명의 위원으로 구성된 위원회에 의해 운영되도록 되어 있었는데, 일단 제17차 당사국총회가 열릴 때까지 40명으로 구성된 임시위원회에 세부적 사항에 대한 결정이 위임되었다. GCF를 포함하여 선진국은 연간 1천억 달러의 기금을 융통한다는 목표를 세워둔 바 있다. 동 기금과 함께 상설재정위원회(Standing Committee on Finance: SCF)가 설치되어 재정 관련 사안에서 당사국총회를 보조하게 되었다.

끝으로 기술이전과 관련하여 기술집행위원회(Technology Executive Committee: TEC)와 기후기술센터 및 네트워크(Climate Technology Centre & Network: CTCN)가 기술 메커니즘의 기관으로 설치되어, 기후기술의 개발과 확산이라는 측면은 물론, 이와 관련된 정책결정에서부터 이행단계까지를 담당하게 되었다. 전자는 정책결정을 위한 기관이고, 후자는 이행기관으로서 지역별로 기후기술을 활용하고 보급하는 역할을 하는 기관들이 네트워크를 구성하도록 의도되었다. 이렇게 기술 메커니즘이 구성됨에 따라 제18차 당사국총회까지 활동하기로 예정되어 있던 기존 기술이전 전문가위원회는 다음 해 총회에서까지만 활동하는 것으로 정해졌다.

8. 더반총회(2011): 강화된 행동을 통한 신기후체제로의 도약

가. 협상 의제 및 전개

일반적으로 2011년 더반에서 열린 제17차 당사국총회(제7차 교토의정서 당사국회의)에서 2015년 파리총회까지를 하나로 묶어 신기후체제를 위한 노력이 경주되던 시기로 평가하고 있다. 그만큼 2011년 더반에서 열린 총회는 신기후체제를 위한 논의를 준비하기 위해 초석을 놓는 역할을 했던 것으로 평가된다.

특히 코펜하겐에서 채택된 코펜하겐 합의가 진정한 의미에서 결정문으로 평가될 수 없었는데, 칸쿤 회의를 거치면서 당시 합의되었던 많은 부분들이 결정문의 형태로 반영될 수 있었다. 더반총회는 이를 더욱 심화시킬 수 있는 계기로 인식되었으며, 따라서 AWG-LCA에 의한 논의와 관련된 총회 논의에 대해 긍정적인 평가와 기대가 모아진 바 있다. 이에 반해 AWG-KP에서의 논의에 대해서는 애초에 부정적인 평가가 많았다. 교토의정서 자체가 그다지 성공적이지 못했던 탓도 있지만, 교토의정서에 의한 감축의무를 부담하는 국가가 지구 전체의 온실가스 배출량 중 단지 15%만을 차지한다는 점에서 그 실효성에 대한 의구심도 커졌다. 하지만 2012년 종료되는 첫 번째 의무기간이 만료되면, 당시까지 2020년 출범을 목표로 한 신기후체제가 시작되기까지 지나치게 오랜 시간이 남아 있게 되어 교토의정서에 의한 임시적 규율은 불가피한 것이었다.

당사국총회의 논의과정에서는 특히 신기후체제의 형태에 관한 논란이 전개되었다. EU, 최빈개도국들 및 도서국가연합(Aliance Of Small Island States) 협상그룹의 도서국가들은 신기후체제가 교토의정서와 같이 기후변화협약에 대한 의정서 형태를 가져야 한다고 주장했다. 이에 반해 미국은 개발도상국이 감축의무를 부담하지 않는다면, 관련 합의가 의정서의 형태를 지닐 수 없고, 만약 그렇게 된다면, 미국의회의 비준을 받을 수 없을 것이라고 주장했다. 이와 달리 중국은 당사국총회의 결정만으로도 충분히 법적 구속력을 가질 수 있다고 보았고, 인도는 법적 구속력을 가지는 문서를 만드는 것 자체를 꺼리는 입장이었다. 무엇보다도 신흥국들은 교토의정서의 두 번째 의무기간이 받아들여지는 것을 조건으로 감축의무를 받아들일 수 있고, 감축의무에 있어서도 선진국과 개발도상국 사이의 차등화가 필요하다는 입상을 고수했다.

나. 총회의 결과

더반총회의 가장 중요한 성과는 이른바 강화된 행동을 위한 더반 플랫폼이라고 할 수 있다. 더반 플랫폼 논의를 위해 더반 플랫폼 임시작업반(Ad Hoc Working Group on the Durban Platform for Enhanced Action: ADP)이 창설되었고, 기존 AWG−LCA의 논의는 제18차 당사국총회 시까지만 진행하고 해산하기로 결정하였다. ADP에게 주어진 임무는 2015년 제21차 당사국총회에서 신기후체제가 채택될 수 있도록 2015년 초까지 협상초안을 마련하는 것이었다. 당연히 ADP의 활동기간은 동 초안이 마련되기까지로 설정되었다. 한편 발리 행동계획에서 의도된 바 있는 이원화 전략은 더반에 이르러 완전히 하나의 비차등화 모델로 전환되었다. 즉, 적어도 신기후체제에 있어서는 더 이상 선진국과 개발도상국 감축의무 사이에 어떠한 근본적 차별을 상정하지 않게 되었고, 단지 기후변화협약에서 존재하고 있는 공통의 그러나 차이가 나는 책임의 원칙이 간접적으로나마 향후 ADP 논의에 영향을 줄 것으로 예정되는 정도였다.

이른바 “AWG−LCA Outcome”이라는 결정문은 50페이지에 달하는 나름 방대한 내용을 포함하고 있다. 이는 회원국이 부담하는 보고의무에서 보고의 내용과 보고를 위한 여러 가지 방법론들을 정의하고, 칸쿤총회를 통해 만들어진 여러 메커니즘의 기관들 구성과 업무에 대한 다소 절차적인 측면이 구체화되었다. 이는 동 작업반이 추구한 장기적 목표 내지 행동에 관한 직접적인 내용이라기보다 이를 보조하는 보완적이고 간접적인 기능에 주력한 결과였다.

한편 AWG−KP의 논의는 일단 두 번째 의무기간을 가져야 한다는 데 대해서 기존 교토의정서의 회원국들, 특히 의정서상 감축의무를 부담하는 회원국들 사이에 합의로 이어졌다. 다만, 두 번째 의무기간이 언제까지 지속되어야 하는지, 의무는 첫 번째 의무기간에 비해 어떻게 강화되어야 하는지, 누가 의무를 이행해야 하는지 등에 대해서는 거의 논의가 이루어지지 못했다. 특히 미국은 애초에 교토의정서에 참여하지 않았고, 캐나다, 러시아, 일본은 제2차 이행기간에 참여하지 않기로 하여 감축의무에 관한 논의가 주는 실효성이라는 측면에 대해서도 큰 도전이 있었다. 의무의 내용과 관련해서는 보다 강화된 의무를 반영한 교토의정서 부속서B를 더반총회 시까지 마련한다는 계획이 세워져 그나마 구체화를 위한 회원국들의 의지가 다소 나타났다고 할 수는 있다.

9. 도하총회(2012): 신기후체제를 위한 본격적 논의의 서막

가. 협상 의제 및 전개

2012년 카타르 도하에서 개최된 제18차 당사국총회(제8차 교토의정서 당사국회의)는 매우 다양한 업무를 수행한 총회로 평가된다. 우선 AWG-LCA의 논의를 마무리하면서 어떠한 성과가 도출되어야 했고, 더반에서 출범한 ADP를 통한 논의가 진척되어야 했으며, 무엇보다 교토의정서의 두 번째 의무기간에 대한 구체적인 계획이 필요했다. 또 당사국총회로서는 최초로 OPEC 국가에서 진행되는 회합이라는 측면에서 지금까지 봉쇄작전을 펼쳐 온 산유국들의 입장변화가 기대되기도 하였다. 물론 도하총회의 가장 큰 성과 중 하나는 도하개정에 대한 채택이었는데, 이 중 일부가 잠정적으로 적용됨에도 불구하고 아직까지 이를 비준한 국가가 많지 않아 발효되지 못한 상태에 머물러 있다.

전반적으로 총회의 협상은 두 가지 트랙으로 비교적 분명하게 나뉘도록 예정되어 있었다. 첫 번째 트랙은 교토의정서의 두 번째 의무기간에 관한 논의를 위한 것이었고, 두 번째 트랙은 2015년을 목표로 하는 신기후체제를 위한 국제문서를 작성하기 위한 것이었다. 그러나 시간이 지남에 따라 이 두 가지 문제가 아무런 상호작용 없이 전개될 수 없다는 점이 드러났고, 무엇보다 각 협상국들은 자신들의 입장에 따라 두 트랙의 의제를 연계하는 전략을 구사했다.

AWG-KP의 논의에 있어 크게 첨예한 논쟁이 되었던 부분은 첫 번째 의무기간 중에 발생한 배출 단위인 AAUs를 두 번째 의무기간에도 이월하여 사용할 수 있는지 여부였다. 교토의정서상의 배출권거래제 및 공동이행 과정에서 드러난 문제 중 하나로 이른바 Hot Air 이슈가 있는데, 뜨거운 공기 정도로 해석될 수 있는 이 문제는 1990년을 기준으로 감축의무를 부여한 교토의정서의 의무부여 방식으로 인해 당시까지 저발전 상태에 머물렀던 체제전환국들이 매우 달성하기 쉬운 목표치를 부여받게 되자, 배출 크레딧을 다량 보유하게 되고, 이를 부속서 I 국가들에게 이전하면서 기후변화 대응의 효과를 상당히 저해한 바 있다. 이러한 잉여 크레딧을 통해 이익을 보았던 국가들은 두 번째 의무기간에도 이를 활용할 수 있어야 한다고 주장했지만, 이것의 사용을 금지하거나 제한해야 한다는 협상국들이 너 많았다.

AWG-KP에서 제기된 또 하나의 쟁점은 두 번째 의무기간을 언제까지로 할 것인지를 결정하는 문제였다. 개발도상국들은 주로 2013년부터 2017년까지의 의무기간을 지지한 반면, EU는 2013년부터 2020년까지의 의무기간을 선호했다. 개발도상국은 2017년 이후 감축의무가 조정될 것을 기대했지만, EU는 표면적 이유로 신기후체제의 출범목표인 2020년까지는 의무기간이 유지되는 것이 바람직하다는 입장을 밝혔다. 다만, EU는 2020년 기후 및 에너지 정책의 변경을 예정하고 있었으므로 국제적 기후논의에서 주도권을 빼앗기지 않으려고 이러한 주장을 한 측면 역시 있었다.

ADP의 논의는 두 갈래로 다시 나뉘었다. 첫째는 신기후체제를 성립시키기 위한 직접적인 논의였고, 둘째는 2020년까지 기후변화협약 회원국들의 감축목표를 높이는 일이었다. 이들은 각각의 작업반으로 나누어져 어젠다의 마련과 관련 논의가 진행되었고, 또 당사국총회에서도 이러한 틀 속에서 논의가 전개되었지만, 당시까지 상당한 논의가 답보상태에 머물면서 첨예한 대립을 불러왔다. 양 작업반이 가진 문제점은 거의 동일했는데, 우선 기후변화 행동과 지원을 위한 책임 내지 역할을 누가 또 왜 부담하는지에 대한 의견대립이 있었다. 역사적 책임과 역량을 강조하는 개발도상국과 달리, 선진국은 현재의 배출을 근거로 공동의 대응을 강조했다. 같은 맥락에서 개발도상국들 중 기후변화에 영향을 크게 받는 국가들은 손실과 책임 문제를 배상이라는 차원에서 접근한 반면, 미국을 비롯한 선진국들은 그것은 적응, 기술 및 지원의 문제로서 어떠한 책임 문제를 야기해서도 안 된다고 보았다.

나. 총회의 결과

협상과정에서의 첨예한 대립에도 불구하고, 도하총회는 나름의 성과를 내며 마무리되었다. 당사국총회의 명의로 26개에 이르는 결정문이 도출되었고, 교토의정서 당사국회의에서는 13개의 결정문을 냈다. 이들을 통칭하여 도하 기후 게이트웨이(Doha Climate Gateway)라는 명칭이 부여되기도 했지만, 이는 하나의 패키지를 통칭하는 명칭일 뿐이었다.

총회의 결과를 간략하게 정리하면 다음과 같다. 우선 가장 괄목할 만한 성과로써 도하개정(Doha Amendments)이 도출되었다. 도하개정은 AWG－KP 논의를 통해 도출된 것으로 2013년부터 2020년에 이르는 2차 의무기간을 교토의정서에 추가적으로 부여하는 것을 내용으로 한다. 이에 따라 부속서 I 국가들은 의정서 부속서B에 따른 감축의무를 부담하지만, 2014년 이후에는 이를 재검토하여 1990년 배출량을 기준으로 25%에서 40%에 이르는 감축목표를 갖도록 해야 한다. 다만, 이는 법적으로 구속력을 가지는 의무는 아니며, 정치적인 합의에 머물러 있었다.

교토 메커니즘과 관련하여 개발도상국은 계속하여 CDM에 참여할 수는 있었다. 그러나 동 메커니즘에 참여하기 위해서는 교토의정서상의 감축의무를 부담할 것을 약속해야 한다. 물론 이는 메커니즘 참여를 위한 전제조건이 될 뿐이지, 비부속서 국가는 교토의정서상의 감축의무를 부담하도록 강요받지는 않는다.

발생하는 CERs 중 2%로 적응기금을 조성하도록 했던 태도는 그대로 유지되었으며, 추가로 ERUs 및 이전되는 AAUs로부터도 2%씩을 취해 적응기금에 편입되도록 했다. 이는 여전히 최빈개도국에 대한 CDM 프로젝트에는 적용되지 않았다. 이른바 뜨거운 공기 문제에 대한 논란에 있어 선진국은 이전 의무기간에서 나온 AAUs를 구입하지 않으며, 자신의 감축의무 이행을 위해서도 활용하지 않을 것이라고 천명함으로써 체제전환국의 주장을 무색하게 했다. 다만, “Previous Period Surplus Reserve”라는 명칭으로 이전 의무기간에 축적한 AAUs를 두 번째 기간에 자국에 부여되는 감축의무의 충족을 위해서는 사용할 수 있도록 배려함으로써 일종의 절충이 이루어졌다.

둘째, AWG－LCA의 논의결과는 이른바 “Agreed Outcome to the Bali Action Plan”에 의해 마무리되었다. 다만, 동 논의는 극히 합의되기 어려운 사안들을 어젠다로 삼았던 나머지 괄목할 만한 성과 없이 마무리되었고, 예정되었던 내용들을 전반적으로 다루지 못한 상태에서 마무리되었다. 일단 협상국들은 조기에 온실가스 배출의 최고 정점을 찍고, 이후에는 더 이상 회귀하지 않아야 한다는 점을 확인했다. 또 각종 보고의무에 따른 선진국의 보고서에 일관성과 비교가능성이 보장되어야 한다는 점에 착안하여 이를 구체화할 수 있는 프로그램과 연구를 진행하기로 결의하였다. 이와 동일한 수준은 아니지만, 개발도상국의 보고의무 역시 강조하면서 이들에 의한 보고에 있어서도 비교가능성을 높일 수 있는 척도가 마련되도록 프로그램을 마련하고 관련 연구가 진행되도록 했다.

셋째, ADP 논의와 관련해서는 2015년 새로운 국제문서가 나와야 하고, 그것이 법적 구속력을 가져야 한다는 점 외에 달리 결정된 부분은 없었다. 큰 논란이 되었던 공통의 그러나 차이가 나는 책임에 관한 부분은 신기후체제가 기후변화협약상의 원칙들을 계승한다고 천명함으로써 일단 봉합되었다. 신기후체제가 어떠한 형식을 취해야 하는지에 대해서는 합의가 이루어지지 않았지만, 그것이 구속력을 가져야 한다는 점에 대해서는 합의가 있었다.

10. 바르샤바총회(2013): 신기후체제의 중간 기착지

가. 협상 의제 및 전개

2013년 바르샤바에서 개최된 제19차 당사국총회(제9차 교토의정서 당사국회의)는 발리 행동계획에서 코펜하겐 합의에 이르게 하는 과정 중에 있던 포젠회의가 중간 기착지의 역할을 했던 것처럼 신기후체제를 향한 과정에서 관련된 논의를 점검하고, 전반적인 논의를 정리·조율하는 당사국총회로서의 역할을 담당했다.

물론 바르샤바 당사국총회에 대한 기대가 무척 컸지만, 감당해야 하는 부담 역시 대단히 컸던 것으로 보인다. 무엇보다 AWG-LCA에서의 논의가 성과를 내지 못하게 됨에 따라 ADP에서는 기존 프로그램을 버리고, 새로운 협상을 진행할 수밖에 없었고, 제18차 당사국총회에서 시도된 이른바 2트랙 전략도 더 이상 활용되지 않았다. 당사국들은 오로지 신기후체제를 구성하게 될 새로운 문서가 어떠한 내용을 담아야 하는지에 대해서만 집중해야 했다. 한편 코펜하겐에서 시작된 기후재정에 관한 논의는 바르샤바에서도 이어졌고, 심지어 바르샤바총회를 기후재정총회(Climate Finance Conference)라고 부르는 이들 역시 있을 정도였다.

바르샤바에서의 논의는 ADP의 논의에서와 같이 신기후체제를 위한 ADP 제1작업반과 손실과 피해에 관한 제2작업반이라는 분류 속에서 이루어졌다. 우선 제1작업반의 논의에서는 신기후체제가 지향해야 하는 원칙과 지도원리에 관하여 각자가 매우 상이한 입장을 내기 시작했다. 무엇보다 신시후체제가 가지는 의무부여의 방식이 상향식 혹은 하향식이어야 하는지에 대한 입장차가 분명하게 나타났다. 또 공통의 그러나 차이가 나는 책임과 관련해서는 국가상황에 대한 유형화가 가능하고 정당한지, 차등화의 방법은 무엇인지에 대해서 논의가 있었다.

특히 상향식/하향식 논의와 관련하여 상향식을 주장하는 미국 내지 신흥국의 입장과 하향식 내지는 상·하향식을 결합해야 한다는 EU 및 AOSIS 국가들의 입장이 대립했다. 하향식은 교토의정서를 통해 이미 실현된 방식이었지만, 코펜하겐 합의는 국제적인 검토가 없는 감축목표의 제출이라는 모델의 가능성 역시 시사한 바 있다. 목표는 각자 내되 국제적인 검토를 받고, 이후에 새로운 목표에는 구속력을 부여하거나 일단 각자의 목표를 제출하되, 이후 이를 구속력 있는 조약에 포섭하도록 한다는 이른바 단계적 접근(step wise approach) 역시 제안된 바 있었다.

제1작업반에서는 국가의 유형화와 관련해서도 첨예한 대립이 있었다. 기존 부속서 I과 II로 나뉘었던 국가 분류는 더 이상 유용성을 제공해주지 않는다는 전제하에서 선진국과 개발도상국이라는 분류를 하는 것에 대해서는 대강의 합의가 이루어졌다. 다만, 어느 국가를 어떠한 부류로 분류할 것인지, 또 이 두 가지 분류만으로 차등화된 규율이 가능할 것인지에 대해서는 분명한 입장차가 존재했다.

제2작업반에서는 온실가스 감축에 관한 문제를 다루었다. 2012년 Emissions Gap 보고서에 따라 도출된 목표와 현실 사이의 격차가 매우 큰 것으로 나타나자 선진국과 개발도상국 사이에서 서로의 책임과 향후에 바람직한 행동에 관한 입장차를 드러냈다. 개발도상국은 선진국이 야심찬 목표를 제시하고, 이를 이행할 것을 촉구한 반면, 선진국은 최소한 신흥국만이라도 감축목표를 제시하고, 이를 이행할 것을 요구한 바 있다.

나. 총회의 결과

바르샤바 당사국총회는 다음과 같은 결정을 도출해냈다. 우선 전반적으로 상향식 방식에 의한 감축의무의 부담이 결정되었다. 물론 이 방식이 최종적인 것은 아니지만, 단지 하향식에 의한 의무부여는 실효성을 갖기 어렵다는 점이 인식되었다고 할 수 있다. 이에 따라 의도된 국가별 기여방안(Intended Nationally Determined Contribution: INDC)의 제출이 요구되었는데, '의도된(intended)'이라는 술어에서 알 수 있듯이 이는 단지 제안에 머물러 있을 뿐, 협상을 통해 바뀔 수 있다는 점을 염두에 두었다는 점에서 하향식 방식에 의한 평가 및 조율의 길은 열어둔 바 있다.

둘째, 이러한 상향식 방식에 따라 INDC의 제출이 2015년 1분기까지 이루어지도록 결정했다.

셋째, 손실과 피해 논의를 위한 상인 바르샤바 메커니즘이 마련되었다. 동 메커니즘에 따라 집행위원회가 마련되었고, 이는 기후변화협약 기관들의 구성원 중 2인들로 구성되었다. 손실과 피해에 대한 금전적 지원에 대해 논의할 것이 의도되었지만, 책임이나 법적 의무에 대한 논의가 불가능하도록 되어 있어 애초 개발도상국이 요구한 것과는 거리가 있었다.

넷째, 끝으로 이전 당사국총회에서도 논의된 바 있는 REDD+에 대한 결정이 이루어졌다. REDD+는 온실가스 흡수원이라는 기능을 담당하며, 생물다양성의 보존 및 원주민 보호라는 측면에서도 중요한 의미를 가진다. 따라서 이는 기후변화협약에서만 다루어질 수 없는 문제이면서 무엇보다 산림 흡수원으로서의 역할과 그 효율성에 대해서는 객관적 입증이 이루어지지 못한 바 있다. 즉, 조림 및 산림보존은 기후변화를 넘어 환경적 건전성을 가진 활동이지만, 환경 관련 레짐과 주체 중 누가 나서야 하는지가 명확하지 않고, 기후변화 억제력이라는 측면에서도 협상국들에 신념을 주지 못했다. 거듭되는 REDD+ 관련 논의에서 가장 문제되는 것은 조림사업에 대한 선진국의 지원을 배출 크레딧 등으로 인정받을 수 있도록 할 것인지, 그렇다면 그 계산은 어떻게 할 것인지에 대한 기준을 마련하는 것이었는데, 이는 바르샤바총회에서도 이렇다 할 성과를 내지 못했다. 그럼에도 불구하고, 바르샤바총회는 REDD+를 기후변화 논의에 편입시킴으로써 향후의 논의를 위한 초석을 놓게 되었으며, 이는 파리협정 제5조에 의해 성문화되면서 그 위상을 높였다.

11. 리마총회(2014): 신기후체제를 향한 마지막 도정

가. 협상 의제 및 전개

파리협정이 성립되기 한 해 전인 2014년 리마에서 12월 2일과 12일 사이에 열린 제20차 당사국총회(제10차 교토의정서 당사자회의)는 신기후체제의 출범이 예정된 2015년 총회를 준비하기 위한 마지막 단계로서 그동안 쟁점이 되었던 여러 문제들에 대한 의견을 조율하고, 더 높은 수준의 합의가 담긴 초안을 도출하는 데 방점을 둔 바 있다. 협상 중에는 바르샤바 메커니즘과 관련하여 손실과 피해 문제를 어떻게 다룰 것인지, 더 나아가 기후재원을 어떻게 마련할 것인지, 또 재원은 감축과 적응에 대해 따로 마련되어야 하는지에 대해 열띤 논의가 전개되었다. 특히 재정지원의 주체를 국가로만 보지 않고, 민간재원이 활용될 수 있다는 측면을 동 당사국총회를 통해 명시적으로 확인하였다. 또 INDC가 어떠한 내용을 어떻게 담고 있어야 하는지에 대한 가이드라인을 탐색하기 위한 논의도 지속되었다.

나. 총회의 결과

리마총회의 결과는 Lima Call for Climate Action이라는 결정문에 의해 정리되었다. 이 결정은 지금까지 당사국총회에서 논의되었던 것들이 가지는 공통적인 내용들에 대해 다루고, 절차적인 측면들에 대해서 구체화하고 있다는 특징을 가진다. 다만, 본 결정문 부속서에는 2015년 파리협정을 위하여 마련된 협상초안이 첨부되어 있고, 여기에는 각 협상당사자 내지 협상그룹이 제안하는 조약안들이 옵션의 형태로 제시되어 있다. 다만, 40면에 이르는 분량으로 인해 향후의 험난한 협상을 예고한 바 있으며, 결국 ADP 논의를 통한 진전을 기대할 수밖에 없었다.

그럼에도 불구하고, 결정문은 2015년 5월 이전까지는 완성된 텍스트를 만들어 협약의 회원국들에 회람할 것임을 천명하되, 합의가 의정서, 조약 또는 여타 구속력 있는 법적 문서 중 어느 것에 해당해야 하는지에 대해서는 명확한 입장을 밝히지 않았다. 또 협약의 회원국들로 하여금 조속히 INDC를 제출하되, 늦어도 2015년 1분기 중에는 제출이 될 수 있도록 촉구하였다. 결정은 더 나아가

INDC에 포함되어야 할 요소들에 대해 권고하면서 협약이 가진 목표라는 측면에서 각국의 INDC가 얼마나 도전적인지, 또 그것이 전 지구적 목표에 얼마나 기여하는지에 대해 서술하도록 했다. 개발도상국들 중 일부는 선진국이 도하개정을 비준함으로써 교토의정서의 제2차 의무기간을 받아들일 것을 전제로 신기후체제 및 교토의정서에 따른 감축의무를 받아들일 수 있는 입장을 나타내기도 했지만, 도하개정은 당시는 물론이고 아직까지도 발효되지 않고 있다.

리마 결정문의 부속서에 포함된 내용들은 파리협정을 통한 절충이 이루어지기 이전 단계에서 각국이 가진 입장차를 잘 드러낸다. 이미 코펜하겐에서도 제시된 바 있는 온도 목표와 퍼센티지 목표 사이에서의 선택이 필요했고, 장기적 목표와 비전을 어떠한 문언을 통해 조약에 포함시켜야 할지에 대해서도 논란이 있었다. 이와 관련하여 특히 공통의 그러나 차이가 나는 책임과 관련해서 각자가 가지는 입장차는 상당했던 것으로 보인다. 가령 전문에 대한 선택지 중에는 역사적인 책임에 따른 차등화된 책임만을 강조할 뿐, 현재의 온실가스 배출 문제나 선진국의 노력만으로는 기후변화 억제에 충분하지 않다는 내용이 생략되어 있기도 하고, 발전에 따른 에너지 소비의 지속적 증대를 불가피한 것으로 전제하는 안이 포함되어 있기도 했다. 목표에 대해 선언하면서도 기후변화협약상의 차등화원칙을 그대로 답습하는 모델, 역사적 책임을 강조하는 모델 및 공동의 책임을 강조하는 모델이 제시되는 등 커다란 입장차를 보였다.

부속서상의 감축의무와 관련해서도 선진국과 개발도상국의 의무의 강도와 방향에서 이견이 있었다. 선진국과 개발도상국 모두 동일한 감축의무를 부담한다는 선택지 역시 존재했지만, 선진국의 주도적 역할을 강조하는 것도 있었다.

한편 시장 메커니즘 역시 그것이 국내적 조치에 대해 추가적 내지 부수적으로 이용될 수 있다는 점이 확인되었을 뿐이지, 이를 구체화할 수 있는 어떠한 요소에 대한 합의가 있었던 것은 아니었다.

그 밖의 다른 영역에 대한 다양한 선택지들이 존재하였으며, 이들은 ADP 회합을 통해 계속 다듬어져 갔다.

표 1-6 국가 분류에 대한 각 국가의 입장[31)]

제안국가	국가 분류에 대한 입장
AOSIS	공통의 차등화된 책임원칙을 전제로 모든 국가가 행동에 나서야 한다는 원칙
아이슬란드	각국의 기여는 능력과 사회경제적 여건에 따라 비교 가능. 각국의 여건을 비교할 수 있는 핵심지표 설정이 필요
호주	비부속서국가에서 부속서 국가로의 이행(졸업제도)을 위한 객관적 기준을 확립
미국	최근의 과학적 지식의 발전, 경제사회적 여건 변화를 반영한 재분류가 필요
뉴질랜드	공통의 객관적 기준(common objective criteria)에 의거하여 당사국을 분류하고 다양한 형태의 감축행동이나 의무를 부과

Ⅴ. 파리협정의 성립과정, 주요 내용 및 향후 과제

1. 성립과정

2011년 남아프리카 공화국 더반에서 더반 합의문에 따라 출범된 ADP를 중심으로 신기후체제를 위한 협상이 개시되었으며, 당사국총회는 위에서 살펴본 바처럼 2015년까지는 새로운 국제문서를 도출해야 한다는 데 동의하였다. ADP는 특히 적응, 재정, 기술개발 및 이전, 역량배양 및 투명성 문제에 대해서도 논의했는데, 이는 그만큼 파리협정이 다루게 되는 영역이 늘어나고 그 규율내용이 구체화되는 계기가 되었다. 그 사이 ADP를 통한 협상회의가 파리 당사국총회가 개최되기까지 15차례 개최되었다. 2015년 2월 제네바에서 개최된 ADP 협상회의에서 제네바 텍스트(Geneva Text)를 마련한 후 약 10개월간 집중적인 협상을 거쳤다. 결국 2015년 11월 30일부터 12월 12일까지 프랑스 파리에서 개최된 기후변화협약 제21차 당사국총회는 EU 및 195개국이 모두 함께 참여하여 파리협정이라는 역사적인 결과물을 채택하였다. 이는 개도국과 선진국 모두가 국가별 기여방안(Nationally Determined Contribution: NDC)의 제출을 통해 자발적으로 감축목표

31) 정성춘 외, 앞의 책, p.317.

를 설정하고 정기적으로 이행점검을 받는 국제법적 기반을 마련한 것이다.

파리협정은 기후변화협약 제17조에서 예정하고 있는 협약의 의정서로 채택되지는 않았다. 다만, 파리협정 전문 첫 번째에서 세 번째 문장 및 제2조 2항에서 기후변화협약을 줄곧 언급함으로써 협정이 기후변화협약을 토대로 발전한 국제적 합의라는 점을 잘 나타내고 있다. 이에 반해 파리협정은 여전히 발효 중인 교토의정서에 대해서는 아무런 언급을 하지 않고 있는데, 이로써 파리협정은 교토의정서와는 완전히 다른 신기후체제라는 점을 드러내고 있다. 즉, 교토의정서와 파리협정은 대체 관계에 있는 협정이 아니라, 기후변화협약하의 별개의 협정인 것이나.

기후변화협약 제21차 당사국총회에서는 개도국의 입장을 대변하는 중국과 G77 국가들로 구성된 개도국 그룹, 선진국의 입장을 대변하는 EU 및 Umbrella 그룹, 개도국과 선진국의 중간적인 입장에 있었던 대한민국, 스위스, 멕시코, 리히텐슈타인, 모나코로 구성된 환경건전성그룹(Environmental Integrity Group: EIG) 등 다양한 협상그룹들이 파리협정 채택을 위한 협상에 임하였으며, 다양한 협상그룹의 이해를 반영하다 보니 파리협정이 교토의정서와는 달리 다소 약한 의무만을 규정하고 있다는 평가도 받는다. 즉, 파리협정에서 가장 중요한 감축의무는 각국이 개별적으로 제출한 NDC에 의하는데, NDC는 당사국 스스로가 결정해 제출하는 것이라는 점에서 이는 상향식 방식(bottom-up approach)라고 할 수 있다. 또 당사국총회에서 논쟁거리가 되었던 기후변화로 인한 손실과 피해에 대해서도 결국 별개의 규정이 마련되었다. 결과적으로 주요 선진국들과 개도국들의 타협과 절충의 산물이 바로 파리협정인 것이다.

파리협정은 2015년 12월 12일 성립하였는데, 채택일로부터 1년도 되지 않은 2016년 11월 4일 발효하였으며, 2019년 2월 현재 우리나라를 포함하여 185개국이 당사국으로 되어 있다. 애초 동 체제가 정식으로 출범하기까지 약 5년의 시간이 필요할 것으로 예견된 바 있다. 이에 따라 "Post-2020"이라는 표현이 자주 사용되었으며, 체제가 공식적으로 출범하기 전까지 협정을 더욱 구체화할 계획이었다. 하지만 2016년 11월 미국의 대선을 앞두고 당시 공화당 대통령 후보였던 도널드 트럼프가 선거운동 과정에서 파리협정 불참을 공언하자, 전 세계는 상호 협력에 기초하여 파리협정의 조기 비준과 발효로 화답하였다. 아이러니컬하게도 트럼프의 불참 선언이 파리협정의 발효를 앞당기게 된 것이다.

2. 기본원칙

파리협정에서는 기후변화협약의 기본원칙들을 전문(Preamble)에서 재확인하면서 기존 교토의정서의 부속서 I 국가들과 함께 온실가스 배출감축에 동참하게 되는 개도국들의 이익을 대변하는 원칙들과 개념들을 명시하였다. 대표적으로 온실가스 감축에 있어서 기후변화협약 제3조에서 명시하고 있는 "공동의 그러나 차이가 나는 책임의 원칙(common but differentiated responsibilities)"과 함께 당사국들의 개별역량(respective capabilities) 및 국가별 상황(national circumstances)을 함께 고려해야 한다는 점을 전문에 포함했다.

개도국의 입장을 반영하는 새로운 개념들도 전문에 함께 명시되었다. 해양을 포함한 전 생태계의 건전성과 생물다양성의 보호에 중점을 두고 형성된 개념인 어머니 지구(mother earth)와 기후변화 대응을 위한 조치를 취하는 데 있어서 고려해야 할 기후정의(climate justice)라는 개념을 직접 전문에서 언급하였다.

3. 장기목표

교토의정서에서와는 달리 파리협정은 온도목표를 제시하고 있다. 애초에 온실가스의 감축을 정량 내지 비율로써 정하거나, 온실가스 배출의 정점에 이르는 시기를 정하는 방식 등도 고려되었지만, 코펜하겐 합의에서 이미 등장한 바 있는 온도목표가 파리협정의 장기목표가 되었다.

파리협정은 제2조에서 협정의 장기목표를 명시적으로 제시하였다. 기본적으로 기후변화의 위협에 대한 세계적 대응의 강화를 목표로 하면서 산업화 이전 수준 대비 지구의 기온상승을 2℃보다 훨씬 아래로(well below) 제한하고, 상승폭을 1.5℃ 이하로 제한하기 위해 노력할 것을 장기목표로 설정하였다. 선진국이 주장한 2℃ 이내 제한과 도서국가 및 기후변화 대응에 취약한 개도국들이 제안한 1.5℃ 이내 제한을 타협하여 양측의 주장이 모두 녹아들어 있는 표현을 사용한 것이다. 이러한 장기목표를 제시하면서 형평성(equity)과 공동의 그러나 차이가 나는 책임의 원칙을 반영하여 목표를 이행할 것을 재차 확인한 점은 개도국들의 입장을 충분히 고려한 것으로 판단된다.

파리협정은 제2조에서뿐만 아니라, 제4조 1항에서도 목표를 제시하고 있는

데, 여기서는 온도목표가 아닌 온실가스 배출의 정점과 관련된 기준을 제시하였다. 즉, 당사국들은 21세기 중반까지는 온실가스 배출의 최고 정점에 이르러야 하며, 21세기 후반부에는 생성되는 온실가스와 온실가스의 흡수가 균형을 이루어 지구상 온실가스가 일정하게 유지되는 상태에 이르러야 한다고 정한다.

4. 행동의무와 지원의무

파리협정 제3조에서 제8조까지는 당사국의 행동의무에 대해 규정하고 있다. 파리협정 제3조부터 제6조까지는 국가별 기여방안, 즉 NDC의 제출에 따른 온실가스 감축목표와 감축방식에 관한 내용을 기술하고 있고, 제7조는 적응, 제8조는 손실과 피해에 대해 다루고 있다.

제3조에서 규정하고 있는 NDC는 기본적으로 NDC가 감축, 적응, 재정, 기술개발 및 이전, 역량배양, 투명성 등 6개 요소를 포함하여야 하고, 개도국에 대해서는 지원이 필요함을 확인하였으며, 일부 개도국은 자신의 감축목표와 선진국의 지원을 적극적으로 연계할 것임을 표명하기도 하였다. 이를 통해 당사국들은 온실가스 배출 정점에 최대한 빠른 시기에 도달하고 그 후에는 배출을 급속도로 감소시키는 것을 목표로 하면서, 개도국의 경우에는 배출 정점의 도달이 지연될 수 있음을 함께 확인하였다.

각 당사국들은 제4조에 따라 주기적으로 감축목표를 제출하고 이 목표를 달성하기 위해 노력할 의무, 더 나아가 목표를 도전적으로 설정하고 목표를 지속적으로 높일 의무를 갖는다고 할 수 있다. 하지만 NDC에 따른 감축의무는 해당국이 다른 당사국에 대하여 행한 대세적 약속으로 볼 수 있으며, 이렇게 볼 경우 NDC에서 정한 감축목표는 국제법상 구속력 있는 국가의 의무로도 평가될 수 있다. 다만, 이는 목표를 달성할 결과 의무가 아니라, 목표 달성을 위해 노력할 과정상의 의무에 지나지 않는다. NDC와 관련해서도 공통의 그러나 차이가 나는 책임 원칙이 적용되며, 제4조는 개발도상국에 대한 배려와 지원에 대한 내용도 포함하고 있다. 제출된 NDC는 교토의정서의 부속서 체계에서와는 달리 조약의 부속서가 아니라, 기후변화협약 사무국이 운영하는 등록부(registry)에 기재된다. 한편 협정 제5조에서는 산림 등 온실가스 흡수원을 통한 배출량의 흡수에 대해 규정하고 있다.

기본적으로 당사국들은 NDC 달성을 위해 자국 내에서의 감축에 힘써야 하겠지만, 파리협정 제6조는 교토의정서의 시장 메커니즘과 마찬가지로 해외감축을 통하여 자국의 목표 달성에 보탬이 될 수 있도록 하는 제도를 마련하고 있다. 새로이 국제적으로 이전되는 감축결과(Internationally Transferred Mitigation Outcomes: ITMO)라는 개념을 도입하여 그 구체적인 실시방안에 대한 협상을 진행하고 있다. 제4항에 따라 교토의정서상의 CDM이나 JI와 마찬가지로 국제적인 시장 메커니즘을 활용할 수 있으며, 더 나아가 이른바 협력적 접근법이나 비시장 접근법을 통해서도 목표를 달성할 수 있다. 아직 이 체계들이 어떻게 운영될 것인지에 대한 구체적인 방안은 나오지 않고 있으나, APA를 통한 논의에서 보다 구체적인 운영방안이 도출될 것으로 기대된다.

파리협정은 온실가스 감축목표에 관한 내용과 함께 제7조에서 기후변화에 대한 적응방안에 대해서도 규정하고 있다. 기후변화에 대한 적응은 인류, 생활터전 및 생태계를 보호하기 위한 장기적인 대응방안으로 중요한 역할을 수행하며, 이를 위해서는 개도국들에 대한 지원과 국제협력이 동반되어야 한다는 점을 함께 명시하고 있다. 특히 미약한 형태이기는 하지만, 협정 제7조 4항에 따라 개도국의 적응조치는 선진국의 감축의무 및 지원의무 이행과 연결되어 있는데, 개도국의 적응 문제에 있어 선진국의 역할이 중요하다는 점이 다시 한번 확인된 것이라고 할 수 있다.

파리협정 제8조에 따라 기후변화로 인해 발생하는 손실과 피해 문제가 당사국들의 행동의무에 편입되었는데, 이는 개도국이 줄곧 주장해온 바가 어느 정도 관철된 결과이다. 선진국들은 적응을 위한 자발적 지원은 가능하지만, 이것이 기후변화에 대한 자신들의 책임과 결부되는 것을 꺼렸다. 이에 따라 동 조항이 배상책임(liability)이나 보상(compensation)의 근거가 될 수 없다는 점을 제21차 파리당사국총회 결정문에서 확인하였는데, 이는 선진국들이 개도국을 지원할 용의는 있지만, 법적 책임을 지는 것은 아니라는 점을 분명히 한 것이다. 비록 협정 제8조가 선진국의 책임까지 인정한 것은 아니지만, 적어도 적응과는 별개의 범주로 확인했다는 점에서, 그리고 별개의 조문을 통해 강조되었다는 점에서는 의의가 있다고 평가되고 있다.

파리협정 제9조, 제10조 및 제11조와 제12조는 지원체계에 대해 규정하고 있다. 제9조는 재정적 지원에 대해 규정하고 있는데, 재정지원은 주로 선진국의 의무이지만, 여타의 당사국들도 이에 참여하도록 장려된다는 점에 주목할 필요가 있다. 제21차 당사국총회 결정문에서는 2020년부터 매년 최소 1,000억 달러 상당의 재원을 조성할 것을 강력하게 권고하고 있다. 향후 이의 달성여부를 둘러싸고, 선진국과 개도국들이 대립할 가능성이 매우 커 보인다. 제10조는 기후변화에 대응하기 위한 선진국의 협력, 특히 기술개발과 기술이전에 대한 당사국의 의무를 규정하고 있다. '기술이전'이라는 기존의 용어에서 '기술의 개발과 이전'이라는 용어로 변경하여 기후변화 관련 기술개발의 중요성을 강조한 부분에 유의할 필요가 있다. 제11조는 당사국에게 기후변화 대응에 필요한 역량을 갖추는 것이 중요하고, 이를 위해 당사국 간 협력이 갖는 중요성에 대해 규정하였다. 제12조는 기후변화에 대한 공공인식 제고 노력에 대한 국제적 협력을 규정하고 있다.

5. 감독체계 주요 내용

파리협정은 기후변화에 대한 비교적 느슨한 의무체계를 갖고 있다는 평가를 받는데, 이를 해소하기 위한 방안이 다소 고안되어 있다. 우선 협정 제13조는 기후변화협약 및 교토의정서, 이후의 당사국총회 결정을 통해 도출된 각종 보고의무를 종합하고 강화하여 이를 하나의 투명성 체계(transparency mechanism)에 집약시켰다. 동 체계는 원칙적으로 선진국은 물론이고 개도국에 대해서도 적용되며, 보고의 대상 역시 행동의무에 대한 것뿐만 아니라, 지원의무에 대한 것까지를 포괄한다. 여기에는 각종 보고와 정보제공이 포함된다. 보고는 원칙적으로 격년으로 이루어져야 하며, 전문가그룹 검토를 받도록 되어 있다.

투명성 체계가 단기적 목표의 이행과 그 점검을 위한 것이라면, 전 지구적 이행점검은 장기적 목표에 대한 이행 정도와 향후의 발전 방향을 위한 것이라고 할 수 있다. 협정 제14조는 각국의 감축노력을 평가하기 위하여 2023년부터 5년마다 전 지구적 이행점검(global stocktake)을 실시할 것을 규정하고 있다. 이행점검은 2023년부터 5년마다 실시되어야 하고, NDC 제출의 주기 역시 5년으로, 새로운 NDC 제출 시 이행점검의 결과를 반영해야 한다. 2023년부터 실시되는 이행점검의 결과를 각국이 어떻게 자국의 NDC에 반영하고, 지구가 감내할 수 있는 온실가스 감축을 달성할 수 있을 것인가에 파리협정의 성패가 달려 있다고 볼 수 있다. 전 지구적 이행점검의 실시방법, 이에 따른 강화된 감축방안의 도출방안 등 향후 협상을 통해 해결해야 할 많은 사안들이 아직은 미해결 과제로 남아 있다.

파리협정 제15조는 이행과 비준수 대응 메커니즘에 대해 다루고 있다. 이행 준수를 위한 메커니즘은 단일 위원회 형태로 설치하되 강제적이거나 징벌적인 성격이 아니라 촉진적인(facilitative) 성격을 지녀야 한다는 점을 명시하고 있다. 이미 교토의정서에서 제재적 이행강제가 국가들에게 환영받지 못하고, 실효성도 떨어진다는 점을 확인한 당사국들은 보다 촉진적이고 보조적인 준수체계를 마련하였다. 이에 따라 동 체계는 협정 비준수에 대한 비난보다는 준수방안을 제시하고, 기술적 지원을 제공하는 등 그 역할이 훨씬 순화되었다고 할 수 있다. 그러나 향후 당사국총회의 세부 협상결과에 따라 구체적 업무 역할이 정해질 것이다.

마지막으로 제21조에서는 파리협정의 발효에 관한 내용을 규정하고 있다. 파리협정은 최소 55개 당사국이 비준하고, 비준한 국가들의 온실가스 총배출량이 세계 배출량의 55% 이상일 경우에 발효하는 것으로 규정되어 있는데, 발효요건에 따라 2016년 11월 4일에 발효하였다.

6. 파리협정 이후의 당사국총회

파리협정 성립 당시부터 예고된 바와 같이 파리협정은 여전히 골격만 갖추었을 뿐, 이를 구체화하는 작업을 필요로 하였다. 이는 유엔기후체제의 하나의 특징이기도 하지만, 파리협정이 가지고 있는 특수한 상황도 반영된 결과이다. 교토의정서에서부터 우선 규범을 출범시킨 후 구체적인 내용을 협상하는 방식이 시도됨에 따라 점진적이고 소프트한(경성이 아닌 연성의) 규범형성의 과정은 유엔기후체제에 있어 전형적인 것이 되었다. 게다가 파리협정의 철회(withdrawal) 내지 취소(cancellation)를 줄곧 천명한 바 있던 도널드 트럼프의 영향으로 파리협정은 출범(발효)이 예정되었던 2020년보다 훨씬 빠른 2016년 발효를 위한 요건을 구비하게 되었다. 그 결과 파리협정 당사국회의의 회차는 협정이 어느 정도 구체화될 때까지 본래 차수에 일련번호를 추가로 부여하여 제1－1차, 제1－2차, 제1－3차 등의 차수로 진행되고 있다.

2016년 마라케시에서 개최된 제22차 기후변화협약 당사국총회(제12차 교토의정서 당사국회의 및 제1－1차 파리협정 당사국회의)는 파리협정을 구체화하기 위한 여러 작업 프로그램 협상을 보다 신속하고 집중적으로 진행할 것을 결의하면서

2018년, 즉 제24차 당사국총회(제1－3차 파리협정 당사국회의)에서는 그 결과물이 채택될 수 있도록 해야 한다는 데 의견이 모였다. 이는 파리협정이 채택될 당시 파리협정과 함께 채택된 결정문(Decision 1/CP.21)에 포함되었던 것으로, 이를 두고 파리협정 작업프로그램(Paris Agreement Work Program: PAWP)이라고 일컫고 있다. 이 프로그램에 따라 파리협정을 위한 임시작업반인 APA에 가장 많은 업무가 위임되었으며, 기후변화협약의 부속기구인 SBI 및 SBSTA 등에도 파리협정 구체화와 이행을 위한 여러 사안들이 위임된 바 있다.

2017년 피지를 의장국으로 하지만, 실제로는 본에서 열린 제24차 기후변화 당사국총회(제14차 교토의정서 당사국회의 및 제1－2차 파리협정 당사국회의)는 마라케시에서 확인된 작업일정을 재확인하면서 프로그램 진행을 서두를 것을 촉구한 바 있다. 2017년 제23차 당사국총회를 기점으로 당시까지 정리된 성과는 그렇게 가시적인 것은 아니었다. 다만, 많은 국가들이 제안서를 제출했고, 관련된 중간회의 및 워크숍이 개최되었으며, 각 당사국의 비공식적인 의견교환과 논의과정에 대한 비공개적 기록이 축적되고 있는 상황이었다. 이러한 기록의 축적은 비단 정책적 방향설정에 관한 것에 머물지 않고, 기술적이고 실무적인 것까지를 포괄한다. 이러한 자료들을 근거로 여러 옵션들을 포함한 협상안을 준비하여 이후의 협상에 임한 것으로 보인다.

2018년 12월 폴란드 카토비체에서 열린 제24차 당사국총회에서 APA, 협약의 보조기관인 SBI, SBSTA 등을 통하여 파리협정의 이행을 구체화하기 위한 세부규정 마련을 위한 협상이 진행된 바 있다. 지난 3년간의 협상의 결과는 200여 페이지에 이르는 마라케시 합의문과 마찬가지로 방대한 형태의 구체적 이행규정(rule book)으로 정리 예정에 있었으며, 결과적으로 130여 페이지에 이르는 결정문이 나오게 되었다. 룰북 협상이라고도 불리는 일련의 협상의 결과는 2018년 대부분 타결되었으나, 아직 협정 제6조의 시장 메커니즘에 관한 세부 이행규칙이 마련되지 않는 등 미해결 과제들이 남아 있는 실정이다. 향후의 당사국총회 결정을 통하여, 카토비체에서 여전히 합의를 이루지 못한 사항에 대해서는 2019년, 늦어도 2020년까지는 룰북이 마련될 것으로 보인다.

VI. 마치며

표 1-7 유엔기후체제의 주요 연혁[32)]

1988	유엔총회에서 기후변화에 대한 최초의 결의안을 채택하고 기후변화를 공동관심사라고 선언
1990	유엔총회가 적절한 의무를 포함하는 FCCC를 위한 협상을 시작하도록 INC를 설립
1992	FCCC가 채택되고 서명을 위해 UNCED에 개방
1994	FCCC의 발효
1995	베를린 위임사항이 채택되어 선진국들에 대한 수량적 배출 제한목표를 부여하나 개발도상국들에게는 새로운 의무를 부여하지 않는 의정서의 협상을 위임
1997	교토의정서 채택
2001	교토의정서 운영을 위한 마라케시 합의문 채택
2004	교토의정서 발효
2007	발리행동계획이 채택되어 기후변화에 대한 장기적 협력활동에 대한 종합적 절차를 시작
2009	국가 원수들이 코펜하겐 합의문을 채택하나 COP가 이를 새로운 협정이나 의정서로 합의하는 데는 실패
2011	더반플랫폼이 채택되어 2020년 이후의 기간을 다루는 협상 시작
2012	도하개정을 채택하여 교토의정서를 2020년까지 연장하기로 합의했으나 발효시키는 못함
2013	바르샤바 COP 결정으로 2015년 당사국총회 전에 INDC를 제출하도록 요청
2014	기후행동에 관한 리마선언이 채택되어 '협상문 초안의 요소'에 합의하고 INDC에 대한 지침 마련
2015	파리협정 채택
2018	파리협정의 구체적 이행을 위한 rule book이 대체로 완성됨

1. 정리

교토의정서의 제2차 의무이행기간(2013~2020년)에는 온실가스배출 세계 1-5위 대국들이 모두 참여하지 않은데다, 개도국에 대한 선진국의 자금 및 기

32) Bodansky, Daniel *et al.* 저, 박덕영 외 역, 2018, 『국제기후변화법제』, 박영사, p.143.

술지원 등의 중요한 세부쟁점들이 타결되지 못했기 때문에, 국제기후변화대응체제가 빈껍데기에 불과하다는 비판이 나오던 상황이었다. 그러나 2015년 12월 파리에서 국제 외교무대에서의 빅 플레이어인 미국, 중국 등 주요 국가들이 협력관계를 형성하여 제21차 당사국총회에서 기후변화협상을 타결하여 파리협정을 채택할 수 있었다. 비록 미국의 도널드 트럼프 대통령이 선거공약으로, 또 취임 이후에도 파리협정 탈퇴를 선언한 바 있기는 하지만, 기후변화에 대응하기 위한 국제적 노력은 계속될 것이다. 우리는 2018년 여름의 폭염을 통해 깨닫게 된 바처럼 기후변화에 보다 적극적으로 대응하고 행동하지 않으면, 지구온난화는 돌이킬 수 없는 재앙으로 인류를 끝내 멸종시킬지도 모른다는 사실을 충분히 인식하여야 할 것이다.

2. 한국의 최근 동향

가. 전반적 경향

2015년 12월 파리 당사국총회는 Post-2020 기후변화 대응을 위한 새로운 조약인 파리협정을 채택하였고, 기후변화협약을 위해 각 당사국은 INDC를 사전에 2015년 10월 1일까지 제출하도록 요구받았다. 2019년 2월 현재 총 167개 INDC가 제출된 상태이고, 그중에서 미국은 2025년까지 2005년 대비 26~28%, EU는 2030년까지 1990년 대비 최소 40%, 캐나다는 2030년까지 2005년 대비 30%, 중국은 2030년을 기점으로 온실가스 배출량을 더 이상 늘리지 않고, 2030년까지 단위 GDP당 온실가스 배출량을 2005년 대비 60~65%, 한국은 2030년까지 BAU[33] 기준 37%를 감축하기로 약속하였다. 온실가스 배출 대국인 미국과 중국이 온실가스감축을 위한 국제사회의 노력에 적극 동참할 뜻을 밝혀, 교착상태에 빠져 있던 국제온실가스 감축노력에 새로운 변화가 일어날 것으로 기대된다.

한국 정부는 최종 INDC를 제출하기 전인 2015년 6월 11일에 4가지 감축 목표안을 제시하였다. 이 네 개의 목표안은 ①안: 2030년 온실가스 BAU의 14.7% 감축, ②안: 2030년 온실가스 BAU의 19.2% 감축, ③안: 2030년 온실가스 BAU의 25.7% 감축, ④안: 2030년 온실가스 BAU의 31.3% 감축하는 것이다. 그러나 위 네 개의 목표안은 모두 2020년의 목표치인 5억 4,300만 톤보다 높으므로, 네 개

33) BAU는 아무런 감축수단을 쓰지 않았을 때의 배출전망치.

목표안 중에서 하나를 채택할 경우 한국은 리마선언의 후퇴금지의 원칙을 거스르는 첫 번째 국가가 되어 국제사회의 비난을 받을 수 있었다. 이에 온실가스 감축목표를 높게 설정하려는 국제사회의 분위기에 따라 한국 정부는 ③안의 25.7%를 채택하되, 11.3%는 해외배출권을 매입하여 상쇄하기로 하여 총 37%의 감축목표를 제출하였다.

이와 같은 감축목표에 대하여 경제계는 경제성장의 발목을 잡는 암 덩어리라고 비난하면서 에너지 효율이 세계 최고 수준을 달성한 국내기업들의 추가 감축 여력은 없다는 입장을 밝히고 있다. 온실가스감축이 경제에 부담이 되는 것은 사실이지만, 어차피 가야 하는 올바른 방향이라면 미래를 향한 비전을 갖고, 이를 기업의 기술전환의 계기로 삼는 것이 현명할 것이다. 그동안 우리나라는 기후변화대응에 있어 GCF 사무국 유치 등을 통하여 국제사회의 주목을 받았고, 국내적으로는 2010년 1월 저탄소녹색성장기본법을 제정하여 기후변화대응법제의 기본틀을 마련하였으며, 2015년부터는 배출권거래제를 실시하고 있다. 비록 2015년 1월부터 시행하기로 예정되었던 저탄소차협력금제도는 연기되었지만, 저탄소사회를 실현하기 위한 노력은 앞으로 더욱더 가일층 계속되어야 할 것이다.

나. 감축목표 로드맵의 수정

2018년 6월 28일 정부는 2030년 국가 온실가스 감축목표에 대한 로드맵 수정안을 발표했다. 박근혜 정부가 2016년 12월에 발표했던 기존 로드맵을 수정·보완한 것이다. 기존 로드맵에서 가장 문제시되었던 부분은 국가 감축목표 중 무려 3분의 1에 해당하는 11.3%를 해외배출권 구입을 통해 국외감축을 하겠다고 한 부분이었다. 이번 수정안에는 이 11.3%를 해소하기 위해 노력한 흔적이 보인다.

해외감축 11.3%를 축소하는 것은 국내에서의 감축노력을 강화하는 방안이 되어야 한다. 하지만 이번 수정안에서는 11.3%의 숫자를 줄이는 데에만 집중한 나머지 감축노력이라고 보기 어려운 수단들을 끼워 넣어 논란을 일으키고 있다.

바로 그 논란의 중심이 되고 있는 부분이 산림 흡수원을 통한 감축이다. 우리나라가 2015년 파리협정 당시 제출한 감축목표 문서에는 산림이 흡수하는 부분을 고려하지 않고 '총배출량'을 기준으로 감축목표를 정하였는데 이제 와서 산림 흡수원을 감축량에 넣겠다는 것이다.

우리나라의 산림이 흡수하는 온실가스의 양은 파리협정 채택 당시보다 점점 줄어들 예정인데, 이 줄어든 흡수량을 가지고 '감축노력'으로 인정받겠다는 발상이다. 정부는 산림 흡수량 2,200만 톤을 전부 감축으로 인정받겠다는 계획을 밝혔지만, 국제사회가 이를 그대로 인정해 줄 리는 만무해 보인다.

여전히 남아 있는 해외감축 2%도 문제이다. 온실가스 감축은 국내에서 하든 해외에서 하든 감축비용이 드는 것인데, 이 비용을 누가 부담하고 어떻게 조달한다는 내용은 전혀 보이지 않는다. 2%만 해외감축을 하려고 해도 2030년까지 막대한 해외배출권 구입비용이 투입되어야 한다. 이러다가 배출기업들이 부담해야 하는 비용을 국민의 혈세로 부담하게 될 수도 있다.

정작 온실가스 배출량 증가에 가장 큰 책임이 있고 가장 확실한 감축여력이 있는 전환 부문(발전 부문)은 확정적인 추가 노력이 거의 없다. 4% 정도의 추가감축 잠재량은 '확정'이 아니라 '추후 확정'이라고 한다. 기존 로드맵을 애써 수정하는 판국에 '추후 확정'으로 여지를 남겨둔 것도 매우 이해하기 어려운 부분이다.

우리나라가 2009년 국제사회에 약속한 2020년 배출량 목표는 5억 4,300만 톤인데 이미 실제 배출량은 7억 톤에 이르고 있다. 현 정부는 미세먼지와 온실가스 감축을 위해 화석연료 사용을 줄이고 에너지전환을 할 것을 천명한 바 있다. 그럼에도 작년부터 시행된 제8차 전력수급기본계획, 2030 온실가스 감축 로드맵, 온실가스 배출권거래제 할당계획에서는 화석연료 감축과 에너지전환의 구체적인 의지를 확인하기 어렵다.

다. 향후 과제

온실가스 감축은 더 이상 국제적인 약속을 지키는 차원의 문제가 아니라, 전 세계로 확산되고 있는 저탄소 경제와 에너지전환의 흐름에서 뒤처지지 않고 장기적 국가이익을 확보하기 위해 반드시 가야 할 길이다. 그동안 우리나라는 OECD의 일원이자 G20회의의 성원이라는 선진국의 지위를 강조하면서도, 다른 한편으로 WTO 협상이나 교토체제 하에서 개도국의 지위를 유지하려는 이중적인 태도를 보여 왔다.

그러나 파리 당사국총회에서 합의된 신기후체제인 파리협정은 선진국은 물론 개도국 모두가 온실가스 감축에 동참하는 새로운 기후변화 대응체제로, 한국이 선진국의 범주에 속하느냐, 개도국의 범주에 속하느냐의 논란은 더 이상 무의미하다. 우리나라도 이제는 국제사회의 기후변화대응에 발맞추어 대외신뢰도를 꾸준히 높여 나가면서 국제사회에서 차지하는 우리나라의 위상에 타당한 역할을 충실하게 수행하는 것이 매우 중요하다. 정부와 국민 모두가 어머니 지구를 지키고, 기후정의를 실현하는 일에 좀 더 적극적인 자세로 동참해야 할 것이다.

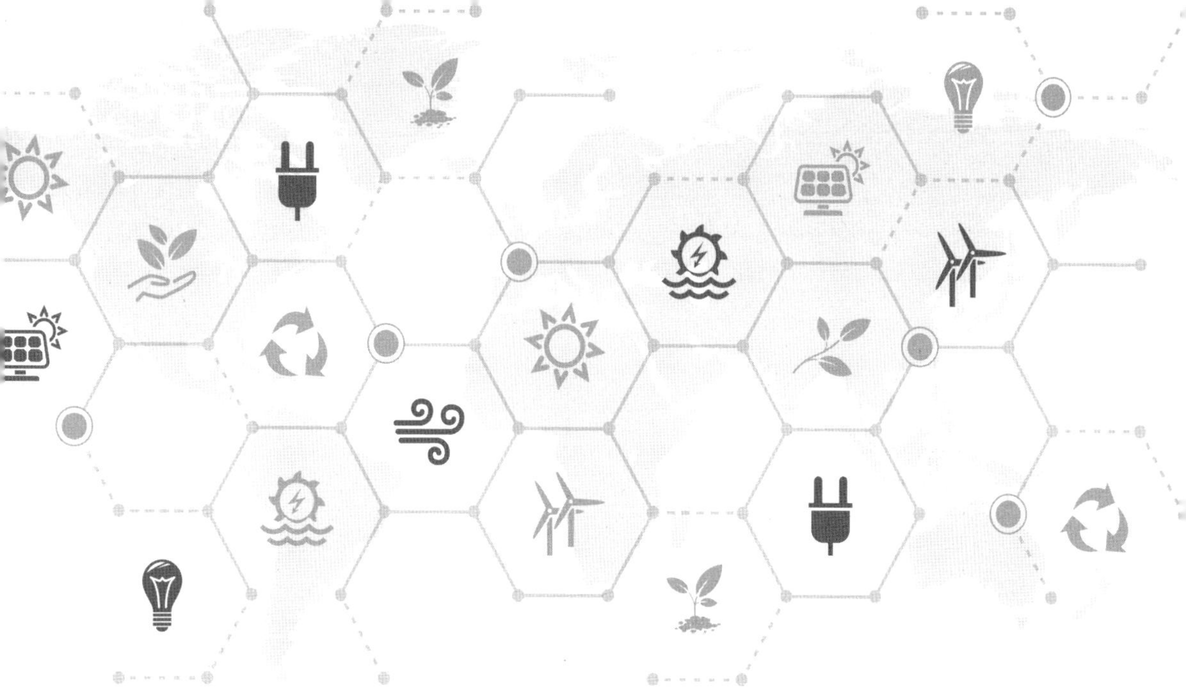

기후변화협약과 국내법·제도적 대응

-공법적 쟁점을 중심으로-

02

CHAPTER 02

기후변화협약과 국내법·제도적 대응

-공법적 쟁점을 중심으로-

Ⅰ. 배경

2015년 12월. 한동안 주춤했던 온실가스 감축을 위한 국제적인 노력이 다시 동력을 얻게 되었다. 기후변화대응을 위한 파리협정이 체결된 것이다. 우리나라는 BAU(장기 온실가스 배출전망, Business As Usual) 대비 37%를 감축한다는 비교적 강화된 목표를 국제사회에 제시함으로써 보다 강도 높은 국내적인 노력이 더욱 필요하게 되었다. 국내적 노력은 법제도의 설정에서부터 이에 기반한 구체적인 집행에서 일관되게 나타나야 한다. 그리고 영역의 면에서 환경부가 관할하고 있는 환경적 대응만이 아니라 오히려 산업 및 교통, 국토개발 분야에서의 대응이 더욱 긴요해졌다고 할 수 있다.

지금까지 기후변화협약 내지는 온실가스감축과 관련하여서는 많은 연구가 있었다. 주요한 이슈들은 국제적인 협약의 의미 및 내용과 배출권거래제의 설계 등이다. 본 연구에서는 이러한 이슈 중 국내 법제도적 측면에서 이를 일견하고 그 의미를 재조명하는 데 목적을 두고 있다. 그중에서도 배출권 거래소를 통한 사적 주체 간 거래행위를 규율하는, 민사법적 검토가 아닌 온실가스 감축을 위한 전체 국가체제의 시각 - 공법적 시각에서 이를 검토하였다.

Ⅱ. 파리협정의 공법적 의미와 정책과제

1. 파리협정의 의미

2015년 12월 12일, 제21차 유엔기후변화협약(UNFCCC) 당사국총회에서 2020년 이후의 새로운 기후변화 체제수립을 위한 최종 합의문인 파리협정(Paris Agreement)을 채택하였다.[1)] 파리협정의 주요 내용은 장기적인 목표, 온실가스의 감축을 위한 시장 메커니즘의 도입, 적응 및 이행점검, 기술 등에 대한 것으로 나눌 수 있다.

먼저 목표에 대한 사항으로 각국이 제출한 자발적 감축목표(Intended Nationally Determined Contributions: INDCs)를 인정하되, 2020년부터 상향된 목표를 제출하도록 하고 있다. 우리나라는 2030년 배출전망치(BAU) 대비 37%를 줄인다는 감축목표를 제출하였다.[2)] 따라서 국내법적으로 이러한 목표를 달성하기 위한 구체적인 추진점검 및 추가적인 논의가 이루어질 필요성이 커졌다. 한편, 각국의 이행상황을 검토하기 위하여 이행상황 및 경고보고를 의무화하였다.

파리협정이 국내공법에서 가지는 기본적 의미는 크게 두 가지로 나눌 수 있다. 첫째, 법 체계 내에서 파리협정의 지위, 둘째, 파리협정의 구속력이다. 전자의 경우 파리협정은 55개국 이상이 비준하고 비준국가의 온실가스 배출비중이 전 세계 온실가스 배출량의 55% 이상이 되면 발효되는 것으로 되어 있다. 따라서 우리가 동 협정을 국회의 동의를 받아 비준하는 경우 법률과 동일한 지위를

1) 기후변화에 대한 국제협약의 추이를 살펴보면 다음과 같다. 1992년 유엔기후변화협약(United Nations Framework Convention on Climate Change) – 1997년 교토의정서 - 2009년 코펜하겐 합의 - 2010년 칸쿤 합의 - 2011년 더반 플랫폼(Durban Platform) – 2012년 도하 게이트웨이(Doha Gateway) – 2013년 바르샤바 아웃컴(Warsaw Outcomes) – 2014 리마선언(Lima Call for Climate Action)이 있었다.

2) 정부부처합동보도자료 참조.

갖게 된다.[3] 다음은 동 협정의 구속력에 대한 사항으로, 동 협정은 각국이 제시한 자발적 감축목표를 준수하지 않을 경우 이를 직접적으로 강제할 수 있는 수단을 두고 있지 않다. 따라서 이행의무위반에 대해서 조약 자체에서 파생되어 나오는 제재적 조치들은 수반되지 않는다. 그러나 우리가 자발적 감축목표를 제시한 이상 국제적인 압력을 통한 실질적 구속력은 발생할 가능성이 높다.

2. 국내법적 과제 – 저탄소녹색성장기본법상의 원칙을 통하여

파리협정에서는 각국이 구체적으로 이행해야 할 목표가 보다 구체적으로 확정되고 국제적인 통제규율이 강해졌다는 차이가 있지만, 국내법적 측면에서 정책목표의 달성이 수단 면에서 기존의 기조와 큰 차이를 보일 필요는 없을 것으로 보인다. 이미 저탄소녹색성장법을 제정함으로써 기후변화에 대응하기 위한 법·정책적 대응이 이루어져 오고 있기 때문이다. 따라서 기후변화협약에 대한 국내법적 과제를 검토하는 출발점으로 저탄소녹색성장기본법을 그 단초로 삼았다. 저탄소녹색성장기본법 제3조는 저탄소녹색정책을 추진하기 위한 기본적인 방향을 정함과 동시에 이를 법률에 규정함으로써 국가 및 시민에 대해서 준수 또는 노력의 의무를 법제화하였다는 데 의미가 있다.

- 제1호: 기후변화에 대응하기 위한 국가계획의 수립
- 제2호: 시장을 통한 민간주도 저탄소 녹색성장
- 제3호: 환경기술과 환경산업의 진흥 및 고용창출
- 제4호: 환경기술 및 환경산업에 대한 투자
- 제5호: 에너지 및 자원이용 효율제고 및 자원순환촉진
- 제6호: 환경오염이나 온실가스 배출로 인한 경제적 비용이 가격 메커니즘에 포섭될 수 있도록 국제경쟁력을 고려하여, 조세와 금융체계의 개편과 이를 통한 온실가스저감 유도로 정리할 수 있다.

3) 헌법 제60조 1항.

III. 기후변화대응을 위한 법·정책현황

1. 기후변화대응을 위한 법체계의 구성

기후변화대응을 위한 법체계의 가장 기본이 되는 것이 저탄소녹색성장기본법이며, 동 법을 근거로 하여 온실가스 배출권거래제를 시행하기 위해서 온실가스 배출권의 할당 및 거래에 관한 법률이 시행되고 있다. 그러나 각 분야별로 이를 구체화하기 위하여 별도의 개별법을 만들거나 혹은 기존의 개별법에 기후변화대응을 위한 규정을 추가하는 개정이 이루어진 바 있다. 개별법상의 주요 내용은 큰 축은 규제와 지원으로 나눌 수 있다. 규제는 직접적으로 배출권거래제의 실시와 각종 친환경 의무기준 설정을 들 수 있다. 규제는 가장 강력한 수단으로 침익적이라는 점에서 제한된 형태로 이용되어야 하며, 특히 기후변화체제로의 변화과정에서 정착단계까지는 그 운용에서 지원과 함께 정책조합이 형성될 필요가 있다.

지원의 경우, 환경기술 및 산업지원법 또는 기술이전 및 사업화촉진법 등과 같은 법률에 근거한 지원을 들 수 있다. 이외에도 조세적 측면에서의 지원 역시 매우 중요한 수단이라고 할 수 있다. 이러한 조세적 측면에서의 대응은 환경분야에만 국한된 것은 아니며, 일반적인 정책배합의 하나라고 할 수 있다. 예를 들어 조세특례제한법상의 에너지절약시설 투자세액공제제도, 환경보전시설 투자세액공제율, 하이브리드차 개별소비세 면제, 에너지 신기술 중소기업에 대한 세액감면 등을 들 수 있다.

건축부문에서는 2012년 녹색건축물조성지원법이 제정되었다. 건축물의 에너지효율을 높여서 탄소배출저감에 기여하자는 것이 입법목적이다. 동 법 제2조 1호는 녹색건축물의 정의에 대하여 저탄소녹색성장법 제54조를 따른다고 하고 있으며, 제54조 1항은 “정부는 에너지이용 효율 및 신·재생에너지의 사용비율이 높고 온실가스 배출을 최소화하는 건축물(이하 “녹색건축물”이라 한다)을 확대하기 위하여 녹색건축물 등급제 등의 정책을 수립·시행하여야 한다”고 규정함으로써 녹색건축물을 정의하고 있다. 녹색건축물조성지원법상 주요 두 조항을 살펴보면 다음과 같다.

第11조(지역별 건축물의 에너지총량 관리) ① 시·도지사는 대통령령으로 정하는 바에 따라 관할 지역의 건축물에 대하여 에너지 소비 총량을 설정하고 관리할 수 있다.
② 시·도지사는 제1항에 따라 관할 지역의 건축물에 대하여 에너지 소비 총량을 설정하려면 미리 대통령령으로 정하는 바에 따라 해당 지역주민 및 지방의회의 의견을 들어야 한다.
③ 시·도지사는 관할 지역의 건축물 에너지총량을 달성하기 위한 계획을 수립하여 국토교통부장관과 협약을 체결할 수 있다. 이 경우 국토교통부장관은 협약을 체결한 지방자치단체의 장에게 협약의 이행에 필요한 행정적·재정적 지원을 할 수 있다.
④ 제3항에 따른 협약의 체결 및 이행 등에 필요한 사항은 국토교통부령으로 정한다.

第12조(개별 건축물의 에너지 소비 총량 제한) ① 국토교통부장관은 「저탄소녹색성장기본법」 제42조에 따른 건축물 부문의 중장기 및 단계별 온실가스 감축 목표의 달성을 위하여 신축 건축물 및 기존 건축물의 에너지 소비 총량을 제한할 수 있다.
② 국토교통부장관은 연차별로 건축물 용도에 따른 에너지 소비량 허용기준을 제시하여야 한다.
③ 건축물을 건축하려고 하는 건축주는 해당 건축물의 에너지 소비 총량이 제2항에 따른 허용기준의 이하가 되도록 설계하여야 하며, 건축 허가를 신청할 때에 관련 근거자료를 제출하여야 한다.
④ 기존 건축물의 에너지 소비 총량 관리는 「저탄소녹색성장기본법」 제42조에 따른 온실가스·에너지목표관리에 따른다.
⑤ 신축 건축물의 에너지 소비 총량 제한과 기존 건축물의 온실가스·에너지목표관리에 관하여 필요한 사항은 대통령령으로 정한다.

第17조(건축물의 에너지효율등급 인증) ① 국토교통부장관은 에너지성능이 높은 건축물을 확대하고, 건축물의 효과적인 에너지관리를 위하여 건축물 에너지효율등급 인증제를 시행한다.

第18조(건축물 에너지소비 증명) ① 대통령령으로 정하는 건축물의 소유자 또는 관리자가 건축물을 매매하거나 임대하려는 경우에는 거래계약서에 해당 건축물의 연간 에너지 소요량 또는 온실가스 배출량 등이 표시된 건축물 에너지효율등급 평가서(이하 "에너지 평가서"라 한다)를 첨부하여야 한다.

그러나 국토계획분야에서는 아직까지 법률적인 수준에서 기후변화대응적 공간정책이 나와 있지는 않은 상태이다. 국토계획분야에서 가장 기본적인 법률이라고 할 수 있는 국토기본법과 국토계획 및 이용에 관한 법률에서의 기후변화 대응 조항을 살펴보면, 국토기본법에는 환경친화적 국토계획만을 정하고 있을 뿐, 기후변화와 직접적 연관성을 가지는 구체적 규정이 없다. 국토이용 및 토지 등에 관한 법률의 경우 제19조 1항 8의2호에 기후변화 대응 및 에너지 절약에 관한 사항을 도시·군관리계획에 포함시키도록 하고 있다. 그러나 그 이상의 구체적인 내용을 담은 사항은 찾아보기 어렵다. 공간정책은 전체적인 구조의 틀을 정하는 국토정책에 관한 법률과 구체적으로 해당 건축물을 어떻게 지을 것인가를 정하는 건축관련 법률로 구성된다. 따라서 기후변화에 대응한 공간정책은 이를 모두 종합한 계획이 수립·집행되어야 한다.

법령의 수준은 아니지만 행정규칙 – 지침의 형식으로 지난 2009년 이미 저탄소 녹색도시 조성을 위한 도시·군계획수립 지침[4])이 발령된 바 있다. 지침은 에너지 절감, 신재생에너지 보급 활성화 및 온실가스 배출절감이라는 목표를 달성할 수 있도록 공간구조개편과 친환경개발을 내용으로 하고 있다. 동 지침은 도시계획의 수립과정에서 기후변화대응적 조치를 포함할 수 있는 유인을 제공한다는 점에서 의미가 있다.

공공조달의 분야에서도 환경에 대한 배려가 법제화되어 있다. 녹색제품이라고 부르는 것으로 공공조달을 위한 경쟁에서 가점을 부여하는 방식이 주로 사용된다. 여기에서 녹색제품이라고 하는 것은 에너지·자원의 투입과 온실가스 및 오염물질의 발생을 최소화하는 제품을 말한다. 이러한 제품에는 환경기술개발 및 지원에 관한 법률 제17조의 규정에 따른 환경마크 인증상품이나 해당 인증기준에 적합한 상품 또는 자원의 절약과 재활용촉진에 관한 법률 제33조 및 산업기술혁신촉진법 제15조의 규정에 따른 우수재활용 인증상품이나 해당 인증기준

4) 국토교통부 훈령 제569호, 2015.8.13. 일부개정.

에 적합한 상품 등이 있다.5)

물론 이에 해당하는 상품이라도 조달을 위한 기준이 과도하게 높을 경우 조달에 대한 진입장벽이 될 수 있다는 점에서 최저녹색기준을 정하여 운영할 필요가 있다. 즉 이러한 기준이 악용될 경우 특정 업체에 과도한 이익을 주거나 중소기업 등의 조달참여에 과도한 제한을 줄 수 있기 때문이다. 이러한 최저기준은 조달청 녹색구매요령 제7조에 반영되어 있다.

표 2-1 환경인증과 근거법률

인증제도	목적	법적 근거
환경신기술	신기술보급촉진환경산업육성	환경기술개발 및 지원에 관한 법률 제7조
우수재활용제품(GR)인증	재활용제품 품질향상 수요기반 확충	자원의 절약 및 재활용촉진에 관한 법률 제33조
환경표지인증	환경제품의 개발, 생산	환경기술개발 및 지원에 관한 법률 제17조
고효율에너지기자재인증	고효율에너지기자재보급촉진	에너지이용합리화법 제22조
대기전력저감프로그램	에너지효율상승	에너지이용합리화법 제18조
신재생에너지설비인증	설비의 보급촉진	신에너지 및 재생에너지 개발, 이용 보급촉진법 제13조
에너지소비효율등급	에너지절약형제품의 생산 및 판매촉진	에너지이용합리화법 제15조
녹색기술인증	녹색산업의 민간투자활성화	저탄소녹색성장기본법 제32조

출처: 김대인, 2012, 녹색성장과 공공조달법제: 공공조달을 통한 환경정책과 기술혁신의 연계방안을 중심으로-, 한국법제연구원, p.81의 표를 수정.

2. 기후변화대응 정책현황

기후변화대응의 정책현황에 대해서는 제2차 녹색성장 5개년계획(2014-2018)을 중심으로 살펴본다. 저탄소녹색성장기본법 제9조는 국가의 저탄소 녹색성장

5) 김대인, 2012, 녹색성장과 공공조달법제: 공공조달을 통한 환경정책과 기술혁신의 연계방안을 중심으로-, 한국법제연구원, p.81.

을 위한 정책목표 추진전략 중점 추진과제 등을 포함하는 저탄소 녹색성장 국가전략을 수립·시행하여야 한다고 규정하고 있다. 한편 동 법 시행령은 제4조에 국가전략을 효율적·체계적으로 이행하기 위하여 5년마다 저탄소 녹색성장 국가전략 5개년 계획을 수립할 수 있다고 정하고 있다. 따라서 녹색성장 5개년 계획은 국가전략 수행을 위한 기간별 실행전략이라고 할 수 있다.

국가전략에 포함되는 내용은 한 국가가 활동하는 거의 모든 분야를 망라하고 있다. 크게 5개의 그룹으로 나눌 수 있는바, 첫째, 녹색기술·산업 및 녹색경제, 둘째, 기후변화대응, 에너지 및 지속가능한 발전정책, 셋째, 녹색생활, 녹색국토, 저탄소 교통체계, 넷째, 저탄소 녹색성장관련 국제협상 및 협력, 다섯째, 금융 및 재원의 조달이다.

제2차 계획상의 정책방향과 중점과제를 정리하면 다음과 같다.

표 2-2 제2차 녹색성장 5개년 계획상 정책방향 및 중점과제

정책방향	중점과제
효과적 온실가스 감축	- 온실가스 감축 로드맵의 체계적 이행 - 배출권거래제 정착 및 탄소시장 활성화 - 장기국가감축목표 수립 - 탄소흡수원 확충
지속가능한 에너지체계 구축	- 에너지 수요관리 강화 - 신재생에너지 보급 확대 - 분산형 발전시스템 구축 - 에너지 시설 안전성 확보
녹색창조산업 생태계 조성	- 첨단융합 녹색기술 개발 - 녹색창조산업의 육성 - 자원순환 경제구조의 정착 - 규제합리화 및 녹색인재 양성
지속가능 녹색사회 구현	- 기후변화 적응역량 강화 - 친환경 생활기반 확대 - 녹색 국토공간 조성 - 녹색복지 및 거버넌스 기반확충
글로벌 녹색협력 강화	- 기후협상의 효과적 대응 - 녹색성장 지역협력 확대 및 국제적 확산 - 개도국 협력확대 및 내실제고 - GGG/GCF와의 협력 및 지원 강화

동 계획상 구체적인 실행사항을 정리하면 다음과 같다. 구체적인 어젠다를 5가지로 구분하여 세부내용 중 주요한 내용을 중심으로 정리하였다.

가. 온실가스 감축을 위한 로드맵

표 2-3 부문별 어젠다(1)

산업부문	- 업종별 감축목표의 효과적 달성 * 주요업종: 정유, 철강, 시멘트, 석유화학, 제지·목재, 전기·전자, 전자표시장치·반도체, 자동차, 건설 - 온실가스·에너지 목표관리제 운영 개선 - 에너지절약 사업모델의 개발·지원
수송부문	- 교통수요관리 강화 및 교통운영 효율화 - 생활밀착형 보행 및 자전거 활성화 - 대중교통 인프라 확충 및 서비스 개선 - 저탄소 녹색물류 체계 - 고연비·저탄소차 생산 및 소비 선순환체계 구축
건설부문	- 건물부문 에너지 효율 개선 및 정보공개 - 건축물 내 각종 기기의 에너지 효율 개선 - 건축물 Non-CO2 온실가스 사용저감 및 관리강화
공공·농림어업·폐기물부문	- 공공부문 온실가스 목표관리제 내실화 - 농어업분야 에너지 이용 효율화 및 저탄소기술 보급 - 경종 및 축산부문 온실가스 감축 - 폐기물 발생량 억제
배출권거래제 시행 및 정착	- 배출권거래제의 제도적 기반 마련 - 국내 산업 지원(금융, 세제, 보조금 등)
탄소시장 활성화	- 국내 탄소시장 운영을 위한 제도적 기반 구축 - 배출권 전문인력 양성
중장기 온실가스 감축목표 수립 및 이행기반 구축	- 국가 감축목표 수립추진체계 마련 - 국가 온실가스 감축목표 설정 - 국가 감축목표 이행계획 수립 - 온실가스 배출통계 D/B 구축 및 운영
탄소흡수원 확충	- 산림탄소상쇄제도 운영 / 해외 조림 등 산림자원 확보 - 산림자원 조성 및 목재이용 활성화 - 농업부문 탄소저장 능력 확충 - 해양부문 탄소흡수원 확충

나. 지속가능한 에너지 체계 구축

표 2-4 부문별 어젠다(2)

에너지 수요관리 강화	- 에너지세율 조정 - 전기요금 현실화 - 전력거래시장 개선 - 에너지공급자의 투자 강화
신재생에너지 보급확대	- 신재생에너지 의무화제도의 개선 및 확대 - 공급의무화제도(RPS)의 개선 - 보급 및 융자지원사업 개편 및 투자인프라 구축 - 바이오매스 이용확대를 위한 기반
분산형 발전시스템 구축	- 발전소 입지분산 및 전력계통 안정화 - 분산형 전원확대(자가발전, 집단에너지, 신재생)
에너지 시설 안전성 확보	- 원전산업 혁신과 안전성 강화 - 원전사후관리기반조성(사용후핵연료처리 공론화 포함) - 에너지 시설 안전관리강화

다. 녹색창조산업 생태계 조성

표 2-5 부문별 어젠다(3)

첨단융합녹색기술 개발[6]	- 기후변화대응 핵심기술 개발·상용화 - ICT 융합 / ESS 등 - 신재생에너지 기술 개발·사업화(낮은 수준의 발전단가) (신재생에너지: 태양광, 풍력, 바이오, 폐기물, 가축분뇨, 조류, 수소연료전지 등) - 부문별 핵심기술 상용화(전기차, 전기차 배터리, 무인운전 자기부상열차 등) - 고효율 청정화력 - 노후발전설비 성능향상, 고효율발전, 석탄가스화복합발전, 고효율 조명 - 이산화탄소포집·저장, 이용기술 개발 등 에너지 원천기술 개발 - CI 가스 활용·전환 기술개발
국민체감형 녹색기술개발 및 실용화	- 환경기상 관측·예보기술개발 - 방사능오염 관측·예보시스템 / 피해저감 기술개발
녹색창조산업의 육성	- 에너지 신산업분야 비즈니스 모델 창출 - 주력산업의 녹색기술 융합 - 환경산업의 해외진출지원

6) 이와 관련한 직접적인 법률로서 기술이전 및 사업화촉진법, 환경기술 및 산업지원법 등을 들 수 있다.

	- 녹색기술·제품 정부구매 및 공급확대 - 중소기업 녹색경영 지원확대 - 기업 환경정보 공개 및 활용 촉진 - 녹색금융활성화
자원순환경제구조정착	- 폐자원 에너지화 - 자원순환산업육성 및 기반조성 - 친환경에너지타운 조성 - 순환자원거래소의 확대 운영
규제합리화 및 녹색인재 양성	- 규제합리화 및 인증제도 정비 - 인재양성 및 일자리 창출

라. 지속가능한 녹색사회 구현

표 2-6 부문별 어젠다(4)

기후변화 적응역량 강화	- 기후변화 감시·예측·분석 인프라 확충 - 선제적 재해예방시스템 구축 - 생태계보호·복원을 통한 한반도 생물다양성 확보 - 기후변화로 인한 질병관리강화 - 기후변화적응형 산업체계 구축
친환경 생활기반 확대	- 생활밀착형 저탄소생활 확산 - 녹색소비활성화(녹색제품 구매기반 및 유통망 확충 등)
녹색 국토공간 조성	- 친환경적 국토관리체계 구축 - 안전하고 쾌적한 생활환경 조성(안전한 대기질, 깨끗한 물 등)
녹색복지 및 거버넌스	- 녹색복지확충(저소득층에 대한 에너지바우처제도 도입, 고효율 조명보급 확대 등) - 협력적 녹색 거버넌스 구축 o 지방 녹색성장 추진체계 정비 o 시민단체-산업계-정부 간 소통 및 협력강화

마. 글로벌 녹색협력 강화

표 2-7 부문별 어젠다(5)

기후협상 효과적 대응	- Post-2020 신기후체제 대응전략 마련 - 기후재원 조성방안 마련에 기여
녹색성장 지역협력 확대 및 국제적 확산	- 동북아 환경공조체제 강화 - 아시아·태평양 지역 기후변화 감시자료 공유 등 - 그린데탕트를 통한 남북 환경공동체 건설(산림, 농업, 신재생에너지 등 시범사업의 추진) - 녹색성장 선도국가로서의 위상강화
개도국 협력확대 및 내실제고	- 개도국 대상 녹색성장협력 교류사업 활성화
GGGI/GCF와의 협력 및 지원강화	- GCF의 역량강화 지원 - GCF-GTC-GGGI 간 협력확대

IV. 온실가스 배출권 할당과 불복

1. 온실가스 배출권의 법적성격에 대한 논쟁

- 배출권은 허가로부터 파생된 것인가? 특허로부터 파생된 것인가?
- 배출권은 재산권인가?
  - 정부가 과대할당을 이유로 할당했다가 회수하는 경우 (수용)보상을 해야 하는가?
- 배출권은 금융투자상품인가?
  - 자본시장법 제3조 1항 "이익을 얻거나 손실을 회피할 목적으로 현재 또는 장래의 특정시점에 금전, 그 밖의 재산적 가치가 있는 것을 지급하기로 약정함으로써 취득하는 권리로서, 그 권리를 취득하기 위하여 지급하였거나 지급하여야 할 금전 등의 총액이 그 권리로부터 회수하였거나 회수할 수 있는 금전 등의 총액을 초과하게 될 위험이 있는 것" → 금융투자상품 / 원본상실의 위험

온실가스 배출권의 법적 성격을 무엇으로 볼 것인가는 한때 뜨거운 논쟁의 대상이었다. 그러나 지금까지 이에 대한 법적 성질에 대해서 합치된 견해는 존재하지 않는다. 특히 특허나 허가냐의 문제는 오염권을 국가가 허용할 수 있는가, 아니면 생존은 오염을 수반하는가의 여부에 따라서도 달라질 수 있다. 그러나 생존에 필요한 오염을 넘어서는 경우는 본래의 자연적 자유의 회복이라고 보는 데는 무리가 있으며, 우리가 온실가스 감축과 관련하여 다루는 오염은 자연적 자유로서 회복되는 오염권과는 거리가 있다고 할 수 있을 것이다. 따라서 공공정책적 목표로 인해 제도도입이 되었고 이의 전제로서 오염권이 제한된 범위 내에서 특별하세 부여되는 특허로 보는 것이 타낭할 것이다. 그러나 이는 배출권의 연원적 법적성격에 대한 것으로 일단 시장에서 양도행위가 시작되는 순간 거래할 수 있는 권리로서의 특질을 가진다.[7] 따라서 일단 부여된 오염권－배출권은 각 주체가 대가를 기반으로 한 자유로운 거래가 가능하다는 점에서 헌법 제23조에서 보장하고 있는 재산권으로서의 성격을 배제할 수는 없다.

헌법상 보장하고 있는 기본권의 측면에서 온실가스 배출권은 헌법 제15조에서 보장하고 있는 직업선택 및 직업영위의 자유와 밀접하게 관련을 맺고 있다. 따라서 배출권의 할당과 거래의 제한에는 헌법상 기본권 제한의 문제가 발생할 수 있으며, 기본권 제한의 경우에는 헌법 제37조 2항에 의해 법률유보의 원칙이 준수되어야 한다.

2. 온실가스 할당의 법적근거

저탄소녹색성장기본법 제46조는 시장기능을 활용하여 효율적으로 국가감축목표를 달성할 수 있도록 온실가스 배출권거래제도를 운영할 수 있다고 정하고 있다. 그리고 그 전제로서의 할당 방법, 등록·관리 방법 및 거래소 설치 및 운영은 따로 법률로 정한다고 규정하고 있다. 기본법에 따라서 온실가스 배출권 할당 및 거래에 관한 법률이 제정되었다. 그리고 제1차 할당기간은 2015년부터 2017년까지 3년간으로 설정되었다.

온실가스 배출권 할당 및 거래에 관한 법률 제8조 1항은 특정 요건을 갖춘 업체를 할당대상업체로 지정·고시하도록 규정하고 있는 바, 그 요건은 첫째, 저

7) 조홍식·이재협·허성욱 편저, 2010, 『기후변화와 법의 지배』, 박영사, p.163.

탄소녹색성장기본법상 관리업체 중 최근 3년간 온실가스 배출량의 연평균 총량이 125,000 이산화탄소 상당량 톤 이상인 업체이거나 25,000 이산화탄소 상당량 톤 이상의 사업장의 해당업체, 둘째, 위의 요건에 해당되지 않은 관리업체로서 할당대상업체로 지정받기 위해 신청한 업체이다. 우리나라의 배출권할당계획을 살펴보면 다음과 같다.

표 2-8 배출권할당 이행계획

기간 구분	Phase I	Phase II	Phase III
연도	2015-2017	2018-2020	2021-2025
할당	100% 무상할당	97% 무상할당	무상할당은 90% 미만 수준
단계적 목표	- 배출권거래제 안착 - 인프라 및 경험축적	- 배출권거래제 적용범위 확대 - 할당방식 선진화	- 유상할당의 확대 - 배출권 유동성의 확대 - 할당방식의 정착

3. 우리나라에서의 사례검토

가. 할당의 주요 쟁점

2014년 12월 1일 정부는 배출권거래제 제1차 계획기간인 2015년부터 2017년 사이에 대한 할당내역을 통보하였다. 전체 522개 업체가 대상이었는데, 이 중 244개 업체가 이의를 신청하여 46%에 가까운 불복률을 보였다. 그중 이의신청이 기각된 것은 200여 건으로 알려지고 있어 대부분의 경우에 행정소송의 가능성이 있었으며, 행정소송의 소제기 기간인 90일 이내에 다수의 소가 제기되었다.[8] 행정소송법 제20조에 의해 소제기 기간은 처분이 있음을 안 날로부터 90일, 처분이 있은 날로부터 1년이나, 할당통보가 이미 개별업체에 통보되었으므로 90일 적용된 것이 대부분이었다.[9] 할당과 관련한 불복소송에서 우리나라에서의 주요 쟁점을 살펴보면,

---

8) 현준원, 「배출권거래제 운영에 관한 국내 분쟁현황과 주요 쟁점에 관한 검토」, 제125회 한국 환경법학회 정기학술대회 발제문집, p.49.

9) 계쟁중인 사안에 대해서는 자료 접근이 어려워 개별 사건에 대한 검토는 생략함.

- 할당신청이 누락되었거나 신청 후 할당이 누락된 일부 소규모 배출시설과 소량 배출사업장이 추가반영 요청
- 업체가 충분히 증빙하지 못하여 배출권을 사전에 할당받지 못한 '예상되는 신증설 시설'에 대한 재검토요청
- 기준연도 내에 사고 등으로 인한 배출량 감소, 계획기간 내에 감축여력 부족 등 업체별 특이사항 반영 요청
- 업종별 할당량 확대 또는 신증설이 없는 기존시설의 가동률 증가에 대한 배출량 증량 요청[10]이었다.

나. 할당의 취소사유

행정청이 할당한 배출권이 취소되는 경우도 있는바, 온실가스배출권의 할당 및 거래에 관한 법률 제17조 1항은 이들 사유를 열거적으로 규정하고 있다. 그 사유로는

첫째, 할당계획 변경으로 배출허용 총량이 감소한 경우,

둘째, 할당대상업체가 전체 시설을 폐쇄한 경우,

셋째, 할당대상업체가 정당한 사유 없이 시설의 가동 예정일부터 3개월 이내에 시설을 가동하지 아니한 경우,

넷째, 할당대상업체의 시설 가동이 1년 이상 정지된 경우,

다섯째, 거짓이나 부정한 방법으로 배출권을 할당받은 경우이다.

이러한 취소사유를 명시적 열거주의로 제시하고 있는 것은 일단 할당된 배출권은 일종의 재화로서 유통될 수 있으므로 이후 취득한 자의 권리침해의 가능성을 고려한 조치로 보인다.

다. 할당 분쟁사례 검토

우리나라의 사례 중 할당분쟁에 관한 최초 판결(2015구합55592 판결)의 판시사항을 살펴보면 다음과 같다.

---

10) 현준원, 앞의 발표자료, p.49.

서울행정법원 2015.12.17. 선고 2015구합55592 온실가스배출권 할당처분 취소의 소

가. 사건의 개요

원고는 저탄소녹색성장기본법 제46조 및 온실가스 배출권의 할당 및 거래에 관한 법률(이하 거래법) 제8조 제1항에 따라 온실가스 배출권의 할당업체로 지정되어 2014.10.31. 환경부장관에게 1차 계획기간에 대한 온실가스 배출권 할당신청을 하였다. 이에 피고는 2014.12.1. 온실가스 배출권을 할당하였다. 원고는 피고의 처분에 대하여 이의신청을 하였으나, 그 신청이 기각되자 소를 제기하였다.

나. 원고의 주장과 법원의 판단

(가) 행정청이 월평균 및 연간 배출량의 산정과정에서 공장이 정상적으로 가동하지 않았던 기간을 제외하지 않았기 때문에 배출량이 과소산정되었다는 쟁점에 대하여.

o 거래법 제12조 제2항 및 같은 법 시행령 제12조 제1, 2항에 근거한 온실가스 배출권의 할당, 조정 및 취소에 관한 지침에 따를 경우, 해당 시설의 기준연도 마지막 연도(여기에서는 2013년도)의 월평균 온실가스 배출량을 활용한 연 온실가스 배출량을 기준으로 하도록 규정.

o 원고의 증설시설은 2013.9.13.부터 가동이 시작되었는데 월단위 배출량을 추정하기 위해서 9.13.부터 9.30.까지의 일평균 배출량을 산정한 후 여기에 9.1.부터 9.12.까지의 날수인 12를 곱하여 총 한달분의 배출량을 산정. 그러나 원고는 9.13.부터 9.30.사이에 해당 시설이 제대로 가동되지 않았으므로 이를 기준으로 산정하게 되어 과소산정되었다고 주장.

o 법원은 환경부가 행한 위와 같은 산정방법의 합리성을 인정. 그리고 9.13.이후 정상적으로 가동되지 않았다는 점에 대하여 할당지침에서의 인정하고 있는 가동개시는 증설된 배출시설에 연료 등이 투입되어 온실가스 배출이 발생하기 시작한 것을 의미. 특히 가동개시일은 증설시기의 기준이 되므로 객관적으로 확정할 필요. 따라서 가동초기의 일부기간을 가동기간에서 제외해야 한다는 원고의 주장을 배척.

o 한편 산정기준 마지막 해(2013년도)에 배출권 산정에 불리하게 작용할 불가피한 상황이 존재할 수 있으므로 할당지침은 예외적 선택사항을 두고 있음. 즉 2013년도의 월평균 온실가스 배출량이 2014년도의 연속되는 3개월 이상의 월평균 온실가스 배출량에 대비하여 50% 이하이거나, 2013년도에 해당시설이 신설·증설되어 가동 개시된 이후의 기간이 3개월 이하인 때에는 2014년도의 연속되는 3개월 이상이 월평균 온실가스 배출량을 활용한 연 온실가스 배출량을 기준으로 할 수 있다고 정하고 있음.

따라서 이를 통해 구체적 타당성을 도모하고 있으나, 원고는 2013년의 월평균을 선택하고, 별도로 검증기관의 검증을 받은 2014년도의 연속되는 3개월 이상의 월평균 온실가스 배출량을 제시하지 않음.

(나) 원고가 고로 시설을 증설하였고 고로의 가동은 외부전기를 사용하였으므로 간접배출이 있다고 봐야 함에도 불구하고 행정청이 간접배출을 인정하지 않아 증설부문이 반영되지 않았다는 쟁점에 대하여

o 저탄소녹색성장기본법 제42조 및 부칙 제2조에 근거한 온실가스·에너지 목표관리 운영 등에 관한 지침은 전력 다소비 시설인 전기로 등에 대해서는 분리보고를 하게 되어 있고, 기타 진력량계가 부칙되어 있는 배출시설의 경우 배출시설별로 전기시용량 등을 구분하여 보고할 수 있다고 규정. 그러나 원고는 3고로를 가동하기 위한 전력을 공급하는 020번 전력사용시설을 미분리보고 사업장단위 전력사용시설로 보고하여 왔고, 전력량계를 개별적으로 부착하거나 배출시설별로 분리보고 하지 않음. 2013.9.에 증설한 3고로시설에 대해서 개별적 전력량계를 설치하지 않음.

o 원고는 환경부가 020번 시설의 증설요건 충족에 관한 증빙자료를 요구하였으므로 이를 분리하여 별도로 산정할 것으로 믿었다고 주장. 즉 공적인 견해의 표명이 있었으므로 신뢰보호의 원칙을 위반하였다고 주장.

o 법원은 다음과 같이 판시함. 지침이 간접배출량 산정에 있어서 미분리보고 사업장 단위 전력사용시설과 분리보고 전력사용시설을 구분하여 예상 온실가스 배출량 산정방법을 달리 규정한 것은 미분리보고 전력사용시설이 배출시설별로 전력소비량을 계측할 수 없어 증설 등 변동사항과 전력소비량에 대한 직접적 상관관계를 규명하기 곤란한 문제를 고려한 것으로 합리적임. 설령 020번 시설이 분리보고 전력사용시설에 해당한다고 할지라도 원고가 증설요건을 입증할 수 있는 객관적 자료를 제출하지 못하여 증설을 인정받지 못한 것으로 보이고, 020번 시설의 경우 각 전력량계에 다수의 시설을 연결하여 전력사용량을 함께 측정하고 그에 따른 간접배출량을 함께 보고했으므로 분리보고한 것으로 볼 수 없음.

o 법원은 단지 증빙자료의 요구만으로 이를 신뢰보호의 원칙의 요건인 공적인 견해의 표명이 있었다고 볼 수 없다고 판시. 피고가 원고의 배출권 할당신청을 심사하는 과정에서 원고에게 020번 시설에 대해서 분리보고 시설로 변경하는 절차를 거칠 필요가 없이 증설이 가능하다고 한 사실만으로는 원고가 신뢰를 가질만한 공적견해의 표명이 있었다고 보기 어려움.

이 사건은 해당 회사가 항소를 포기함으로써 확정되었다.

라. 추가적인 몇 가지 소송상 쟁점

(1) 이의신청의 법적 성질 – 행정심판에 갈음하는가?

제38조(이의신청) ① 다음 각 호의 처분에 대하여 이의(異議)가 있는 자는 각 호에 규정된 날부터 30일 이내에 대통령령으로 정하는 바에 따라 소명자료를 첨부하여 주무관청에 이의를 신청할 수 있다.

1. 제8조 제1항 및 제9조 제1항에 따른 지정: 고시된 날
2. 제12조 제1항에 따른 할당: 할당받은 날
3. 제16조에 따른 배출권 할당의 조정: 배출권이 추가 할당된 날 또는 이행연도별 배출권 할당량이 조정된 날
4. 제17조에 따른 배출권 할당의 취소: 배출권의 할당이 취소된 날
5. 제25조 제1항에 따른 배출량의 인증: 인증받은 날
6. 제33조 제1항에 따른 과징금 부과처분: 고지받은 날

② 주무관청은 제1항에 따라 이의신청을 받으면 이의신청을 받은 날부터 30일 이내에 그 결과를 신청인에게 통보하여야 한다. 다만, 부득이한 사정으로 그 기간 내에 결정을 할 수 없을 때에는 30일의 범위에서 기간을 연장하고 그 사실을 신청인에게 알려야 한다.

(2) 할당처분 취소소송으로 다투어야 하는가? 신청량보다 과소하게 할당된 부분만을 대상으로 거부처분 취소소송을 제기해야 하는가?

- 배정받은 부분마저도 취소할 위험성이 있다고 봐야 하는가?
- 할당이 침익적 처분이라면 처분 취소소송이나 수익적 처분인 경우이므로 과소할당 부분에 대한 거부처분으로 보는 것이 옳은가?
  - 탄소배출권의 법적성질과 연관. 특허인가?

4. 독일에서의 사례검토

우리나라에서는 현재 소송이 제기된 사안은 계류 중이어서 대외적으로 공개되지 않아 다양한 사례를 볼 수 없으나, 독일은 이미 오래전 할당을 경험하였고 주요한 판례를 법률 데이터베이스에서 찾아볼 수 있었다. 따라서 독일의 몇 가지 사례를 유형에 따라 간단히 살펴보면 다음과 같다. 정리의 기초자료는 한국법제연구원에서 필자가 발간한 탄소배출권할당 분쟁해결 연구자료의 주요 내용을 요약한 것이다.

표 2-9 분쟁의 유형 및 내용과 특징점

분쟁유형	분쟁내용	특징점
할당량	과소할당	
할당량	경쟁자에 대한 과대할당	경쟁자소송의 가능성
할당량	조기행동인정	조기행동인정기준 및 인정결과에 대한 소송
할당량	배출권 변경	사업장의 신증설에 따른 배출권 할당량의 추가할당
영업제한	배출권 취소	허위보고 등으로 인한 배출권 취소
영업제한	사업장 폐쇄	배출허용량 초과 후 시정명령위반
배출권이전	이전에 대한 행정청의 불허	배출권 이전을 행정청의 승인사항으로 할 경우 승인처분 거부에 대한 소송
정보공개	공공기관 보유 정보의 공개	경쟁자관계에서 행정청 보유 정보의 공개 거부
부과금 부과	초과배출부과금의 부과	부과금의 액수 / 부과일의 기산
과태료 등 부과	행정상 의무위반에 대한 부과	
비용부과	배출권 할당관련 비용부과	

출처: 최승필, 2013, 『탄소배출권의 할당과 분쟁해결에 관한 법적검토-독일의 제1차, 제2차 할당 과정상의 경험을 통하여』, 한국법제연구원, pp.53-54.

독일의 경우도 할당에 대해 불복할 경우 그 기간을 1월로 두고 있다. 통상의 행정심판 기간보다 단기로 둔 이유는 조기의 분쟁해결과 배출권 할당의 조기정착을 위함이다. 통상 이러한 불복의 심사과정에서 신뢰보호의 원칙은 상대적으

로 후퇴되는 반면, 비례의 원칙은 강하게 작용하고 있다.[11)]

보다 구체적으로 행정소송상 쟁점을 살펴보면 다음과 같다. 대체적인 소송의 원인은 원고에 대한 과소할당, 경쟁자에 대한 과대할당 그리고 이와 연관된 정보공개청구소송이다. 소송당사자들이 주장하는 일반적인 주장은 직업의 자유와 재산권의 침해로 헌법상 기본권 침해가 있었다는 것이다.

표 2-10 주요사건의 소송상 쟁점

사례	주요쟁점
BVerwG Urteil vom 30. Juni 2005, NVwZ 2005, 1178, 1181	- 기 할당된 할당량을 재조정하여 일부를 국가가 일부 환수하는 과정에서 기 할당받은 에너지 업체가 직업의 자유와 재산권 침해를 주장 - 원고청구 기각
VG Berlin Urteil vom 13.4.2010 - 10 K 128.09	- 정부가 특정산업에 대해서만 전략적 할당을 함으로써 타 산업과의 평등원칙을 위반함으로써 평등권 침해 - 특정 사업자 단체가 제기 - 원고청구 기각
VG Berlin Urteil vom 23.2.2011 - VG 10 k 320.09	- 기업집단소속 기업이 추가적인 할당신청 / 거부 - 해당 기업은 경영상 곤란 주장 / 불인용 - 원고 청구 기각
BVerfG Urteil vom 13.3.2007	- 서독지역 기업의 조기행동에 대한 보상 - 동독지역 기업들이 서독기업과 차별 및 평등권 침해 주장 - 원고청구 기각 / 조기행동에 대한 보상필요
BVerwG Urteil vom 24.9.2009	- 경쟁관계하에서 제3자에 대한 할당자료 공개청구 - 제3자는 비공개사유로서 경영상의 비밀 주장 - 비공개로 함으로써 시설운영자가 얻을 실질적 이익 없음 - 원고청구 인용

출처: 최승필, 앞의 책, pp.67-79의 내용을 요약.

11) 최승필, 앞의 책, p.50.

프랑스 사례: Conseil d'Etat 2009.6.3. 선고 사건번호 287110[12)]

- o 프랑스 철강회사들이 프랑스 환경부 등 정부를 상대로 낸 소송. EU Directive 2003/83/EC의 이행을 위한 프랑스 법령 Decree 2004-832가 화학회사들과 비철금속회사를 제외하고 철강회사만을 배출권거래제의 대상으로 삼은 것에 대해서 평등권 위반을 주장. 콩세이데따에 제소. 콩세이데따는 선결적 부탁사항으로 쟁점판단 요청.
- o ECJ는 화학회사의 경우 CO2배출량이 크다는 점을 확인할 수 없고, 비철금속의 경우 CO2배출량이 적으나, 철강회사의 경우 대량의 CO2배출하고 있음을 확인. 따라서 이러한 배출량 차이는 선택적 배출권거래제의 객관적 정당화사유이고, 향후 배출권거래제는 단계적으로 확대될 예정이므로 평등의 원칙에 위반되는 것으로 볼 수 없다고 판시. 콩세이데따는 원고들의 청구 기각.

스페인 사례[13)]

- o 벽돌제조업체가 스페인 정부를 상대로 소송제기. 청구이유는 2005-2007년 배출권 할당결정의 위법·무효. 원고는 당시 사업자의 시설이 증설되었고 이를 충분히 소명하였음에도 불구하고 증설분(20% 증설)이 배출권에 반영되지 않았다고 주장.
- o 스페인 대법원은 원고의 주장이 여러 증거에 의해 입증되고 있음에 반해 정부의 기록은 할당량이 과소하게 할당된 것에 대한 이유를 충분히 제시하고 있지 않다고 봄. 스페인 행정절차법 제54조는 행정행위 시 이유제시를 함으로써 당사자의 권리구제가 가능하도록 해야 한다고 규정. 이는 스페인 헌법 제9조 제3항에서 규정하고 있는 명확성의 원칙 그리고 자의적 행정의 방지라는 점에 근거를 두고 있다고 판시. 원고승소, 환경부는 배출권 재할당.

5. 배출권거래제의 과제

할당기간 중에는 배출권 정산이 이루어지는바, 부족하거나 남는 배출권을 정산기간 동안에 정리해 나가는데 여기에는 두 가지 측면에서 생각해 볼 부분이 있다. 첫째, 할당 및 거래법 제33조 1항은 할당업체가 제출한 배출권이 인증한

12) 최지현, "배출권거래제 운영에 관한 해외분쟁 사례", 제125회 한국환경법학회 발표자료, p.6.
13) 최지현, 위의 발표문, p.23; 원출처 스페인 Consejo General del Poder Judicial.

배출량보다 부족한 경우, 그 부분에 대하여 이산화탄소 1톤당 10만 원의 범위에서 해당 배출권 이행연도의 평균 시장가격의 3배 이하의 과징금을 부과할 수 있다고 규정하고 있다. 이러한 과징금의 법적 성격은 징벌적 과징금에 가깝다.

과징금이라 함은 불법적으로 취득한 경제적 이득을 환수함으로써 경제적 이득을 목적으로 한 위법행위의 시도를 조기에 차단하려고 하는 것이다. 따라서 거의 등가를 벗어나지 않은 경우로 그 과징금의 범위가 정해지는데, 3배의 경우는 징벌적 성격을 가지는 것으로 볼 수 있다. 이러한 징벌적 성격이 존재하는 이유는 시장기제를 이용하는 데에서 파생되는 매우 자연스러운 것으로 볼 수 있다. 즉, 등가인 경우 위법의 동기를 제어하기는 어렵기 때문이다. 다만 몇배로 과징금을 정할 것인가의 여부는 정책적 판단에 의한 것으로 볼 수 있다. 그러나 이러한 3배 상한 과징금에 대해서 과소하다는 견해도 있다.[14] 이 주장은 리니언시(Leniency) 제도가 도입되는 경우 실제로 부과되는 과징금은 훨씬 낮은 수준으로 책정될 수 있다는 점을 논거로 들고 있다.

V. 지방자치와 기후변화대응

기후변화대응은 주로 중앙정부 차원에서의 대응이 주류를 이룬다. 그러나 오늘날과 같은 분권형 사회에서는 지방자치단체와의 협력적 행정이 필수적인 사항이다. 따라서 기후변화대응에 있어서도 중앙정부의 파트너로서 지방자치단체의 기능과 역할을 살펴볼 필요가 있다. 지방자치단체의 기능과 역할에 대한 검토의 방식은 기후변화대응과 관련한 조례의 제정 여부와 그 내용을 중심으로 살펴보았다. 물론 기후변화와 관련하여 저탄소녹색성장기본조례도 존재하지만, 기후변화에 특화된 조례는 기후변화대응조례라고 할 수 있다. 양자의 차이는 위임법

14) 이비안, "온실가스 배출권의 할당 및 거래에 관한 법률' 제정 논의에 있어서의 문제점 검토", 중앙법학 제14집 제1호(2012.3.), p.44.

률에서도 나타나는바, 기후변화대응조례는 대기환경보전법이 위임법률이며, 저탄소녹색성장기본조례는 저탄소녹색성장기본법이 위임법률이다.

1. 지방자치단체의 기후변화대응조례에 대한 검토

지방자치단체 차원에서 기후변화 대응에 대한 조례 및 계획을 제정하여 운영하는 단체로는 광주광역시가 비교적 활성화된 곳으로 알려져 있다.[15] 따라서 여기에서는 서울시와 광주시의 기후변화 조례를 중심으로 주요 내용을 살펴본다. 광주광역시 조례의 총칙부문에서는 제3조에 시장의 책무로서 기후변화대응 시책의 추진을, 제4조에 사업자의 책무로서 온실가스배출을 억제하기 위한 조치의 강구, 제5조 시민의 책무로서 온실가스배출감축 노력을 규정하고 있다. 제2장에서는 기후변화대응 종합계획을 지방자치단체 단위에서 수립하여 실시함을 규정하고 있다. 종합계획은 5년 단위로 수립되나 이를 기반으로 연 단위 계획이 수립된다. 제3장은 온실가스 감축을 위한 구체적인 조치를 규정하고 있는바, 제10조는 관내에서의 온실가스 배출량의 산정, 제11조는 온실가스감축계획서를 작성한 사업자 또는 건축물 소유자에 대한 지원 등을 규정하고 있다.

그림 2-1 지방자치단체 재정자립도 발췌자료

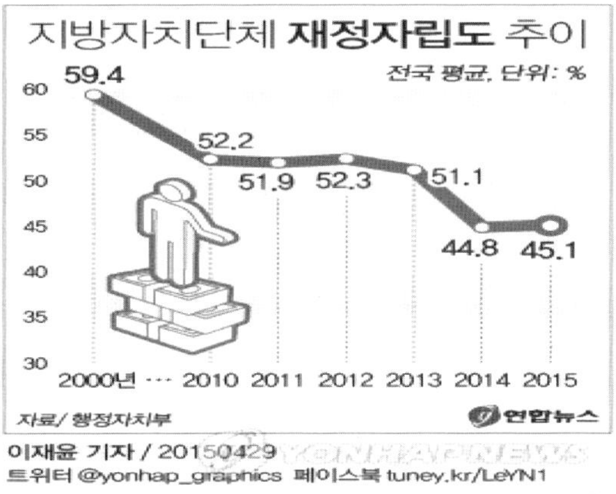

15) 안승혁·윤순진, "광주광역시 기후변화 거버넌스의 변화과정", 한국거버넌스학회보 제22권 제2호(2015.8.), pp.209－236 참조.

서울시의 조례 역시 광주광역시와 유사한 구조를 취하고 있다. 서울시 조례의 주요사항을 검토해보면 다음과 같다. 제1장의 제3조 2항은 서울시의 온실가스 감축목표를 정하고 있다. "시는 지구온난화 방지를 위해 2030년까지 온실가스 총배출량을 2005년을 기준으로 하여 40퍼센트 감축하는 것을 목표로 한다." 그러나 이는 법적구속력을 갖지는 않으며, 일종의 선언적 규정에 불과하다. 제4조는 시의 책무로서 기후변화시책을 수립하고 시행할 책무를 지며, 자치구의 기후변화시책을 지원하도록 정하고 있다. 제5조는 자치구의 기후변화시책 수립 및 시행을 정하고 있으며, 제6조와 제7조는 광주시의 경우와 마찬가지로 사업자의 책무 및 시민의 책무를 정하고 있다. 제2장은 기후변화대응 종합계획의 수립에 대한 사항으로 서울시 차원에서 종합적이고 계획적인 기후변화대응을 위한 계획을 수립하여야 함을 정하고 있다. 계획에 포함될 사항은 온실가스 배출현황 및 전망, 배출억제 목표 설정과 달성을 위한 제도적 추진사항, 기후변화 영향평가 및 적응대책 등이다.

제3장은 조직법적 사항을 정하고 있으며, 제12조는 기후변화대책위원회를 설치·운영함을 정하고 있다. 제4장은 온실가스 감축을 위한 조치를 구체적으로 정하고 있는데, 제16조는 일정 규모 이상의 사업자가 온실가스의 배출을 억제하는 설비 등에 투자하는 때에는 재정적 지원 및 그 밖에 필요한 지원을 할 수 있음을 정하고 있다. 지원을 받은 사업자는 제17조에 규정한 바와 같이 온실가스 배출량의 감축에 관한 보고서를 제출해야 한다. 한편 제19조는 건축물의 신축 등을 하는 자와 기존 건축물의 소유자는 온실가스 배출억제를 위하여 시가 정하는 친환경기준에 따르도록 노력해야 한다고 정하고 있으며, 대신 친환경건축물인 경우 지방자치단체 차원의 지원을 조례로 정하는 바에 따라 할 수 있음을 규정하고 있다. 이는 건축법상의 허가권이 지방자치단체의 장에게 있다는 점이 고려된 결과로 보인다. 한편 제5장 제27조는 기후변화로 인하여 발생하는 환경상의 변화와 시민건강에 미치는 영향을 조사하기 위한 기후변화영향 조사체계를 구축하도록 정하고 있다.

표 2-11 서울시 기후변화대응조례의 구성

장의 구분	주요 내용
제1장 총칙	목적, 정의, 온실가스 감축목표, 시의 책무, 자치구의 책무, 사업자의 책무, 시민의 책무
제2장 기후변화대응종합계획의 수립	기후변화대응종합계획의 수립 및 시행(5년단위), 연차별 시행계획 시의회 보고, 기후변화백서의 발간
제3장 기후변화대책위원회	- 기후변화대책위원회의 설치·운영, 회의, 수당 등 - 종합계획, 연차계획의 수립 및 조정사항 심의 등
제4장 온실가스감축을 위한 조치	온실가스 배출량 등 산정, 온실가스 배출량 감축계획 등(배출억제 사업자에 대한 재정 지원 등), 지원대상 사업자의 온실가스 배출량 감축보고, 건축물의 친환경기준 적용 노력, 자동차의 사용자제 등 노력, 자동차의 공회전금지, 친환경자동차 구매보급, 승용차요일제 참여, 차 없는 날, 자전거 등 이용활성화, 에코마일리지제도
제5장 기후변화적응을 위한 조치	기후변화적응대책의 수립 및 시행, 기후변화영향 조사체계 구축, 기후변화 영향 취약성 평가
제6장 기후변화대응을 위한 조치	기후변화대응연구센터 설치, 국가 등과의 협력(정보 및 기술교류), 교육 및 홍보, 기후변화기금의 설치, 기후변화시책 추진에 소요되는 세제 및 재정상의 조치 강구

2. 평가와 과제

이상에서 본 바와 같이 지방자치단체 차원의 기후변화대응이 실질적으로 큰 의미가 있다고 보기는 어렵다. 지방자치단체의 조례로 정하고 있는 사항이 매우 제한적인 수준에 그치고 있기 때문이다. 우리 헌법 제117조 1항은 주민의 복리에 대한 사항에 대해 조례를 정할 수 있도록 원칙을 정하고 있다. 이외에 개별 법률에서 위임사무에 대해서도 별도의 규정을 두고 있는 경우에 조례로 이를 정할 수 있다.

그러나 실제로 배출권의 할당 및 관리 등이 모두 중앙정부 차원에서 이루어지고 있고, 지방자치단체의 재정자립도 등을 고려할 때, 위임사무가 아닌 한, 지방자치단체가 별도의 사업을 수행할 만한 재원이 부족하다. 따라서 서울시와 같은 재정자립도가 높은 지방자치단체를 제외하고, 지방자치단체가 스스로 저감사업을 수행하는 것은 매우 어려운 상황이다.

한편, 다른 환경이슈와 마찬가지로 기후변화대응을 위한 정책수립의 단계에서부터 지방자치단체의 참여할 수 있는 여지가 부족하다는 점도 지방자치단체의 역할에 대한 제한요소 중 하나이다.16) 하지만 지방자치단체는 행정의 실제 수행단위이며 기업 및 시민들과의 접점이 가장 많다는 점에서 지방자치단체 차원의 온실가스 감축대응이 가능하도록 중앙정부가 가지고 있는 권한을 분권화하여 수행하는 등의 제도개선을 검토해볼 만 하다.

Ⅵ. 에너지정책과 기후변화대응

1. 에너지정책과 기후변화정책

가. 에너지정책과 기후변화정책과의 관계

에너지법령의 주요한 목적은 에너지수급구조에 대한 질서를 형성함으로써 경제 및 국민의 제반 생활이 영위 가능토록 하는 것이다. 기후변화정책은 환경법의 영역에 속한다. 환경법은 환경상의 규제, 조성, 유도를 통하여 지속가능한 경제의 성장과 함께 쾌적한 환경에서 살 권리를 실현하는 것을 목적으로 한다.

우리의 환경법 체계는 초기 위생법 단계에서 공해법 단계를 거쳐 오늘날의 환경권의 적극적 실현단계라는 구조를 이루고 있다. 그러나 여기에 새로운 개념의 기후변화 이슈가 제기되었다. 기후변화의 이슈는 광의의 의미에서 쾌적한 환경에서 살 권리의 한 범위로 포섭할 수 있으나, 그보다는 별도의 독립된 새로운 이슈로 진행되었다고 볼 수 있을 것이다. 그런데 이러한 기후변화대응은 기후변화에 가장 큰 영향을 끼치고 있는 에너지정책과의 균형을 통해서 달성할 수밖에 없다는 점에서 기후변화정책은 환경정책과 하나의 순환고리 내에서 이루어지고 있다고 할 수 있다.17)

---

16) 최승필, 「환경행정에서 지방자치단체의 역할과 권한에 대한 법적검토」, 지방자치법연구, 제50권(2016.6.), 게재예정 내용 참조.
17) 허성욱, “기후변화시대의 에너지법”, 경제규제와 법, 제4권 제1호(2011.5.), p.241.

나. 에너지법령에서 환경법적 요소의 발견

에너지기본법 제1조는 법의 목표로서 환경친화적 에너지 수급구조의 실현을 들고 있다. 동 법을 기반으로 제1차 국가에너지기본계획(2008－2030)이 수립되었는바, 첫째, 국내외 에너지수급의 추이와 전망, 둘째, 에너지의 안정적 확보, 도입, 공급 및 관리를 위한 대책, 신재생에너지 등 환경친화적 에너지의 공급 및 사용에 관한 대책, 에너지이용 합리화와 이를 통한 온실가스 배출감소 대책, 에너지안전관리를 위한 대책, 에너지관련기술개발 및 보급, 에너지 관련 전문인력 양성, 에너지 정책 및 관련 환경정책의 국제적 조화와 협력, 국내부존 에너지 자원 개발 및 이용을 내용으로 하고 있다.

저탄소녹색성장기본법 제9조는 국가는 저탄소 녹색성장 국가전략을 수립·시행하도록 규정하고 있는바, 주요 내용은 기후변화대응전략과 함께 에너지정책 및 지속가능발전정책을 모두 포괄하도록 하고 있다. 따라서 에너지법 역시 환경법의 범주와 중첩되어 있다고 할 수 있다. 특히 제39조는 에너지정책 등의 기본원칙을 직접 규정하고 있는바, 제1호는 화석연료의 단계적 축소, 제2호는 에너지 가격의 합리화 등 에너지 수요관리, 제3호는 친환경 에너지의 활용을 제시하고 있다. 특히 제3호는 친환경 에너지로서 태양에너지, 폐기물, 바이오에너지, 풍력, 지열, 조력, 연료전지, 수소에너지 등 신재생에너지의 개발·생산·이용 및 보급을 활성화하고 에너지 공급원의 다변화를 규정하고 있다.

신재생에너지의 활용은 저탄소정책의 가장 핵심적인 사안이다. 기존의 화력발전소를 폐쇄하는 대신에 필요전력을 확보하기 위해 원자력발전소를 추가적으로 건설하는 방법이 있으나, 후쿠시마 원전사태 이후 추가적인 원자력발전소의 건설 역시 반대에 직면하고 있으며, 오히려 노후화된 원전의 가동을 중지하는 방향으로 정책의 방향이 가닥을 잡아가고 있다. 이러한 현실 속에서 신재생에너지의 활용은 중요하나 경제성의 측면에서 매우 제한적으로만 활용되고 있어 향후 정책의 중심이 두어져야 할 부분이다.

에너지이용합리화법 역시 접점을 가지고 있는바, 동 법은 제정목적에서 에너지의 수급을 안정시키고, 에너지의 합리적이고 효율적인 이용을 증진하며, 에너지의 소비로 인한 환경피해를 줄임으로써 국민경제의 건전한 발전 및 국민복지의 증진과 지구온난화의 최소화에 이바지함을 목적으로 한다고 밝힘으로써 기후변화와의 밀접한 관련이 있다.

그러나 여전히 에너지정책과 기후변화대응정책 간의 정합성은 뚜렷하게 나타나지 않는다는 것이 근본적인 문제점으로 지적되고 있다. 즉, 온실가스 감축목표를 BAU 대비 37%로 감축하면서 석탄화력발전소의 증설을 계획하고 있는 것이 하나의 예라고 할 수 있다. 물론 석탄가스화복합발전과 같이 새로운 기술을 도입하면서 탄소저감을 도모할 수 있지만 여전히 탄소배출에 대한 우려는 남는다. 따라서 에너지 관련 법령에서 산발적으로 기후변화 대응에 대한 사항을 담고 있으면서도 근본적인 계획 – 기후변화 대응기본계획과 에너지기본계획과 전력수급기본계획 간에 정합성이 발견되지 않는 점에 대해서 밀도 있게 이를 검토·조정할 필요가 있다.[18]

2. 행정의 유도적 기능으로서 신재생에너지 관련 사업에 대한 지원

신재생에너지 등에 관한 사업의 경우, 국가의 지원기능이 존재하지 않을 경우 명확히 드러나지 않는 사업성으로 인하여 국가의 조성적 역할이 필요하다. 이는 크게 세 가지 형태로 나눌 수 있는데, 금융기능을 통한 대출 및 보증기능과 직접적인 보조금의 지급 그리고 에너지매수제도이다. 보조금의 지급과 GATT 규정의 합치성에 대한 논의는 국제경제법적 과제로 다른 장에서 논의한다. 온실가스 배출감축으로 가장 큰 영향을 받는 부분이 전력산업이다. 화석에너지를 대체할 수 있는 신재생에너지에 대한 투자 이외에도 전력수요에 대응한 전력예비율 등의 확보를 위해 에너지저장시스템(ESS)이나 스마트그리드와 같은 산업에 대한 투자 역시 필요하다.

정책금융은 국가의 조성적 혹은 유도적 행정의 대표적인 형태라고 할 수 있다. 정책금융에는 장리저리의 자금을 대출하는 방식과 일반 상업은행으로부터 자금대출시 일부 금액을 보증하는 방식이 이용된다. 전자의 경우의 예가 한국은행의 금융중개지원대출이며, 후자의 경우가 신용보증기금과 기술신용보증기금이 운영하는 보증제도이다. 법적인 측면에서 이러한 작용은 광의의 의미에서 민관협력(PPP)의 한 형태로 볼 수도 있다. 국가와 상업은행 간 사법적 관계를 통해 정책목표를 달성하는 방식이기 때문이다. 그러나 정책금융과 관련해서는 다음의

---

18) 박시원, 「파리협정과 Post-2020 신기후체제의 서막」, 환경법과 정책 16권(2016.2.), p.315.

몇 가지 질문을 해볼 수 있다.

그림 2-2 기술중소기업 금융에 관한 통계 발췌

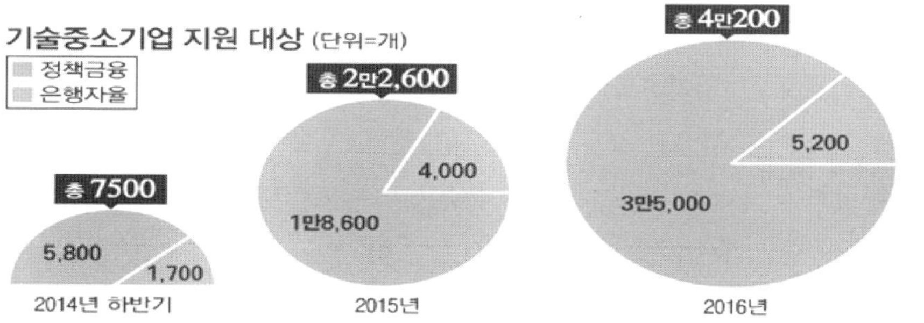

출처: 매일경제신문.

- 정책금융의 법적성격을 무엇으로 볼 것인가?
- 정책금융의 본질은 무엇인가? 수익의 공유 또는 위험의 공유?
- 자본시장을 통한 자기자본조달과 신재생에너지 시장

그림 2-3 기술보증기금, 기업 및 은행 간 관계도

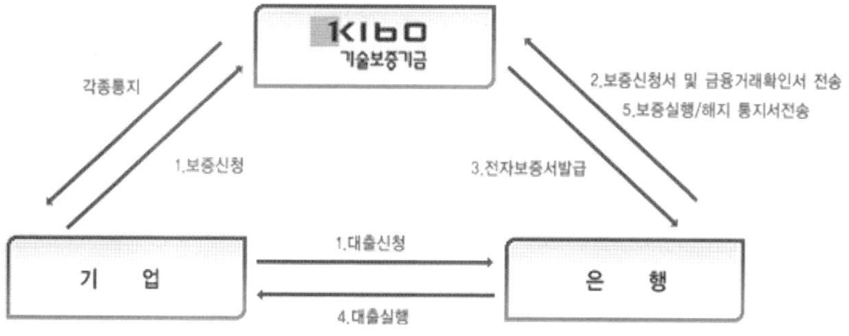

출처: http://www.klri.re.kr/kor/publication/pubReportSmallView.do?seq=1&tseq=586&sseq=1689&gbn=U&typeCd=U

- 기술에 대한 가치평가와 담보
- 기술평가를 기반으로 한 대출과 BIS 자기자본비율의 관계
  – 건전한 기술평가시장을 전제로 한 건전성 지표의 관리
- 녹색금융(green finance)

저탄소녹색성장기본법 제42조 10항은 온실가스·에너지 목표관리제하에서 관리업체에 대해 필요한 경우 재정·세제·경영·기술지원, 실태조사 및 진단, 자료 및 정보의 제공을 할 수 있다고 규정하고 있다. 여기에서 전자의 경우 재정 및 세제 지원은 보조금의 범주에 포함된다. 여기에서 온실가스·에너지 목표관리제는 - 저탄소녹색성장기본법 제42조 및 동법 시행령 제26조 내지 제32조에 따르면 - 일정수준 이상의 온실가스 대규모 배출원 및 에너지를 다량으로 소비하는 대규모 사업장 또는 기업을 대상으로 온실가스 배출량과 에너지 사용량에 감축목표치를 설정하여 달성하도록 관리하는 제도를 말한다.[19] 이러한 관리업체는 온실가스배출에 대한 강화된 규제를 받음과 동시에 보조금 등의 지원을 받게 된다. 따라서 해당 관리업체로 고시되는 경우 이의신청을 할 수 있으며, 이외에도 통상적인 쟁송의 절차를 거쳐 권리구제를 받게 된다.

신재생에너지의 활성화를 위해서는 신재생에너지를 판매할 수 있는 판로를 확보하는 것도 중요한 요소이다. 신에너지 및 재생에너지 개발·이용·보급촉진법 제12조의5는 전기의 공급의무자인 전기사업법상의 발전사업자 등에게 발전량의 일정량 이상을 신재생에너지를 이용하여 공급할 수 있도록 하는 신재생에너지의무할당제(Renewable Portfolio Standard: RPS)를 운영하고 있다. RPS를 통해 신재생에너지의 생산시 판로를 확보하고, 이를 기반으로 신재생에너지 사업과 투자를 활성화하기 위함이다. 이와 관련하여 다음의 사항에 대해서 생각해볼 필요가 있다.

- 전력판매분야 민영화와 RPS / 전력판매와 망산업
- 한전독점의 판매시장 지양 v. 태양광이나 에너지저장장치(ESS) 등 에너지 신사업

19) 현재의 대상기준은 온실가스 배출량이 업체기준으로는 50000 CO2e ton, 사업장기준으로는 15000 CO2e ton이며, 화석에너지 소비량으로는 업체기준 200 tera joules 사업장기준으로는 80 tera joules이다. 산업·발전부문 온실가스 에너지 목표관리제 홈페이지(www.greencompany.or.kr) 참조.

자들의 소비자 직접판매

VII. 마치며

이상에서 기후변화대응에 대한 국내적인 법제도와 정책방향 그리고 그 의미를 일견해 보았다. 저탄소녹색성장기본법을 중심으로 한 기후변화대응 법체계는 선진국들과 비교해서도 잘 정비되었다고 할 수 있다. 그러나 그 구체적인 실행방안에서는 여전히 모호성을 가지고 있으며, 추진해야 할 과제 중 핵심적인 과제에 대한 선택과 집중이 제대로 이루어지고 있는가에 대한 의문이 생긴다. 구체적인 실행방안들 중에는 현실적인 경제성이 뒷받침되지 못하고 있는 것들도 다수 발견되기 때문이다.

NDC를 통해 자발적 감축안으로 제시했던 BAU 대비 37%의 감축을 달성하기 위해서는 국내 법제도적으로 추진해야 과제들이 많다. 그리고 이들 과제들의 이행은 온실가스 저감을 위한 정책목표달성과 국제사회 기여에 핵심적인 사항이라고 할 수 있다. 국제적인 합의를 통해 파리협정이라는 큰 합의를 이끌어냈다. 이제 공은 국내에서의 실천의 문제로 넘어왔다. 본 연구는 그 실천의 이슈를 다시 새겨보는 의미를 지닌다.

EU기능조약상의 환경보호체계

03

CHAPTER 03

EU기능조약상의 환경보호체계

Ⅰ. 들어가며

2005년 2월 16일 교토의정서, 2016년 11월 4일 파리협정이 발효한 이래 세계 각국은 이산화탄소 등 온실가스 감축목표를 달성하기 위하여 온갖 노력을 기울이고 있다. 특히 우리 정부는 국제사회의 온실가스 감축 움직임에 적극적으로 대응하고 있는바, 온실가스 배출량을 2030년 배출전망(BAU) 대비 37%를 감축하기로 결정하였다.[1)]

교토의정서가 발효한 이래 가장 적극적으로 의무감축을 이행하고 있고, 환경보호 문제에 있어서 모범적인 태도를 보이는 곳이 EU인 것으로 보인다. 교토의정서상의 의무감축량은 1990년 대비 8%이지만 EU는 이미 이를 달성하였고, 배출권거래제도도 가장 활성화되어 있다. EU는 2008년 '20－20 기후에너지패키지'를 발표하여 2020년까지 온실가스 배출을 20% 감축하고, 재생에너지 사용을

1) https://unfccc.int/process/the－paris－agreement/status－of－ratification; http://www.mofa.go.kr/www/brd/m_20152/view.do?seq=365390&srchFr=&srchTo=&srchWord=&srchTp=&multi_itm_seq=0&itm_seq_1=0&itm_seq_2=0&company_cd=&company_nm=&page=3(2019년 2월 1일 방문).

20% 이상으로 늘리며, 에너지효율을 20% 증가시킬 것이라고 천명하였다.[2] 또한, EU는 '2030 기후에너지정책 프레임워크' 채택을 통해 2030년까지 온실가스 배출을 1990년 대비 최소 40% 감축하고, 재생에너지 사용을 최소 27% 이상으로 늘리며, 에너지효율을 최소 27% 증가시키겠다는 목표를 발표하였다. 장기적으로는 '2050 저탄소 로드맵'을 통해 2050년에 이르러서는 온실가스 배출을 1990년 대비 80~95%까지 실질적으로 감축하겠다는 목표를 세우고 있다.[3]

EU가 기후변화 대응을 위하여 마련한 각종 대책에는 통상 관련 규제조치들이 다수 포함되어 있다. 2015년 12월 13일부터 한-EU FTA가 발효하게 되어, 우리 업계는 대EU 수출증대를 크게 기대한 바 있다. 외견상으로 보기에 각종 관세 철폐 조치 등으로 무역상의 혜택이 증대할 것으로 기대되었지만, 실질적으로는 EU에는 각종 통상 관련 비관세장벽이 존재하고 있고, 특히 각종 환경규제조치들을 발동하고 있는 것이 엄연한 현실이다. '환경'이라는 보호대상을 넘어 환경산업이 신성장동력으로 주목받고 있는 오늘날, 환경보호가 우리 기업들의 수출에 대한 장벽으로 작용하지 않도록 하기 위해서 각 국가별로 환경과 통상 간의 관계 및 법체계가 어떻게 구축되어 있는가에 대한 고찰이 필요한 시점이다. 한-EU FTA의 효과를 극대화하기 위하여 EU의 각종 환경규제조치를 이해하는 것이 필수적이며, 나아가 그러한 환경규제조치의 EU법체계상 근거를 살펴보는 것은 매우 중요한 의미가 있다고 할 수 있다.

따라서 본고에서는 환경보호와 국제통상 분야에 있어 대표적인 선진국이자 기후변화 대응 논의가 가장 활발하다고 할 수 있는 EU에서 환경보호 관련 조항과 환경 관련 통상 문제를 둘러싼 법적 체계가 어떻게 구축되어 있는지를 파악하고자 한다. 특히 EU기능조약(TFEU)[4]상 환경 관련 통상조항들의 구조와 그 운

2) Andrew Jordan, Dave Huitema and Harro van Asselt, "Climate Change Policy in the European Union: an Introduction", in Andrew Jordan, Dave Huitema, Harro van Asselt, Tim Rayner and Frans Berkhout (eds.), 2010, Climate Change Policy in the European Union, Cambridge: Cambridge University Press, p.11;
https://ec.europa.eu/clima/policies/strategies/2020_en(2019년 2월 1일 방문).

3) 주벨기에 · 유럽연합대사관, 2016, 『EU정책브리핑』, 제3차 개정판, 외교통상부, pp. 583-584; https://ec.europa.eu/clima/policies/strategies/2030_en;
https://ec.europa.eu/clima/policies/strategies/2050_en(2019년 2월 1일 방문).

4) Consolidated Versions of the Treaty on the Functioning of the European Union. 2009년 12월 1일 발효한 리스본조약에 의하여 개정된 EC조약을 말하는데, 리스본조약에 의하여 조약의 명칭을 EU기능조약으로 변경하였다.

용상황을 알아보기 위하여,[5] EU기능조약상의 환경보호에 관한 기본적 조항들을 먼저 살펴보고, 환경 관련 통상조항들을 검토한다.

Ⅱ. EU기능조약상의 환경 관련 규정

1. 일반 원칙

EU조약(TEU)[6]은 제3조에서 EU의 다양한 목표들을 제시하고 있는데, 동조 제3항은 '경제개발에 있어서 조화롭고, 균형적이며, 지속가능한 개발' 및 '질적 수준이 높은 환경보호 및 개선'을 규정하고 있다.[7] 나아가 TFEU는 제11조에서 "환경보호 요건은 지속가능한 발전을 촉진하기 위하여 공동체 정책과 활동의 정

5) Simon Baughen, 2007, International Trade and the Protection of the Environment, Routledge, chap. 5 'Trade and Environment within EC'에서 이에 관한 쟁점들을 잘 정리하고 있다.

6) 여기서 EU조약은 1993년 마스트리히트조약에 의하여 채택되고, 암스테르담조약, 니스조약, 2009년 12월 1일 발효한 리스본조약 등에 의하여 개정된 TEU, 즉 Treaty on European Union을 말한다. 현재 유럽연합을 규율하는 주요한 틀은 TEU와 TFEU, 두 개의 조약이라고 할 수 있다.

7) TEU Article 3 (ex Article 2 TEU)
"3. The Union shall establish an internal market. It shall work for the sustainable development of Europe based on balanced economic growth and price stability, a highly competitive social market economy, aiming at full employment and social progress, and a high level of protection and improvement of the quality of the environment. It shall promote scientific and technological advance.
It shall combat social exclusion and discrimination, and shall promote social justice and protection, equality between women and men, solidarity between generations and protection of the rights of the child.
It shall promote economic, social and territorial cohesion, and solidarity among Member States.
It shall respect its rich cultural and linguistic diversity, and shall ensure that Europe's cultural heritage is safeguarded and enhanced.
5. In its relations with the wider world, the Union shall uphold and promote its values and interests and contribute to the protection of its citizens. It shall contribute to peace, security, the sustainable development of the Earth, solidarity and mutual respect among peoples, free and fair trade, eradication of poverty and the protection of human rights, in particular the rights of the child, as well as to the strict observance and the development of international law, including respect for the principles of the United Nations Charter."

의와 이행에 통합되어야 한다"고 규정하여 환경보호의 중요성을 강조하고 있다.[8] TEU 제3조와 TFEU 제11조는 큰 틀에서 EU의 주요 정책기조로서 환경보호와 지속가능한 발전을 규정하고 있다. 즉 EU의 기본적인 틀을 구성하는 두 개의 조약, TEU와 TFEU에서 환경보호와 지속가능한 개발을 EU의 목표로 언급하고 있다는 점에서 이들 개념이 EU 전체를 관통하는 주요 기본규정으로 기능한다고 볼 수 있다.

2. TFEU 제20장: 환경보호

EU의 구체적인 환경정책은 TFEU 제20장 환경 챕터, 즉 제191조부터 제193조에 잘 나타나 있다.

제191조 1항은 EU 환경정책의 목적을 열거하고 있는바, 환경에 관한 EU의 정책이 (i) 환경의 질적 향상, 보존, 보호, (ii) 인간건강의 보호, (iii) 천연자원의 신중하고 합리적인 이용, (iv) 특히 기후변화에의 대응 등 지역적 또는 범지구적 환경 문제를 다루는 국제적 차원의 조치 촉진 등의 목표들을 달성하는 데 기여하여야 한다고 규정하고 있다.[9] 제2항에서는 높은 수준의 환경보호를 목표로 하면서 다양한 지역적 특성을 바탕으로 하여 특히 사전주의원칙과 잠정조치의 적용가능성을 열어두고 있으며, 환경피해에 대한 오염자 부담원칙 등도 규정하고 있다.[10] 제3항에서는 EU의 환경정책이 이용 가능한 과학·기술적 자료, EU 내

---

8) TFEU Article 11 (ex Article 6 TEC)
"Environmental protection requirements must be integrated into the definition and implementation of the Union policies and activities, in particular <u>with a view to promoting sustainable development.</u>"

9) TFEU Article 191 (ex Article 174 TEC)
"1. Union policy on the environment shall contribute to pursuit of the following objectives:
- preserving, protecting and improving the quality of the environment,
- protecting human health,
- prudent and rational utilisation of natural resources,
- promoting measures at international level to deal with regional or worldwide environmental problems, and in particular combating climate change."

10) "2. Union policy on the environment shall aim at a high level of protection taking into account the diversity of situations in the various regions of the Union. It shall be based on the precautionary principle and on the principles that preventive action should be taken, that environmental damage should as a priority be rectified at source and that the polluter should pay.

다양한 지역에서의 환경적 상황, 잠재적 이익 및 행동 비용 또는 부작위, 지역 내 균형발전과 EU 전체의 경제·사회적 발전 등의 요소를 고려해야 한다고 명시하고 있다.[11] 제4항은 EU와 회원국이 각각 그 권한 범위 내에서, 제3국 및 권한 있는 국제기구와 협력할 것을 규정하고 있다.[12]

제192조는 제294조에 규정된 입법절차의 한 유형으로 일반입법절차에 따라 환경에 관한 공동체 정책목표를 달성하기 위한 조치의 법적 근거를 규정하고 있다.[13] 즉, TEU와 TFEU에 규정되어 있는 환경보호 관련내용뿐만 아니라, 필요시 EU차원에서도 2차적 입법을 할 수 있고, 특히 구체적인 이행과 관련해서는 EU 회원국들이 각자의 국내입법을 통해서도 할 수 있다. EU의 환경 관련 입법은 TFEU 제294조의 공동결정(co-decision)의 형식으로 규칙(regulations)이나 지침(directives)의 형태로 제정될 수도 있고,[14] 역내시장의 성립과 운용을 지시하는 조화 조치를 다루는 TFEU 제114조에 의해서도 제정될 수 있다. 환경책임지침(Environmental Liability Directive 2004/35)은 TFEU 제192조를 통하여 도입한 환경입법에 관한 조화의 예라고 할 수 있고, GMO 규제에 대한 EU 차원의 입법(Regulation 1829/2003 on

---

In this context, harmonisation measures answering environmental protection requirements shall include, where appropriate, a safeguard clause allowing Member States to take provisional measures, for non-economic environmental reasons, subject to a procedure of inspection by the Union."

11) "3. In preparing its policy on the environment, the Union shall take account of:
- available scientific and technical data,
- environmental conditions in the various regions of the Union,
- the potential benefits and costs of action or lack of action,
- the economic and social development of the Union as a whole and the balanced development of its regions."

12) "4. Within their respective spheres of competence, the Union and the Member States shall cooperate with third countries and with the competent international organisations. The arrangements for Union cooperation may be the subject of agreements between the Union and the third parties concerned.
The previous subparagraph shall be without prejudice to Member States' competence to negotiate in international bodies and to conclude international agreements."

13) TFEU Article 192 (ex Article 175 TEC)
"1. The European Parliament and the Council, acting in accordance with the ordinary legislative procedure and after consulting the Economic and Social Committee and the Committee of the Regions, shall decide what action is to be taken by the Union in order to achieve the objectives referred to in Article 191."

14) 유럽의회와 이사회가 공동으로 또는 집행위원회가 채택하는 규칙은 온전히 전체로서 법적 구속력을 가지며, 모든 회원국을 구속한다. 이에 반해 지침은 EU차원에서 달성해야 하는 결과를 정해 놓고, 그 구체적인 이행방안은 회원국에게 맡기는 방식의 입법형태이다.

genetically modified food and feed)은 TFEU 제114조에 따라 도입된 조화로운 환경입법의 대표적인 예이다.[15]

마지막으로 제193조는 제192조에 의거하여 회원국이 EU 차원의 조치보다 더 엄격한 환경보호 조치를 취하는 것을 허용하고 있다. 개별 국가에서 보다 강화된 환경보호 조치를 취하고자 하는 경우 동 조치가 EU조약에 합치되어야 하고, 유럽집행위원회에 통보되어야 한다. 그러나 그 조치의 허용성 여부는 제34조와 제35조, 제36조 및 합리성 기준에 따라 검증되며, 궁극적으로는 EU사법재판소가 최종적인 판단을 하게 된다.

3. 주요 환경 관련 지침과 규칙의 내용

EU의 경우 이웃 국가 간의 국경이 매우 인접하고 있다는 지리적 특성 때문에 하천·대기 등의 자연환경을 밀접하게 공유하고 있다. 1990년대 EU 내에서의 전기전자제품 폐기물은 연간 약 600만 톤으로 매년 5%씩 증가하였으나 별다른 전처리과정 없이 매립 또는 소각되었기에 매립지오염이 문제 되었다. 이에 2000년 6월, 유럽집행위원회의 제안으로 RoHS와 WEEE의 두 가지 지침이 나오게 되었는데,[16] 각각 2011년 6월과 2012년 7월에 개정되면서 구 지침들은 더 이상 적용되지 않는다.[17]

가. RoHS(유해물질사용제한지침)

RoHS[18]는 전기·전자제품의 유해물질의 사용을 제한하는 지침으로 그 대상은 WEEE에 해당하는 품목 중 특정한 의료기기를 제외한[19] 전기·전자제품이다.

---

15) https://ec.europa.eu/food/plant/gmo/legislation_en(2019년 2월 1일 방문); EU법의 연원과 입법절차에 대해서는 박덕영 외, 2010, 『EU법강의』, 박영사, pp.65-96 참조.

16) 지식경제부 외, 『실무자를 위한 환경규제 대응 길라잡이』, 2010.12., p.9.

17) http://eur-lex.europa.eu/legal-content/EN/TXT/?uri=CELEX:32011L0065; http://eur-lex.europa.eu/legal-content/EN/TXT/?uri=CELEX:32012L0019(2019년 2월 1일 방문).

18) Directive 2002/95/EC of the European Parliament and of the Council of 27 January 2003 on the restriction of the use of certain Hazardous Substances in electrical and electronic equipment.

19) 이식과 의료시술과정에서 감염될 수 있는 의료기기(카테고리8)와 측정 및 통제장비(카테고리9)를 제외; RoHS II에서는 이들 유형이 모두 대상품목에 포함되었다(Directive 2011/65/EU, 제2조와 Annex I 참조).

폐전기·전자제품의 처리 및 재활용 과정에서 재활용성을 저해하거나 환경오염 문제들을 야기할 수 있는 특정 유해물질의 사용을 제한하고, 덜 해로운 물질들로 대체하도록 의무화하며, 현존하는 전기·전자제품의 유해물질 사용금지 규제의 본격적인 시작하는 것이라 할 수 있다.[20] 기존의 RoHS를 개정한 RoHS II에 따르면, RoHS상의 특정 개념과 의무에 대해서 더욱 엄격하고 상세하게 규정하였으며, 범주를 개방하여 RoHS의 적용대상 품목을 확대하였다.[21]

나. WEEE(폐전기·전자제품처리지침)

WEEE[22]는 당시 EC설립조약 제175조(현 TFEU 제192조)에 근거하여 환경을 보호하기 위한 목적으로 2003년 2월 13일에 발효한 지침으로 소비자에 의해 사용된 후 소각·매립되지 않은 전기, 전자장비에 포함된 모든 부품, 부속품과 소모품을 생산자로 하여금 일정한 비율로 회수하여 재활용하도록 의무화한 지침이다.[23]

주요 전기·전자제품별로 회수(recovery), 재사용(reuse) 및 재활용(recycle) 비율을 정하고 있으며, 이 비율을 준수하는 기업의 전기·전자제품만이 EU내에서 판매 가능하다. 이는 전자제품을 폐기물이 아닌 자원으로 인식하고, 해당 전자제품을 '자원'으로 회수하여 최종처리를 하는 것을 생산자의 의무로 삼고 있다. 이는 폐전기·전자제품의 발생을 억제(사전예방)하고, 재사용, 재활용, 재생 등을 통한 폐전기·전자제품의 최종 처리량을 저감하여 폐전기·전자제품에 대한 전과정(Life Cycle)에서의 환경성을 개선한 것으로 과거의 EPR(Extended Producer's Responsibility)보다 발전된 부분이라고 할 수 있다.[24] 한편, 개정된 WEEE II에 의하면, EU 회원국들은 2016년부터 2018년까지 시장에 출시되는 전기·전자제품에 대해 45%, 2019년부터 2021년까지 시장에 출시되는 전기·전자제품에 대해 65% 또는 회원국 내 발생된 폐전기·전자제품에 85%의 수거율을 달성하여야 하며, 2018년 8월 15일부터 의료기기를 포함한 모든 전기·전자제품이 회수 목표의 대

20) 환경부·한국환경산업기술원, 『주요국제환경규제 이슈 분석 보고서』, 2009.12., p.35.
21) 지식경제부 외, 『실무자를 위한 환경규제 대응 길라잡이』, 2010.12., p.20.
22) Directive 2002/96/EC of the European Parliament and of the Council of 27 January 2003 on waste electrical and electronic equipment.
23) 지식경제부 외, 앞의 자료, p.51. 2005년 8월 13일에 규제가 시작되었지만 아직 적발 건수는 많지 않다고 한다.
24) 위의 자료, p.53.

상이 되었다.[25)]

RoHS와 WEEE는 지침으로서 EU 회원국들이 자국법으로 전환·시행한 뒤에야[26)] 비로소 규제위반에 대한 페널티가 발생된다. 따라서 EU 회원국별로 단속기관, 규제내용, 단속시점 및 처벌 등이 다를 수 있으므로 각 회원국별로 규제준수에 대한 전략수립이 필요할 것이다.[27)]

다. REACH(신화학물질제도)

EU에서는 1967년부터 화학물질규제제도를 두고 있으며, 동 제도에서는 1981년 9월 18일을 기점으로 '신규화학물질'과 '기존화학물질'을 분류하고 있다. 신규화학물질에 대해서는 제조·수입업자가 안전성평가를 하고, 이를 바탕으로 행정부가 심사하여 물질의 안전성을 확인하고 있다. 약 3만여 종에 이르는 기존화학물질에 대해서는 행정부가 안전성평가를 직접 실시하여 조치를 취하고 있었으나, 조치의 근거에 대한 입증이나 다른 EU 회원국 간의 조정에 시간이 걸리는 문제 때문에 신규물질에 대한 안전성평가를 실시할 수 있었던 것은 몇 건에 불과하였다.

이를 극복하기 위해서 2001년 2월, 유럽집행위원회는 '이후의 화학물질정책에 대한 전략백서'를 채택하여, 공업용 화학물질의 심사 및 규제의 구조를 대폭 수정하여 리스크 평가·관리를 강화하는 방침을 밝혔고, 새로운 화학물질규제로서 REACH[28)]를 도입할 것을 제안하였다. 2006년 12월에 EU의 2차적 법원 중 최상위 법률에 해당하는 규칙(regulation)으로 채택되었으며, EU의 28개 회원국은 물론 유럽경제지역(European Economic Area: EEA)에 속하는 3개국(노르웨이, 아이슬란드, 리히텐슈타인)도 REACH의 적용을 받고 있다. 2007년 6월부터 시행되었으며 유럽화학물질청(ECHA)이 발족한 2008년부터 본격적으로 규제가 실시되

25) Directive 2012/19/EU, 제1조와 제2조, 제7조 참조; 주벨기에·유럽연합대사관, 앞의 책, pp.603–604.
26) EU 회원국들은 RoHS II와 관련하여 (해당 지침 제25조에 의해) 2013년 1월 2일까지 이행을 완료하였으며, 개정된 WEEE와 관련하여서는 (해당 지침 제24에 근거하여) 2014년 2월 14일까지 이행을 완료하여야 하는데, 2019년 2월 현재 독일은 아직 이행절차를 집행위원회에 통보하지 않은 상태이다.
27) 지식경제부 외, 앞의 자료, p.13.
28) Regulation (EC) No 1907/2006 of the European Parliament and of the Council of 18 December 2006 concerning the Registration, Evaluation, Authorisation and Restriction of Chemicals (REACH), establishing a European Chemicals Agency.

었다.[29)]

REACH의 시행으로 산업계는 스스로 자신이 취급하는 물질에 대한 위해성 및 입증책임을 갖게 되어, 사전등록, 신고, 허가, 제한 등의 의무를 부담하게 되었다. REACH의 기본적인 적용대상은 '물질'이며, 이는 물질 자체뿐만 아니라 혼합물 및 완제품 내에 포함되어 있는 물질 모두를 포함한다.[30)]

III. EU 환경법과 회원국의 국내조치

1. 일반 원칙

EU는 28개국 각 회원국들의 독립된 주권을 보장하고 있으며, 일정 분야에 한하여 공동 혹은 배타적인 관할권을 행사하고 있다. 이러한 EU만의 독특한 구조 때문에 EU 차원에서 모든 회원국에 공통된 법을 적용할 필요가 있으며, 이에 따라 법의 조화(harmonization)가 요구된다. 환경에 관하여는 EU 차원의 환경규범 존재 여부에 따라 EU 차원의 환경법과 회원국의 환경법 간의 적용규정이 다르므로 각각을 구별하여 살펴보아야 한다.

우선, EU 차원의 환경 관련 규정이 있는 경우에는 각 회원국의 환경 관련 법규범은 EU 환경규정과 조화를 이루어야 한다. TFEU 제193조는 "제192조에 따라 채택된 환경조치는 회원국이 보다 엄격한 환경조치를 유지하거나 도입하는 것을 방해하지 않아야 하며, 이러한 조치는 조약과 합치하여야 한다"고 규정하고 있다. 반면, EU차원의 환경 관련 규정이 없는 경우에는 개별 국가별로 규제가 가능하며, 개별 회원국의 법규범이 무역제한적인 성격을 갖는 경우, 회원국의 환경 관련 법규범은 TFEU 제34조, 제35조, 제36조와 같은 일반 규정의 적용을 받는다.

29) 자세한 내용은 https://echa.europa.eu/regulations/reach/understanding-reach; http://www.mofa.go.jp/mofaj/area/eu/reach_0602.html(2019년 2월 1일 방문) 참조.
30) 환경부·한국환경산업기술원, 『산업계 EU REACH 대응 실무매뉴얼』, 2009.12.. p.iv.

2. TFEU 제114조: 역내입법의 조화

개별 회원국이 환경 관련 규범을 제정하는 경우, 역내입법의 조화와 관련된 TFEU 제114조의 적용을 받게 된다.[31] 제114조는 2가지 방법으로 그와 일치하지 않는 국내적 조치를 다루는데, 회원국이 기존의 조치를 유지하고 있는지, 또는 회원국이 그와 일치하지 않는 새로운 국내적 조치를 추구하는지에 따라 그 적용 규정이 달라진다.

만약 회원국이 조화조치의 채택 이후 기존의 국내규정을 유지하고자 한다면 이는 제114조 제4항의 문제로, 이 경우 회원국의 해당 규정은 제36조에서 언급된 중대한 필요성에 근거하거나, 환경보호 또는 노동환경보호에 근거하여 유지될 필요성이 있다고 인정되어야 한다. 또한 이러한 조치를 취한 회원국은 관련 조항과 그 조치를 유지하는 근거를 유럽집행위원회에 통보하여야 한다. 회원국은 집행위가 거절통보를 할 때까지는 해당 조치를 유지할 수 있다.

한편, 회원국이 EU 차원의 조화규정보다 더 엄격한 새로운 조치를 취할 경우에는 같은 조 제5항이 적용된다. 이 경우 해당 회원국은 반드시 환경보호 또는 노동환경보호와 관련된 새로운 과학적 증거에 기초하여야 한다.

집행위원회는 통보 후 6개월 이내에 제114조 4항과 5항의 조치에 대하여 자의적 차별이나 회원국 간 무역에 대한 위장된 제한이 있는지에 대한 검토를 거쳐 승인 또는 거부를 해야 한다. 집행위의 결정 통보가 없는 경우에는 승인된 것으로 본다.[32]

---

31) Article 114 (ex Article 95 TEC)
"1. Save where otherwise provided in the Treaties, the following provisions shall apply for the achievement of the objectives set out in Article 26. The European Parliament and the Council shall, acting in accordance with the ordinary legislative procedure and after consulting the Economic and Social Committee, adopt the measures for the approximation of the provisions laid down by law, regulation or administrative action in Member States which have as their object the establishment and functioning of the internal market."

32) TFEU 제114조 6항 참조.

Ⅳ. 환경 관련 통상조항들의 기본구조

EU기능조약 제34조,[33] 제35조[34] 및 제36조[35]는 EU시장 내에서 상품의 자유로운 이동과 관련된 기본적인 조항들이다. 제34조는 회원국 간의 수입품에 대한 수량제한금지규정으로 수량제한과 관련된 모든 조치를 금지하도록 규정하고 있다. 제34조에 명시된 'measures having equivalent effect'라는 문구로 인해, 외견상 정당한(even-handed) 조치라도 그것이 무역제한적인 효과를 지닐 때는 일단 제34조의 적용을 받게 된다. 제35조는 회원국 간의 수출품에 대한 수량제한 금지규정으로 수출수량 제한과 관련된 모든 조치를 금지하고 있다.

제36조는 제34조와 제35조에 대한 예외규정으로, 공중도덕, 공공정책 또는 안보, 인간, 동·식물의 건강을 위한 조치 등을 이유로 하는 수입 또는 수출제한을 허용하고 있다. 물론 이러한 제한은 자의적인 차별이나 회원국 간 무역의 위장된 제한을 구성하지 않는다는 조건하에서만 가능하다.[36]

비록 제36조에서 명시적으로 규정하고 있는 예외의 범위에는 속하지 않지만, 국내상품과 수입상품의 구별 없이 적용되는 조치가 정당화되는 또 하나의 근거는 이른바 '합리성 기준(rule of reason)'인데, 이는 EU사법재판소(이하 'CJEU')의

33) TFEU Article 34 (ex Article 28 TEC)
"Quantitative restrictions on imports and all measures having equivalent effect shall be prohibited between Member States."

34) TFEU Article 35 (ex Article 29 TEC)
"Quantitative restrictions on exports, and all measures having equivalent effect, shall be prohibited between Member States."

35) TFEU Article 36 (ex Article 30 TEC)
"The provisions of Articles 34 and 35 shall not preclude prohibitions or restrictions on imports, exports or goods in transit justified on grounds of public morality, public policy or public security;
the protection of health and life of humans, animals or plants; the protection of national treasures possessing artistic, historic or archaeological value; or the protection of industrial and commercial property. Such prohibitions or restrictions shall not, however, constitute a means of arbitrary discrimination or a disguised restriction on trade between Member States."

36) 관련 사례 등은 Paul Craig and Gráinne de Búrca, 2008, EU Law: Texts, Cases and Materials, 4th ed, Oxford University Press, pp.666-722 참조.

Cassis de Dijon[37] 판결에서 구체화되었다. 즉 CJEU는 EU차원에서의 조화규정이 없는 경우에 환경보호 등 다양한 필수적 목적을 위한 국내법상의 강제적 요건(mandatory requirements)이 실효성(effectiveness)을 갖기 위해서는, (i) 해당 조치가 필수적이며, (ii) 추구하는 목적과 비례하여야 하고, (iii) 역내시장을 최소한으로 제한하여야 한다는 3가지 기준을 제시하고 있다. 여기서 다양한 필수적 목적으로는 '재정적 감독의 실효성, 공중보건의 보호, 상업적 거래의 공정성 및 소비자 보호' 등을 들 수 있을 것이다.

EU조약상의 통상 관련 규정들은 무역과 환경 문제에 있어 WTO보다는 더 단순한 구조로 되어 있다. GATT에서 규정하고 있는 최혜국대우원칙과 내국민대우원칙이 존재하지 않으며, SPS나 TBT와 같은 개별 협정도 존재하지 않는다. 그러나 WTO와 TFEU 간의 가장 큰 차이는 EU의 경우 TFEU 제36조에서 열거되어 있는 이유로(on grounds of) 상대적으로 수월하게 무역규제를 할 수 있음에 반하여, GATT 제20조 (b)호의 경우, 필요성(necessity) 요건을 규정하고 있다. 즉, GATT는 제20조에 열거된 항목에 한하여 무역규제를 정당화할 수 있음을 인정하고, 제20조 (b)호상의 필요성 요건을 엄격하게 해석하고 있으며, 나아가 제20조 두문(chapeau) 상의 요건도 충족시켜야 하므로 환경예외를 인정받기가 매우 어려운 구조로 되어 있다. 또한 WTO 통상규범의 개정은 회원국의 총의(consensus)라는 어려운 요건을 필요로 함에 반하여, EU는 필요시보다 시의적절하게 다양한 종류의 입법과정과 입법유형을 통하여 전반적인 환경기준의 조정을 꾀할 수 있다는 점에서 상황에 따른 대처가 보다 유연하다고 할 수 있을 것이다.

V. TFEU 제34조 및 제35조: 수출입제한 금지

회원국의 환경조치와 EU역내시장에서의 자유로운 상품이동에 관련된 조약 규정과의 양립성을 평가하는 데는 제34조와 제35조가 적용된다. 이들 규정은 기

37) Cassis de Dijon (Case 120/78) [1979] ECR 649.

본적으로 상품의 수출과 수입에 있어서 수량제한을 금지한 것으로 GATT 제11조와 유사한 규정으로 이해될 수 있으며, 단지 수입과 수출을 분리하여 규정한 정도라고 할 수 있다.

1. 제34조: 수입제한금지

TFEU 제34조는 EU 회원국 간의 상품수입에 있어서 수량제한이나 이와 동등한 조치를 취하는 것을 금지하고 있다. 여기서 말하는 조치(measures)에는 회원국, 지방정부와 같은 공공기관에 의한 조치 및 비구속적 조치를 비롯하며, 징부의 부작위도 포함된다. 사인(私人)의 행위는 규정에서는 언급하고 있지 않으나, 회원국의 입법이 사인에게 규제적 권한을 부여하였다면 이 역시 포함된다고 보아야 할 것이다. 수입상품의 전반적 또는 부분적인 제한을 포함하고, 직·간접적인 조치도 포함된다.

제34조에서 말하는 상품(goods)이란 경제적 가치를 지니는 모든 형태의 상품이 해당한다. 여기서 경제적인 가치는 긍정적인 가치뿐만 아니라, 쓰레기 폐기와 같이 비용부담을 수반하는 상품도 포함된다. 동등한 효과가 있는 조치(measures having equivalent effect)를 판단할 때에는 이른바 Dassonville formula[38]라고 하여 차별적인 의도가 있어야만 제34조의 위반요건을 충족하는 것은 아니다.[39] 일응 중립적으로 보이는 조치일지라도 국내상품보다 수입상품에 대하여 부정적인 효과가 있게 한다거나 그러한 효과가 잠재적으로 나타날 우려가 있다면 그것만으로도 동등한 효과가 있는 조치에 해당하게 된다.

2. 제35조: 수출제한금지

과거 CJEU는 Groenveld 사건에서 네덜란드가 취한 말고기의 가공, 제조 및 저장의 금지조치는 제35조의 적용범위에 해당하지 아니한다고 하였는데, 그 이유로 이 조치는 수출품의 유형을 제한하는 특정한 목적 또는 효과(specific object

38) Procureur du Roi v Dassonville (Case 8/74) [1974] ECR 837.
39) Dassonville 사건의 주요 내용에 대해서는 Stephen Weatherill, 2010, Cases and Materials on EU Law, 9th ed, Oxford University Press, pp.316-317 참조.

or effect)가 없기 때문이라고 하였다.[40] Oebel 사건에서도 제과점에서 야간노동을 제한한 행위가 그 생산된 제품이 국내용인지 수출용인지를 구별하지 않았기 때문에 제35조 위반에는 해당하지 않는다고 판단하였다.[41] 오로지 'distinctly applicable', 즉 국내상품과 수입상품에 명백하게 차별적으로 적용되는 경우만이 제35조의 적용범위에 속한다고 본 것이다.

3. 제34조와 제35조 위반에 대한 문제제기 방법

제34조와 제35조 위반에 대해서는 다음과 같은 경로로 문제제기를 할 수 있다. 즉 TFEU 제258조[42]에 의거하여 집행위원회가 회원국을 상대로 제소할 수도 있고(Commission v. Member States), 드물기는 하겠지만 제259조[43]에 의거하여 회원국이 다른 회원국을 제소할 수도 있다(A Member State v. Another Member State). 또한 국내 법원에서 동 조항들의 해석이 문제가 되는 경우에는 제267조[44]에 의거

---

40) Groenveld (Case C-15/79) [1979] ECR 3409.

41) Oebel (Case 155/80) [1981] ECR 1993.

42) TFEU Article 258 (ex Article 226 TEC)
"If the Commission considers that a Member State has failed to fulfil an obligation under the Treaties, it shall deliver a reasoned opinion on the matter after giving the State concerned the opportunity to submit its observations.
If the State concerned does not comply with the opinion within the period laid down by the Commission, the latter may bring the matter before the Court of Justice of the European Union."

43) TFEU Article 259 (ex Article 227 TEC)
"A Member State which considers that another Member State has failed to fulfil an obligation under the Treaties may bring the matter before the Court of Justice of the European Union.
Before a Member State brings an action against another Member State for an alleged infringement of an obligation under the Treaties, it shall bring the matter before the Commission.
The Commission shall deliver a reasoned opinion after each of the States concerned has been given the opportunity to submit its own case and its observations on the other party's case both orally and in writing.
If the Commission has not delivered an opinion within three months of the date on which the matter was brought before it, the absence of such opinion shall not prevent the matter from being brought before the Court."

44) TFEU Article 267 (ex Article 234 TEC)
"The Court of Justice of the European Union shall have jurisdiction to give preliminary rulings concerning:
(a) the interpretation of the Treaties;

하여 CJEU에 선결적 판결(preliminary rulings)을 부탁할 수도 있을 것이다.

제34조 및 제35조 위반은 또한 개인이 문제의 회원국을 상대로 하여 손해배상을 제기할 수 있는 권리를 발생시킨다. 손해배상을 청구하기 위해서는 (i) 그 규칙이 제소한 개인에게 해당 권리를 부여하고, (ii) 그 위반이 충분히 심각하여야 하며, (iii) 회원국의 위반 사실과 제소 대상 간에 직접적인 관련이 있어야 하는 등의 조건을 충족하여야 한다.

Ⅵ. TFEU 제36조: 무역제한의 정당화

1. 제36조의 주요 내용

제36조는 제34조나 제35조를 위반하는 조치에 대한 정당화 사유를 한정적으로 열거하고 있다. 그중 환경보호와 관련된 근거는 '인간, 동·식물의 건강과 생명의 보호'이다. 그러나 이 조항은 건강 또는 생명에 위협이 되지 않는 환경보호에 관하여는 명시적으로 언급하지 않고 있다. 과거 Wallon Waste[45] 사건에서 Wallonia에서 인간과 동식물의 생명과 건강보호에 위험하지 않은 쓰레기의 수입을 금지하는 것은 제36조에 따라 정당화될 수 없다는 판시가 있었다. 그러나 환경보호 조치에 담겨 있는 목적은 제36조에 열거된 예외적용 판단에 있어서 매우

(b) the validity and interpretation of acts of the institutions, bodies, offices or agencies of the Union;

Where such a question is raised before any court or tribunal of a Member State, that court or tribunal may, if it considers that a decision on the question is necessary to enable it to give judgment, request the Court to give a ruling thereon.

Where any such question is raised in a case pending before a court or tribunal of a Member State against whose decisions there is no judicial remedy under national law, that court or tribunal shall bring the matter before the Court.

If such a question is raised in a case pending before a court or tribunal of a Member State with regard to a person in custody, the Court of Justice of the European Union shall act with the minimum of delay."

45) Commission v Belgium (Walloon Waste) (Case C-2/90) [1992] ECR I-4431.

중요한 요소라 할 수 있다. CJEU는 그동안 판례를 통하여 다음과 같은 기준을 충족하는 경우에 있어서는 비록 제36조에서 구체적으로 언급되지는 않았더라도, 합리성 기준을 근거로 하여 수출입을 제한할 수 있는 것으로 판단하고 있다.

2. 필수적 목적과 합리성 기준

제36조 2문에서 언급하고 있는 수출입제한 가능사유 이외에도 무역제한은 정당한 사유가 있는 경우에는 가능한 것으로 보고 있다. 필수적 목적의 개념은 Cassis de Dijon 사건에서 논의된 것으로 "문제의 상품판매와 관련하여 회원국 국내법 간에 상이한 규정으로 인하여 공동체 내에서 상품의 이동을 방해하는 조치들은 그 규정들이 필수적 목적, 특히 재정관리의 효율성, 공중보건의 보호, 상업적 거래의 공정성과 소비자의 보호와 연관된 것들을 만족시키기 위해 필요한 것들로 인식되는 선까지는 수락될 수 있다"고 보았다.[46]

이 개념은 제36조와는 2가지 점에서 다르다. 우선 이 개념은 제34조와 제35조에 대한 예외를 규정하지 않는다. 우선 필수적 목적이 존재하는 경우, 그것이 필요하고 비례성의 원칙을 준수한다면 해당 조치는 그 범위 내에서 정당화될 수 있다는 것을 의미한다. 둘째, 필수적 목적의 목록은 제36조상의 예외사유와 같이 제한된 것이 아니며, 상황에 따라 변화할 수 있다는 점이다. 어떠한 조치가 필수적인지 여부는 합리성 기준에 따라 판단하는데, 그 조치가 합리적인 목적을 위한 조치인지의 여부는 구체적인 사안에 따라 판단하여야 할 것이다.

3. 비례성의 원칙

과거 많은 환경 관련 사건들이 비례성 원칙을 고려하지 않은 채 판단되었으나, 최근 일부 환경 관련 사건에서 비례성 심사가 적용되었다. 1981년 Danish Bottles 사건에서 덴마크 정부는 맥주와 탄산음료는 승인된 형태의 재활용 용기에 담겨 판매하도록 하고, 금속용기의 사용은 금지했다. 또한 1984년에는 승인받지 못한 용기에 대하여는 판매를 금지했다. CJEU는 이러한 조치들이 일단 제34

---

46) Cassis de Dijon (Case 120/78) [1979] ECR 649, para. 8. 이른바 Cassis de Dijon Formula의 상세한 내용에 대해서는 Stephen Weatherill, op. cit., pp.351-356 참조.

조를 위반하는 것이라고 하였으나, 이러한 환경보호를 위한 조치는 필수적 목적으로 인식되었고 그 필요성 역시 인정되었으며, 해당 조치 외에 다른 대안도 발견되지 않았다고 판단하여 이 조치를 정당화하였다.[47]

4. 비차별적으로(indistinctly) 적용되는 조치

합리성 기준에 따른 무역제한의 정당화는 국내상품과 수입상품 간에 비차별적으로 적용되는 조치에만 가능하다. 차별적으로 적용되는 조치는 제36조에 의해서만 정당화될 수 있다. 그런데 이 조항에서는 예외를 매우 좁고 한정적으로 열거하였고, 더욱이 환경보호 그 자체에 대한 직접적인 문구도 없다. 따라서 환경보호조치의 분류는 그 조치의 정당성을 판단하는 데 있어 매우 중요하다.

Aher－Wagen 사건에서 CJEU는 건강과 환경의 중첩적 효과를 고려하여 해당 조치를 정당화하였지만, 그 조치가 제36조 또는 합리성 기준에 의해 정당화되는지에 대해서는 구체적으로 밝히지 않았다.[48] 또한 Preussenelektra 사건에서 CJEU는 문제되는 조치가 UN 기후변화협약 및 교토의정서에 근간을 둔 EU의 우선목표인 온실가스 감축이라는 목표를 이루어야 한다는 점에서 정당화될 수 있다고 매우 추상적으로 판결하였다.[49] 그러나 CJEU는 왜 해당 조치가 정당화될 수 있는지에 관한 근거는 명확하게 밝히지 않았다.

그동안 EU가 환경보호와 기후변화대응 등에 있어서 취해 온 적극적인 조치 등으로 볼 때, 향후 EU는 판결이나 정책 또는 입법을 통하여 매우 진보적인 행보를 보일 것으로 예상된다. 특히, 향후 기후변화 대응과 같은 범국가적 대책의 이행에 해당하는 사안의 경우 허용가능성이 매우 높을 것으로 보인다.

---

47) Simon Baughen. op. cit., pp.147－148.

48) Aher－Wagen (Case C－389/96) [1998] ECR I－4473.

49) Preussenelektra (Case C－379/98) [2001] ECR I－2099. 이 사건의 주요 내용은 Damian Chalmers, Gareth Davies·Giorgio Monti, 2010, European Union Law, Second edition, Cambridge University Press, pp.896－897 참조.

Ⅶ. 마치며

무역과 환경의 균형에 대한 EU의 접근은 WTO협정의 경우와 많은 차이를 보인다. WTO와 달리 EU는 환경보호를 단순히 자유무역의 예외가 되는 '부정적 요소'로 보지 않으며, 오히려 공동체의 본질적 목표 중의 하나로 삼는다. 또한 EU는 WTO와 달리 스스로 유연한 입법적 역량을 보유함으로써, 제114조 또는 제192조를 통해 환경기준을 강화할 수 있다. 그러나 이러한 '긍정적 접근'은 비교적 높은 수준의 경제발전을 이룬 회원국들 사이에서만 가능하다는 제약이 있기도 하다.

조화(harmonization) 문제와 관련하여 개별 회원국들에게 EU 차원의 조화된 입법영역 내에서 환경기준을 강화할 수 있는 권한이 어느 정도까지 부여되어 있는지에 대한 문제가 새로이 제기되기도 한다. 대부분의 환경 관련 조화는 제114조 또는 제192조에 근거하여 이루어지는데, 이때 입법적 근거를 어느 규정으로 삼는가에 따라 회원국들에게 부여되는 환경기준 강화의 권한의 범위가 달라진다.

또한 GATT 수량제한금지와 유사한 구조를 갖고 있는 수출입제한금지를 규정하고 있는 TFEU 제34조와 제35조는 GATT 제20조와 유사한 구조를 가진 TFEU 제36조의 규정에 따라 제한될 수 있다. EU는 TFEU 제36조 규정에 따른 조치에 따라 무역을 제한할 수 있으며, 나아가 합리성 기준에 따라 필수적 목적이 있는 경우에도 무역제한을 허용하고 있다.

최근 들어 EU는 EU조약상의 환경보호 관련 조항에 근거하여 각종 규칙이나 지침 등을 제정하여 환경 관련 통상조치들을 취하고 있다.[50] 이들 규정에 대한 정확한 이해 없이는 우리 기업들이 EU 역내시장을 공략하는 데 한계가 있을 것이다. 2015년 한-EU FTA가 발효된 가운데, EU가 취하고 있는 각종 환경 관련 통상조치들이 자칫하면 우리의 무역증대에 걸림돌이 될 수도 있을 것이다. 특히 우리 중소기업들이 이러한 장벽들에 대한 이해를 포기하고 스스로 수출을 단념

50) 새로운 화학물질 관리에 관한 규칙(REACH / Regulation 1906/2006) 등 다양한 환경 관련 통상규제조치들에 대해서는 주벨기에·유럽연합대사관, 앞의 책, pp.605-609 참조.

하는 경우도 있는 점을 고려한다면, 정부가 이에 대한 종합적인 대책을 세워나가야 할 것이다.[51] 또한 그들이 취하는 조치 중에서 우리에게도 도움이 될 만한 조치는 적극적으로 도입하여 지구온난화 시대에 전향적으로 대처하여야 할 것이다.

51) 환경부·한국환경산업기술원, 『기업의 선제적 대응을 위한 주요국제환경규제 이슈 분석보고서』, 2009.12. 및 『산업계 EU REACH 대응 매뉴얼』, 2009.12; 외교통상부, 『2007 EU의 무역관련 환경기준』, 2007.10.; 지식경제부 국제환경규제 기업지원센터, 『실무자를 위한 환경규제 대응 길라잡이』, 2011.5.의 발간은 정부의 적극적 대응의 좋은 예라고 할 수 있을 것이다.

다자간 환경협정(MEAs)과 통상규범

04

CHAPTER 04

다자간 환경협정(MEAs)과 통상규범

Ⅰ. 무역과 환경의 충돌 문제

산업혁명 이후 전 세계적으로 진행된 개발 및 각종 산업활동의 증가로 인해, 인간이 생각하기에 충분히 나타날 수 있는 단순 자연적인 현상이라고 보기 힘든 각종 자연재해들이 속출하였다. 지구온난화와 같은 기후변화, 산성비 문제, 각종 동식물의 멸종, 사막화 현상 및 열대우림의 파괴 등 인류의 생존과 직결되는 각종 문제가 발생하자 세계 각국은 환경의 중요성을 깨닫고 이를 해결하기 위해 노력하고 있는 중이다. 그러나 이러한 자연환경 문제는 어느 한 국가만이 애쓴다고 해서 해결되지 않고, 관련된 모든 국가들이 합심하여 대처할 수밖에 없다. 이러한 인식하에 체결된 것이 바로 20세기 후반에 체결된 각종 다자간 환경협정(Multilateral Environmental Agreements, 이하 MEAs)이다.

이러한 움직임은 유럽에서 가장 먼저 일어나기 시작하였다. 그중에서도 특히 독일의 환경운동은 최근부터 시작된 것이 아니라 19세기로 거슬러 올라간다. 19세기 산업혁명이 한창 일어나고 있을 무렵, 영국을 위시한 여러 유럽 국가들에서 증기기관차가 발명되어 상용화되었고, 이에 비해 산업혁명의 속도가 늦은 독일은 이를 따라잡기 위하여 전력을 기울이고 있었다. 그런데 이러한 시대적 상황에도 불구하고 독일의 시인 및 사상가들은 자연을 보호해야 한다는 주장을 전파하기 시작하였다고 한다.[1] 이와 같은 사상을 이어받아 1961년 루르지방의 공업지대에서는 "푸른하늘 복원운동"이라는 환경보호운동이 나타났는데, 이것은 환경운동의 시초라고 평가받는다.[2] 결국 이와 같은 움직임을 시초로 하여 전 세계적으로 환경에 대한 관심이 폭발적으로 증가하였고, 그 결과 MEAs라고 불리는 국제환경규범이 등장하게 된 것이다.

국제환경법은 지구상의 생물과 무생물의 보전을 포함하여 환경에 관련된 국제법규의 총체로 정의되고 있다. 우리가 살아가고 있는 국제공동체는 환경보호가 인류 전체의 공동관심사(a common concern of humankind)임을 1992년의 기후변화협약 등 여러 문서들에서 밝히고 있다. 특히 1992년 브라질의 리우에서 열린 지구정상회담 이후 환경보호와 국제환경법의 중요성은 갈수록 높게 인식되고 있으며, 근년에 나타나는 지구온난화와 미세먼지 현상은 세인들에게 환경보호에 대한 한층 높은 경각심을 불러일으키고 있다.

이들 MEAs들이 체결되기 시작하면서 주목을 받은 이유는 물론 환경보호와 직결되는 문제를 다루기 때문인 점도 있다. 그러나 더 큰 문제는 이 협정에서 규율하고 있는 여러 환경보호규정들 중 수입제한과 같은 무역제한조치를 제재수단으로 사용할 수 있게 허용하기 때문에 생기는 것이다. 구체적으로 MEAs의 이러한 무역제한조치가 현 WTO체제의 자유무역 및 공정무역에 관한 원칙들과 양립할 수 있는지에 대해서 논란이 일고 있다. 일국이 환경보호를 목적으로 MEAs에 근거하여 무역제한조치를 실시할 경우 WTO협정상 기본원칙인 최혜국대우원칙 또는 내국민대우원칙, 수량제한금지 원칙 등을 위반할 수 있기 때문이다.

여기서 MEAs상의 무역제한조치가 WTO 체제하에서 정당화될 수 있는지에 대한 문제가 제기되는데, 이에 대해 자유무역론자들은 환경보호를 이유로 하는 해당 조치들이 또 하나의 무역장벽으로 작용할 수 있기 때문에 WTO협정이 우선 적용되어야 한다고 주장한다.

환경 문제에 대한 경제학적 시각으로는 Grossman과 Krueger의 분석이 있다. 이들의 연구에 의하면 무역은 환경에 대하여 구성효과, 규모효과, 기술효과가 있

1) 青木 正光, 2010,『環境規制 Q&A 555』, 국제 환경규제 지원센터, p.14.
2) Ibid,.

다고 보았다.[3] 먼저 구성효과(composition effect)로 인해 국제무역은 환경적으로 비교우위가 있는 국가로부터 환경적으로 비교열위에 있는 국가로 환경 문제를 이전시킴으로써 환경 문제의 구성을 변화시킨다. 무역자유화는 생산과 소비에 있어 자원사용 경향의 변화를 유발한다. 자유무역은 각국의 환경 능력 및 조건에 따라 효율적인 부분으로 경제활동과 자원이 배분되게 한다. 이 과정에서 자유무역은 요소배분의 효율성을 증대시켜 자원사용에서 덜 낭비되게끔 만들어준다. 즉, 시장실패와 정부실패가 없는 상태에서 무역자유화가 이루어진다면, 이 국가의 생산구조는 무역이 없었을 때보다 환경면에서 더 효율적인 구조가 되는 것이다.

또한 무역은 규모효과(scale effect)에 의하여 각국의 경제규모를 확대시킨다. 경제규모가 확대되면 생산의 환경친화도와 자원절약의 강도는 높아지기 때문에, 자유무역론자들은 자유무역이 소득증대효과를 가져오면 증대된 소득으로 환경보호에 투자할 수 있다고 주장한다.[4]

한편 소득이 증가하면 청정생산에 대한 수요가 높아져서 전통적인 사후처리기술에서 청정기술로 전환하는 기술효과(technology effect)가 나타난다. 소비자는 청정기술을 사용하는 청정생산 방식으로 생산된 제품을 선호하게 되므로 청정생산이 확대된다는 주장이다. 이는 우리 주변에서도 많이 찾아볼 수 있다. 예를 들어 한국의 1인당 GDP가 2만 달러를 넘어서면서 유기농 제품에 대한 수요가 폭증하기도 하였다.

또한 각국이 맺은 다자간 환경협정들은 각국에 있어 직접적인 무역제한조치의 근거가 되나, 반대로 무역자유화 협정은 환경협정과의 갈등과 조화를 통해서 영향을 준다. 예를 들어 WTO와 NAFTA는 엄연히 자유무역협정이지만, 지속가능개발을 기본이념으로 내세우고 있기 때문에 환경보호는 이들 국제기구의 중요한 목표가 된다.

그 밖에 자유무역은 환경기술의 도입과 환경친화적 공정, 자본재 및 제품의 수입을 촉진함으로써 환경개선에 도움이 된다. 보호주의 무역은 오히려 환경을 오염시킨다. 예를 들어 미국이 일본의 소형승용차 수출자율규제(VER)를 강요하자 일본은 미국의 대형차 수출을 증가시켰으며 이는 미국 내에 대형차 숫자를

3) G. M. Grossman·A. B. Krueger, 1991, “Environmental Impacts of a North American Free Trade Agreement”, Woodrow Wilson Institute for Public Affairs, Prinston Univ.

4) David Palmeter, “Environment and Trade; Much A Do about Little”, Journal of World Trade, 1993.6., p.69.

증가시킴으로써 미국 내의 대기오염을 가중시켰다.[5)]

반면 환경보호론자들은 환경보호를 위해 가장 효과적이면서 불가피한 수단이 무역제한조치이기 때문에 MEAs가 우선적으로 적용되어야 한다고 주장한다. 그 이유로 첫째, 지구환경기금(World Wildlife Fund: WWF)은 자유무역 자체가 환경파괴요인으로 작용하는 경우도 있고, 자유무역 자체는 환경을 파괴하지 않으나 환경조건에 반하는 무역이 환경파괴요인이 되는 경우가 있다고 주장한다.[6)]

둘째, Daniel C. Esty는 환경보호주의자들의 무역에 관한 핵심적 4개 명제를 다음과 같이 들고 있다. ① 무역은 효과적인 환경보호조치가 없으면 자연자원의 지속가능하지 못한 소비가 증가하는 동시에, 폐기물 생산의 증가를 유발하므로 환경을 파괴한다. ② 무역규범과 무역자유화는 시장접근협정을 수반하는데, 무역제도 내에 적절한 환경보호조치가 없다면 환경오염의 발생을 막을 수 없다. ③ 무역규제는 세계적 차원의 환경보호를 촉진하고, 특히 지구적 또는 초국경적 환경 문제를 해결하기 위하여 국제환경협정을 강화하기 위한 수단으로 활용할 수 있어야 한다. ④ 환경오염이 다른 국가로 확산되지 않는다고 할지라도 환경기준이 낮은 나라들은 세계시장에서 비교우위를 유지하기 위하여 환경기준이 높은 나라들에게 환경기준의 수준을 하향 조정하여 줄 것을 요구하게 된다. 결국 무역자유화는 필연적으로 환경오염을 불러일으킬 수밖에 없다.

셋째, 개발도상국들은 선진국들의 환경 문제 제기에 대한 동기를 의심할 수밖에 없다. 개발도상국들은 선진국이 환경 문제를 제기하여 개발도상국들의 수출을 막는 장치로 사용할 것이라고 파악한다. 그리고 선진국들은 개발도상국의 환경보호조치에 대해 지원을 하지 않고, 오히려 무역제한이라는 '채찍'을 꺼내들어, 이것이 오히려 개발도상국들의 지속가능한 성장을 저해하고 환경파괴의 악순환을 초래한다고 주장한다.

다양한 환경 문제를 다루고 있는 현재 발효 중인 MEAs는 250건을 약간 상회하는 수준이다.[7)] 이 중 약 20건의 협정이 무역에 영향을 줄 수 있는 규정을 포함하고 있다. 이 규정은 크게 두 가지로 나누어 볼 수 있다. 우선 해당 MEA상에서 규제하고 있는 화학물질의 수출 및 수입을 제한하거나 일정한 요건하에서만

5) 김영생, 2002, 『무역과 환경』, 두남, p.62.
6) 김영생, 위의 책, 55면.
7) http://www.wto.org/english/tratop_e/envir_e/envir_neg_mea_e.htm.

수출 및 수입을 할 수 있게끔 하는 조치와 같이 무역 자체를 직접적으로 규제하는 무역조치가 있다. 다른 하나는 포장, 상품 가공방법 등에 의한 라벨링(labeling) 요건과 같이 무역에 간접적으로 영향을 줄 수 있는 조치 및 해당 MEA에서 금하는 물질의 생산 및 소비를 금지하는 무역조치가 있다.

규범적 차원에서 환경과 무역연계 문제의 핵심은 WTO협정의 규정과 MEAs에 따른 무역조치를 포함하여 GATT 제XX조와 같은 환경보호를 이유로 한 무역제한조치 규정 간의 관계를 어떻게 정립할 것인지의 문제로 요약할 수 있다. 여기에는 국제법적으로 볼 때 조약 상호 간의 관계, 조약의 해석 등 매우 다양한 문제가 포함될 수 있어 신중한 접근을 요한다.

Ⅱ. WTO와 환경 문제의 고려

WTO의 여러 협정들의 일반적인 목표는 시장경제를 바탕으로 한 국제무역의 증진 그리고 자유무역과 공정무역의 실현일 것이다. 국제경제법의 일반적인 자유화 추구는 국제환경법의 일반적 경향인 규제적 성질과는 그 방향을 달리하고 있다. 국제경제법이 지향하는 바는 국가 간에 적용되는 국제통상에 관한 최소한의 기본적인 규범을 제정하고, 일반 국제거래관계(private business transactions)에 있어 정부의 간섭을 가능한 한 줄이고자 함이나, 국내 및 국제환경법은 사경제(private business) 주체의 행위에 공공의 이익을 위하여 정부가 간섭하는 경향을 띠게 된다.[8)]

현재까지 국제경제법과 국제환경법 간의 잠재적 분쟁의 주된 분야는 상품무역에 적용되는 GATT규범이었다.[9)] WTO의 분쟁은 개별국가 정부가 환경정책을

8) Robert E. Hudec, 2000, "The Relationship of International Environmental Law and International Economic Law", in Fred L. Morrison and Ruediger Wolfrum (eds.), International, Regional and National Environmental Law, Kluwer Law International, pp.134－136.

9) 국제통상법의 경우 WTO라는 하나의 중심적인 기구를 두고 국가 간의 이해를 조정하나, 국제환경법의 경우 각 분야마다 별도의 조약으로 규정하고, 국제환경기구와 같은 중심이 존재하지 않는 것도 양자 간의 조화점을 모색하기 어려운 이유 중의 하나로 볼 수 있고, WTO규정은 분명한 조약규정이지만, 많은 환경협정의 경우 연성법(soft law)의 성격을 많이 띠고 있는 점에서도 다른 점이다.

지지하기 위해 무역에 대한 제한을 이용할 때 주로 발생하며, 이러한 무역제한은 특수한 환경보호목적을 위해 주로 이용된다. 무역제한을 제재조치로 사용하는 것은 물론 환경정책에 대해서만 독특하게 이루어지는 것이 아니다. 무역제한에 관한 GATT규범은 무역제재 이용을 위한 매우 광범위한 공공의 요구와 논쟁을 벌이고 있다. 이러한 요구는 항상 GATT와 국제환경법 간의 분쟁배경 속에 있다.[10)]

실제 분쟁이 야기되는 경우는 GATT나 그 밖의 WTO 부속협정의 규정상으로는 원칙적으로 허용되지 않는 조치이나,[11)] 환경보호를 목적으로 무역을 제한하는 조치를 취하는 경우이다. 예컨대, 어떤 물질의 사용을 금지하기 위한 조치일 수도 있고, 유해한 물질의 거래를 제한하기 위한 조치일 수도 있으며, 혹은 경우에 따라서는 다른 회원국이 행한 환경적으로 유해한 조치에 대해 취하는 경제적 제재조치, 또는 환경보호 수준의 차이에 따른 조정일 수도 있을 것이다.

WTO는 무역과 환경 문제를 검토하기 위하여 1995년 WTO 출범과 더불어 각료결정을 통하여 무역환경위원회(Committee on Trade and Environment: CTE)를 설치하였으며, 위원회의 역할이 (i) 지속가능한 개발을 촉진하기 위하여 무역조치와 환경조치의 상호관계를 명확히 하고, (ii) 그에 따라 WTO규범의 개정을 필요로 하는지 여부를 검토하는 것이다. 현재까지 검토해야 할 10개의 분야를 확정하여 연구를 진행하고 있지만, 사안의 미묘함과 복잡성으로 인하여 이렇다 할 결과는 내놓지 못하고 있다. 그 밖에도 국제환경법학계에서 배출권거래제도, GMO의 취급 문제, 카르타헤나 바이오안전 의정서와 WTO와의 관계 등의 문제가 제기되고 있으나, 어느 것 하나 명확하게 결론내리지 못하고 있다. WTO 출범 이후 세 번째로 개최된 시애틀 각료회의에서 EU는 '제품 무관련 제조공정(non-PR PPMs)', 라벨링 문제, 다자간 환경협정상의 무역관련 규정, 사전주의원칙 등과 WTO규범 전반에 관한 명확화를 요구하였으나 이렇다 할 진전을 보지 못하였다.

기본적으로 WTO의 주요한 의사결정은 회원국들의 몫이며, 상충하는 이해관계가 있는 사안에 대해서는 패키지딜(package deal) 방식으로 해결하는 관행을 고려한다면, 무역환경위원회가 어떤 결론을 쉽게 도출할 것으로는 보이지 않는

10) 역사적으로 본다면 GATT가 성립하던 1940년대 후반에는 무역의 중요성에 비해 환경보호의 중요성에 대한 인식이 확산되어 있지 않아 GATT가 제XX조를 제외하고는 환경보호를 위한 적절한 규정을 두지 않은 것도 오늘날의 문제를 낳게 된 하나의 이유가 된다고 볼 수 있을 것이다.

11) 주로 위반하게 되는 GATT의 조항이 제 I 조의 최혜국대우원칙, 제III조의 내국민대우원칙과 제XI조의 수량제한금지원칙이다.

다. 특히 개도국의 입장에서는 보다 강한 환경보호는 보다 많은 무역규제로 귀결될 가능성이 높기 때문에 더욱 논의를 꺼리는 것으로 보인다. 그동안 다수의 무역과 환경 관련규범이 있었음에도 양자 간의 관계에 관한 명확한 정의가 내려져 있지 않다. 더구나 2000년에 카르타헤나 바이오안전 의정서가 채택됨으로써 이 문제가 다시 한번 주요한 논의의 대상이 되었다. 우선 스위스가 분쟁의 예방과 법적 명확성을 위하여 해석지침(interpretative understanding)을 요구하였고, 뉴질랜드는 협의체(consultative mechanism)를 구성하여 MEA에 따른 무역조치를 취하고자 할 때 그러한 조치가 당면한 환경 문제를 해결하기 위한 가장 효과적인 가용수단인가를 결정하기 위한 자발적 절차를 세안하였다.

양자 간의 관계에 관한 논의는 CTE에서의 논의뿐만 아니라, TBT협정, SPS협정, 농업협정, TRIPs협정 등 개별협정의 관련규정 개정논의 형태로도 진행될 수 있을 것이다. 또한 그 속성상 다른 국제기구들과도 관계가 밀접하기 때문에 WTO는 UNEP, UNFCCC 사무국 등과의 합동회의도 개최하고 있으나, 아직까지는 구체적인 결론보다는 상호 협력한다는 합의 정도에 그치고 있다.

WTO 무역환경위원회는 초국경적(transboundary) 혹은 전 지구적(global) 성격의 환경 문제를 해결하기 위한 가장 효과적인 방법은 국제협력과 총의에 기초한 다자적 해결이라고 지적하고 있으며, 그 방안으로 다음의 몇 가지 해결방안을 논의하고 있다.[12)]

첫째, 현상유지를 원하는 입장이다. 많은 국가들은 이미 WTO규범들에 환경보호를 위한 무역과 환경 관련내용들이 충분히 포함하어 있으므로 굳이 GATT/WTO규범을 개정할 필요가 없다는 입장이다.[13)] 또 다른 논거로는 무역조치를 포함하고 있는 MEA의 숫자가 많지 않다는 점과, 지금까지 MEA의 이행을 둘러싸고 분쟁이 야기된 적이 없다는 점을 들고 있다.[14)]

둘째, 일정 기간 동안 WTO 회원국들의 의무사항을 면제해줄 수 있는 의무면제(waiver)를 활용하자는 입장이다.[15)] 기본적으로는 WTO규범으로 MEA상의

12) E. Hay, 2000, Reflections on International Environmental Court, Kluwer; S. Shaw and R. Schwartz, 2002, "Trade and Environment in the WTO: State of Play", Journal of World Trade, vol.36 no.1, pp.134－137.
13) 주로 개발도상국이 이러한 입장을 취한다.
14) S. Shaw and R. Schwartz, op cit., p.134.
15) Proposals by ASEAN, WT/CTE/W/39, 1996.7.24.

무역관련 환경보호조치를 해결할 수 있다고 보지만, 만약 문제가 발생하면 사안별로 WTO설립협정 제9조 3항이 규정하고 있는 의무면제(waiver) 제도를 활용하자는 입장이다. 그러나 의무면제를 받기 위해서는 회원국의 총의 또는 3/4의 동의를 필요로 하고 시간상 제한이 있다는 점이 문제가 될 것이다.

셋째, WTO규범의 명확화를 도모하자는 것으로 WTO규범 중에서 특히 GATT 제XX조의 일반예외 규정을 개정하거나 WTO와 MEA의 관계를 규율하는 양해나 지침을 마련하자는 입장이다.16) 예측가능성을 높이기 위하여 절차적·실체적 규정의 명확화를 추구한다는 것이다.

무역과 환경에 관한 주제는 WTO가 출범한 이래 매우 중요하게 다루어져 왔다. 앞서 언급한 바와 같이 본 주제를 해결하기 위한 방법으로는 우선 WTO 분쟁해결사례를 통하여 점진적으로 변화하는 시대의 흐름을 반영하는 해석방법이고, 또 다른 한 가지는 궁극적인 해결방안으로서 WTO 회원국 간의 협상과 합의를 통하여 관련 WTO규범을 개정하는 방안일 것이다. 그러나 현재 161개국에 이르는 회원국의 수와 회원국 간의 이해관계에 관한 갈등을 고려한다면 WTO규범의 개정은 쉽지 않아 보이며, 당분간 보다 효과적인 해결방안은 분쟁해결사례를 통한 점진적인 발전을 도모하는 것이라고 생각된다.

III. WTO협정상 환경 관련 주요 내용

1. WTO 설립협정

WTO 설립협정은 기존 GATT와는 달리 국제사회가 가진 환경 문제에 관한 관심의 증대를 반영하여 전문(preamble)에서 지속가능한 개발과 환경보호의 중요성을 명시적으로 규정하고 있다. 이처럼 WTO 설립협정은 전문을 통하여 환경보

16) Submissions by EC, WT/CTE/W/170, 2000.10.19.; Swiss, WT/CTE/W/168, 2000.10.19.; Japan, WT/CTE/W/31, 1996.5.30.

호에 관한 기본적 관심과 '지속가능한 개발'이라는 국제환경법상의 중요한 개념을 수용하였다. WTO 항소기구는 US-Shrimp 사건에서 GATT규범의 해석시 국제사회가 가지고 있는 오늘날의 관심을 반영하여 해석하여야 한다면서 다음과 같이 지적한 바 있다.

> "The words of Article XX(g), 'exhaustible natural resources,' were actually crafted more than 50 years ago. They must be read by a treaty interpreter in the light of contemporary concerns of the community of nations about the protection and conservation of the environment. While Article XX was not modified in the Uruguay Round, the preamble attached to the WTO Agreement shows that the signatories to that Agreement were, in 1994, fully aware of the importance and legitimacy of environmental protection as a goal of national and international policy. The preamble of the WTO Agreement–which informs not only the GATT 1994, but also the other covered agreements–explicitly acknowledges 'the objective of sustainable development'…."[17]

이러한 판정은 WTO의 전문이 무역과 환경 관련사안의 해결에 관련된 규정을 해석하는 주요한 길잡이가 될 수 있도록 하였고, WTO의 소관사항과 관련이 있는 비정부기구(NGO)와의 협력 가능성도 열어둠으로써 앞으로의 해석방향에도 시사하는 바가 클 것이라 생각한다.

2. GATT의 무역과 환경 관련규정

실제 무역과 환경 관련 분쟁에서 문제가 되는 주요 GATT상의 조항으로는 (i) 제 I 조 최혜국대우원칙, (ii) 제Ⅲ조 내국민대우원칙, (iii) 제XI조 수량제한금지원칙, (iv) 제XX조 일반예외규정 등이 있다. 제 I 조, 제Ⅲ조 및 제XI조는 GATT의 기본원칙을 규정한 조항들로서 GATT의 가장 중요한 규정에 해당한다고 할 수 있다. 그리고 이들 조항의 위반은 GATT 제XX조상의 허용된 예외에 해당하지

17) United States–Importance Prohibition of Certain Shrimp and Shrimp Products, Appellate Body Report(WT/DS58/AB/R), para. 129.

않는 한, GATT규범의 위반으로 이어진다. 먼저 GATT규범의 주요한 세 가지 규정을 간략히 살펴본다.

가. GATT 제Ⅰ조: 최혜국대우원칙

동 원칙은 수입국의 입장에서 본다면 한 회원국에서 생산된 상품이 다른 회원국이 원산지인 동종상품(like product)보다 여러 가지 측면에서 불리하지 않은 대우를 받아야 한다는 원칙으로, 동종의 외국상품 상호 간에 차별대우를 하지 않아야 한다는 것이다.[18)]

무역과 환경과 관련하여 최혜국대우원칙이 문제가 될 수 있는 경우로는 예컨대, 교토의정서 당사국으로서 온실가스 감축의무를 부담하는 국가가 환경보호기준이 매우 높은 국가의 상품 혹은 환경친화적인 상품에 대해서는 낮은 관세율을 적용하고, 그렇지 않은 국가의 상품이나 환경친화적이지 않은 상품에 대해서는 높은 관세율을 적용하는 경우를 생각해 볼 수 있다. 이 경우 두 상품이 동종상품에 속하는지, 동종상품이라면 두 상품 간의 차별이 GATT 제XX조에 의하여 정당화될 수 있는지, 나아가 다자간 환경협정의 이행을 위한 조치가 WTO 통상규범상으로도 정당화될 수 있는지 등이 문제가 될 수 있을 것이다.

나. GATT 제Ⅲ조: 내국민대우원칙

GATT 제Ⅲ조는 외국상품이 수입국의 모든 국경조치를 통하여 일단 국내시장에 진입하였을 경우, 국내에서 생산된 동종의, 혹은 직접적으로 경쟁적이거나 대체관계에 있는 상품(directly competitive or substitutable product)보다 조세 또는 법규 등에 따른 국내시장의 경쟁조건에 있어 불리하지 않은 또는 유사한 대우를 받아야 하는 원칙을 의미한다. 최혜국대우원칙이 외국제품 상호 간에 국내시장

18) Article I: General Most-Favoured-Nation Treatment
"1. With respect to customs duties and charges of any kind imposed on or in connection with importation or exportation or imposed on the international transfer of payments for imports or exports, and with respect to the method of levying such duties and charges, and with respect to all rules and formalities in connection with importation and exportation, and with respect to all matters referred to in paragraphs 2 and 4 of Article Ⅲ, any advantage, favour, privilege or immunity granted by any contracting party to any product originating in or destined for any other country shall be accorded immediately and unconditionally to the like product originating in or destined for the territories of all other contracting parties."

에서의 동등한 경쟁을 보장하는 것이라면, 내국민대우원칙은 일단 수입된 외국제품과 동종 또는 경쟁관계에 있는 국내제품과의 동등한 경쟁보장을 의미한다고 할 수 있다.

그런데 이 조항이 무역과 환경과 관련하여 문제가 될 수 있는 경우로는, 환경친화적인 방법으로 생산되는 국산품에 대해서는 낮은 세율을 적용하고, 그렇지 않은 외국제품에 대해서는 높은 세율을 적용하였을 때 GATT 제Ⅲ조 2항[19]과 관련하여 내국민대우원칙 위반을 주장하는 경우가 있을 수 있다. 특히 상품 그 자체에 체화되어 있지는 않지만 생산공정이나 제조방법에 있어서 환경친화적이지 않은 상품에 더 높은 세율을 적용하는 경우, 상품의 동종성 판단이나 불리한 대우 여부에 대하여 논란이 발생할 수 있다. 세율뿐만 아니라 판매에 영향을 미치는 각종 조치에 있어서도 외국제품에 불리한 대우를 한다면 GATT 제Ⅲ조 4항과 관련하여 문제가 될 수 있을 것이다.[20]

동종성 판단에 있어서 전통적인 해석방법은 주로 물품의 특성, 소비자의 기호, 상품의 최종소비목적, 관세분류 등을 고려하는바, 환경친화성이나 인체에의 유해성 여부가 상품의 동종성을 판단하는 데 있어서 고려요소가 될 수 있는지의 문제가 사안의 핵심이라고 할 수 있다. 특히 상품에 체화되어 있지 않은 생산과정에서의 차이를 동종성 판단에 고려할 수 있는지는 아직까지도 많은 논란의 대상이 되고 있다.[21]

---

19) Article III: National Treatment on Internal Taxation and Regulation
"2. The products of the territory of any contracting party imported into the territory of any other contracting party shall not be subject, directly or indirectly, to internal taxes or other internal charges of any kind in excess of those applied, directly or indirectly, to like domestic products. Moreover, no contracting party shall otherwise apply internal taxes or other internal charges to imported or domestic products in a manner contrary to the principles set forth in paragraph 1."

20) Article III: National Treatment on Internal Taxation and Regulation
"4. The products of the territory of any contracting party imported into the territory of any other contracting party shall be accorded treatment no less favourable than that accorded to like products of national origin in respect of all laws, regulations and requirements affecting their internal sale, offering for sale, purchase, transportation, distribution or use. The provisions of this paragraph shall not prevent the application of differential internal transportation charges which are based exclusively on the economic operation of the means of transport and not on the nationality of the product."

21) 이재형, "기후변화상품에 대한 특별대우와 국제통상규범", 법학연구, 연세대 법학연구원, 2010.6., pp.33-34 참조.

다. GATT 제XI조: 수량제한금지원칙

동 조는 수량제한과 관련해서, 수입규제를 위해서는 관세만이 허용되고 그 밖의 모든 수입제한이나 수입금지조치는 원칙적으로 허용되지 않는다는 내용을 담고 있다.[22] 환경보호를 목적으로 특정 상품의 수입을 금지하거나 제한하는 경우에 GATT 제XI조 위반 여부가 문제될 수 있다.

수량제한금지의 원칙은 내국민대우원칙과 밀접한 관련이 있다. 각국의 환경보호조치는 특히 양 원칙에 위반되는 경우가 많은데, 내국민대우원칙의 경우에는 체약국이 자국 영역 내에서 다른 체약국의 제품에 부여하는 것과 동등한 대우를 부여하는 것을 말하며, 주로 국내제품과 수입제품의 국내세 부과의 차별이나 법제도에 따른 차별이 문제가 된다. 반면, 제XI조 수량제한금지의 원칙은 수출입상품에 대한 수량할당, 수출입허가 등 그 형태에 상관없이 GATT가 허용하는 관세·조세 또는 기타 과징금을 제외한 그 밖의 금지 또는 제한을 수출입상품에 부과하는 것을 금지한다. 기후변화 대응 등 환경보호를 위한 조치를 취하더라도 내국제품과 외국제품에 대하여 동등한 대우를 하여야 할 것이다.

3. 그 밖의 협정상 무역과 환경 관련내용

우루과이라운드 협상타결과 함께 탄생한 WTO는 GATT에 비하여 그 관할범위를 대폭 확장하였고, 그에 따라 각 협정상의 무역과 환경 관련규정들도 예전보다 더 확대되었다. 이들 규정을 간략하게 소개하면 다음과 같다.

무역에 대한 기술장벽에 관한 협정(TBT협정)은 동 협정 제2조 2항 등에서 회원국들이 무역제한적인 기술규정 등을 정당하게 취할 수 있는 경우 중 하나로 인간이나 동·식물의 생명 또는 건강을 보호하거나 환경을 보호할 목적을 포함하고 있다.

---

22) Article XI: General Elimination of Quantitative Restrictions
"1. No prohibitions or restrictions other than duties, taxes or other charges, whether made effective through quotas, import or export licences or other measures, shall be instituted or maintained by any contracting party on the importation of any product of the territory of any other contracting party or on the exportation or sale for export of any product destined for the territory of any other contracting party."

위생 및 검역에 관한 협정(SPS협정)은 인간이나 동·식물의 생명 또는 건강을 보호하는 데 필요한 회원국의 SPS조치에 있어 그 인정범위를 규정한다(제2조). 하지만 환경보호를 위해 SPS조치를 취하더라도, 이러한 SPS조치는 엄격한 과학적 조사에 기초하고 있어야 한다(제3조 및 제5조).

농업에 관한 협정(Agreement on Agriculture)은 부속서 2의 제12항에서 국내보조와 관련된 환경계획에 따른 지불에 대해서는 감축약속으로부터의 면제를 인정하고 있어 WTO체제가 환경보호를 지지하고 있음을 보여주고 있다.

보조금협정은 농업에 관한 협정과의 관계상 농업 외의 상품에 대해 회원국이 적용하는 보조금에 관여한다. 본래 허용(non-actionable)되는 보조금 중 보조금협정 제8조 2항 (c)호에서는 새로운 환경규정에 맞게 기존의 시설을 변경할 경우 지급하는 보조금을 포함되었으나, 동조는 2000년부터 효력을 상실하였다.

서비스무역에 관한 일반협정(General Agreement on Trade in Services: GATS)의 일반예외조항인 제XIV조에서 열거한 각종 예외사유 중 환경과 관련된 예외사유인 GATS 제XIV조 (b)호는 GATT 제XX조 (b)호와 동일하고 GATS 제XIV조의 두문 또한 GATT 제XX조의 두문과 동일한 형태를 갖고 있다.

무역관련 지적재산권협정(Agreement on Trade-Related Aspects of Intellectual Property: TRIPS)은 특허를 다루고 있는 제5장에서 인간 또는 동·식물의 생명이나 건강을 보호하거나 환경에 야기될 수 있는 심각한 피해를 회피하기 위해 회원국이 특허권을 부여하지 않을 수 있다고 규정하여 환경보호를 명확히 언급하고 있다.[23)]

---

23) 이상의 WTO 관련내용은 『신국제경제법』(박영사, 2012)에서 필자가 집필한 제9장 일반예외와 환경보호 중 일부분을 전재하였다.

Ⅳ. GATT 제XX조 일반예외와 환경

1. GATT 제XX조의 기능

GATT 제Ⅰ조, 제Ⅱ조, 제Ⅲ조, 제XI조 등이 GATT의 기본적인 의무규정이라면, GATT 제XX조는 이들 조항에 대한 일반적 예외로 기능할 뿐만 아니라, 실제 무역과 환경 관련사례에서 마치 무역법에 대해 적용되는 환경보호를 위한 예외조항과 같은 기능을 하고 있다.[24] 특히 기후변화와 관련해서 각국의 강력한 환경규제가 필요한 시점이라고 국제사회가 동조를 하고 있는 현 상황에서, WTO규범과의 충돌가능성이 가장 높은 것 또한 각국의 환경조치임은 자명한 사실이다. 이러한 상황 속에서 GATT 제XX조의 여러 예외사유 중에서 (b)호의 '인간과 동·식물의 생명과 건강보호'와 (g)호의 '유한천연자원의 보호' 규정이 일반적으로 환경보호의 목적으로 해석되고 있다. 아래에서는 GATT 제XX조의 해석 문제를 (b)호와 (g)호를 중심으로 살펴보기로 한다.[25]

2. GATT 제XX조와 입증책임과 검토순서

GATT 제XX조는 GATT 일반의무에 대한 예외규정으로 그 입증책임은 제XX조를 원용하는 국가에 있다. 이는 GATT와 WTO의 여러 사례를 통하여 확립된 관행이라 할 수 있다. US－Wool Shirts and Blouses 사건[26]을 비롯한 여러 사건에서 입증책임에 대한 패널과 항소기구의 이러한 입장을 보여주고 있다.[27]

---

24) 이하의 내용은 『신국제경제법』(박영사, 2012)에서 필자가 집필한 제9장 일반예외와 환경보호의 내용을 요약하여 정리한 것이다.

25) 보다 상세한 GATT 제XX조의 해석에 대해서는 김호철, 2011, 『기후변화와 WTO: 탄소배출권 국경조정』, 경인문화사 참조.

26) United States－Measure Affecting Imports of Woven Wool Shirts and Blouses from India(이하 "US－Wool Shirts and Blouses 사건"), Appellate Body Report, adopted on 1997.5.23., WT/DS/33/AB/R.

27) "As set out in the Appellate Body report on US－Wool Shirts and Blouses, and recalled by subsequent reports of panels and of the Appellate Body, the burden of proof rests upon the party, whether complaining or defending, who asserts the affirmative of a particular claim or defence. If that party adduces evidence sufficient to raise a presumption that what is claimed

제XX조의 기본적인 검토는 제XX조 (a)~(j)호의 각 예외조항의 적용여부를 살펴본 후에 두문(chapeau)상의 요건을 검토하는 순서로 이루어진다. 현재 이러한 2단계 검토는 패널 및 항소기구 보고서의 관행으로 확립되었다. US－Shrimp 사건[28]에서 패널이 두문을 먼저 해석하여 요건을 갖추지 못하였다고 판단하였으나, 항소기구는 패널의 분석방법이 잘못되었다고 지적하면서 개별조항의 해당 여부를 먼저 판단하고, 두문 요건에 해당하는지 여부를 판단하는 것이 해석의 올바른 순서라고 판정하였다.[29]

제XX조 두문은 "such measures"의 언급으로 시작하는바, 이에 비추어 제XX조의 구조는 2단계 구조로 되어 있다고 볼 수 있다. 첫째로는 일단 (a)~(j)호에 해당되는 예외조치이어야 하고, 둘째로 그러한 조치가 두문의 부가적인 조건을 충족시킬 것을 요구한다. 전자는 그 조치의 내용 자체, 즉 실체적 내용을 검토하는 것이라면, 후자는 그 조치의 적용방식(application)이라는 절차적 문제를 살피는 것이라고 할 것이다.

개별조항의 해석을 먼저하고, 그다음에 두문을 검토하는 것이 이제는 WTO의 각종 사례들을 통하여 확립된 원칙이라고 할 수 있을 것이다. 이하에서는 환경조치와 밀접한 관련이 있는 제XX조 (b)호, (g)호 그리고 두문에 대하여 검토하기로 한다.

3. GATT 제XX조 (b)호와 (g)호

가. 제XX조 (b)호: 인간과 동·식물의 생명과 건강 보호

제XX조 (b)호가 명시적으로 '환경'이라는 용어를 사용하고 있지는 않지만, 사실상 환경조치가 인간과 동·식물의 생명 및 건강과 관련되지 않을 수 없는 일이다. 문제의 환경관련 조치가 "인간, 동·식물의 생명 및 건강의 보호에 필요한

is true, the burden then shifts to the other party, who will fail unless it adduces sufficient evidence to rebut the presumption. It implies that the complaining party will be required to make a prima facie case of violation of the relevant provisions of the WTO Agreement. Committee on Trade and Environment," GATT/WTO Dispute Settlement Practice Relating to Gatt Article XX, Paragraphs (b), (d) and (g), WT/CTE/W/203 (8 March, 2002), para. 6.

28) United States－Import Prohibition of Certain Shrimp and Shrimp Products(이하 "US－ Shrimp 사건"), Appellate Body Report and Panel Report adopted on 6 November 1998, WT/DS58.

29) CTE Report, para. 10.

조치"로서 제XX조 (b)호에 따른 예외로 허용되기 위해서는 (i) 해당 조치가 인간, 동·식물의 생명 및 건강을 보호하기 위한 범주에 속하는지, (ii) 해당 조치가 인간, 동·식물의 생명 및 건강을 보호하기 위해 필요한지, 그리고 (iii) 제XX조 두문 규정에 합치하는 방법으로 적용되었는지에 대한 검토가 이루어져야 한다. 이러한 검토방식은 US–Gasoline 사건에서도 확인될 수 있다.

(1) 조치의 정책적 목적

이는 해당 조치의 정책적 목적이 인간, 동·식물의 생명 및 건강을 보호하기 위한 범주에 속하는지의 문제이다. 이 요건은 상대적으로 그 인정의 폭이 넓은데,[30] 태국 담배 사건[31]과 미국 개솔린 사건[32] 등에서 이러한 입장을 잘 보여주고 있다.

(2) 조치의 필요성 요건(Necessity Test)

이는 GATT에 합치하지 않는 무역조치가 목적상 인간, 동물과 식물의 생명 또는 건강을 위해 필요한가에 관한 것이다. 이른바 필요성 테스트라고도 불리는 본 요건은 대체로 GATT에 합치되는 다른 조치가 있는지, 혹은 본질적으로 목적을 성취할 수 있는 덜 침해적이고 덜 무역제한적인 방법이 있는지의 문제로 귀착된다. 최근의 무역과 환경 관련 사건이었던 Brazil–Retreaded Tyres 사건에서 항소기구는 대안조치가 "합리적으로 이용가능하지 않는 경우"에는 '필요성' 요건이 충족된 것으로 보았다.[33]

필요성 요건의 판단은 초기에는 매우 엄격한 해석을 하였으나 점차로 그러한 엄격한 해석이 완화되는 추세에 있다. 초기에는 GATT 제XX조의 예외규정이라는 전제하에 'necessary'라는 단어의 해석을 조약법에 관한 비엔나협약 제31

---

30) UNCTAD, WTO: GATT 1994, Course on Dispute Settlement–Module 3.5, UNCTAD/EDM/Misc.232/Add33(2003), p.59.

31) "[S]moking constituted a serious risk to human health and that consequently measures designed to reduce the consumption of cigarettes fell within the scope of Article. The Panel noted that this provision clearly allowed contracting parties to give priority to human health over trade liberalization." BISD 37S/200, para. 73.

32) "[T]he policy to reduce air pollution resulting from the consumption of gasoline was a policy within the range of those concerning the protection of human, animal and plant life or health mentioned in Article XX(b)." US–Gasoline Case, para. 6.21.

33) Brazil–Measures Affecting Imports of Retreaded Tyres(이하 "Brazil–Retreaded Tyres 사건") Appellate Body Report, adopted on 20 August 2009, WT/DS332/AB/R, para. 156.

조에서 규정하고 있는 일상적인 의미(ordinary meaning)의 범위를 벗어나 지나치게 엄격하게 해석하였던 것이다. 영어의 'necessary'는 좁게는 '필요불가결한(indispensable)'이라는 의미에서부터 넓게는 '기여를 하는(making a contribution to)'이라는 의미가 있는데, 점차로 그 해석이 양자의 중간 정도로 이동해가고 있다고 볼 수 있겠다.

제XX조 (b)호와 (d)호에서 특정 조치가 필요한지(necessary) 여부는 패널 판정의 실제에 있어서 아주 중요한 요소가 되고 있다. 필요성 요건은 (d)호의 적용과 관련하여 US−Section 337 사건[34]에서 가장 처음 정의된 후, (b)호의 적용에 관한 Thailand−Cigarettes 사건에서 그 입장이 유지되었다. 그 양 사건에서 소위 '가장 덜 제한적인 조치(least−trade restrictive)'라는 요건이 필요성 판단에서의 기준으로 확립되었다. US−Section 337 사건의 패널은 GATT와 부합하는 다른 대체수단의 존재 여부에 대한 판단이 필요할 것이라고 판시한 바 있다. Thailand−Cigarettes 사건에서도 패널은 국민건강보호라는 목적달성을 위하여 GATT를 위반하지 않거나 가볍게 위반되는 대체조치가 없음을 입증하여야 한다고 하여 위 패널의 입장을 따랐다.

Korea−Various Measures on Beef 사건에서 항소기구는 GATT 제XX조 (d)호의 조치의 '필요성'과 관련하여 상세한 분석을 전개했다.[35] 항소기구는 먼저 법적인 맥락에서 '필요한'이라는 단어의 사전적 의미를 고찰하면서, '필요한'은 사용되는 맥락에 따라 의미가 다양하고 그 강도가 달라질 수 있는데, 때에 따라 단순히 '편리한(convenient)' 정도를 의미할 수도 있고, 또는 '불가결한(indispensable)', '물리적으로 절대적인 필요(absolute physical necessity)'를 의미할 수도 있다. 항소기구가 판단하기에 GATT 제XX조 (d)호에서의 '필요한'의 의미는 반드시 불가결하고 물리적으로 절대적인 필요성에 한정되지는 않는다고 보았다. '필요한'의 의미를 그 강도의 연속선상에서 한쪽 끝을 '불가결한', 그리고 다른 쪽 끝을 '기여를 하는(making a contribution to)' 정도로 볼 때, 항소기구는 GATT 제XX조 (d)호에서 말하는 '필요한'의 의미가 '불가결한' 쪽에 더 가까운 것으로 보는 것이 옳

34) US−Section 337 of the Tariff Act of 1930(이하 "US−Section 337 사건"), Panel Report, adopted on 7 November 1989, 36S/345.

35) Korea−Measures Affecting Imports of Fresh, Chilled and Frozen Beef(이하 "Korea−Various Measures on Beef 사건"), Appellate Body Report, adopted on 10 January 2001, WT/DS161/AB/R, WT/DS169/AB/R, para. 159ff.

다고 판단했던 것이다.[36)]

또한 이 사건에서 '필요성'의 해석과 관련하여 문제의 조치가 GATT 제XX조 (d)호상의 '필요한' 조치인지를 파악하기 위해서는 일련의 요소들을 비교형량하여 균형을 맞추는 과정(일명 'weighing and balancing process')을 거쳐야 한다고 판정하였다.[37)] 이를 위해 항소기구는 크게 두 가지 기준을 제시하였다. 첫째, 문제의 조치를 통해 집행하고자 하는 국내법 규정이 공동의 이해나 가치(common interests or values)에 비추어 얼마나 중요한가에 따라 그 필요성이 달라질 수 있다는 것이다. 즉, 공동의 이해와 가치가 중요하면 할수록 문제의 조치가 '필요한' 조치로 인정받을 가능성이 높아진다는 것이다.

둘째, 필요성 평가의 또 다른 기준은 문제의 조치가 법집행에 어느 정도 기여하는지, 그리고 국제무역을 제한하는 효과가 어느 정도 있는지에 따라 필요성을 결정지을 수 있다는 것이다. 물론 이때 법집행에의 기여도가 높을수록, 그리고 무역제한효과가 작을수록 필요한 조치로 인정받기 쉽다.

이상에서 살펴본 바와 같이 GATT/WTO는 제XX조 (b)호와 (d)호의 필요성 요건의 해석과 관련하여 그동안 진화과정을 거쳐 온 것을 알 수 있다. 즉 가장 덜 무역제한적인 조치만을 인정하다가 최근에 이르러서는 비례성 테스트(process of weighing and balancing)를 도입하였다고 할 수 있다.

나. 제XX조 (g)호: 유한천연자원의 보존

GATT협정 제XX조 (g)호를 판단하기 위해서는 먼저 (i) 조치를 통한 보호대상이 고갈될 수 있는 천연자원일 것, (ii) 해당 조치가 천연자원의 보존에 관련된 조치일 것, 그리고 (iii) 국내생산 또는 소비에 대한 제한과 결부되어 유효하게 되는 경우인지 여부를 검토하여야 한다.

(1) 유한천연자원 여부의 판단

WTO협정에는 '유한천연자원'이 무엇인지에 대한 정의규정이 없으므로 사건별로(case-by-case) 패널 및 항소기구 보고서에서 언급된 사항을 중심으로 살펴보아야 한다. US-Gasoline 사건에서는 깨끗한 공기가 유한천연자원인가에 대

---

36) CTE Report, para. 40.
37) Korea-Various Measures on Beef, para. 164.

하여 미국과 베네수엘라 간에 논쟁이 있었는데, 패널은 깨끗한 공기도 유한천연자원에 해당할 수 있다고 보았다.

US-Shrimp 사건 등에서 항소기구는 설사 문제의 천연자원이 기본적으로는 다시 생성될 수 있는 성질의 것이라고 할지라도, 특정 상황하에서 고갈되기 쉬운 것이라면 유한천연자원에 포함된다고 하였다.

(2) 관련성(relating to)의 해석 문제

제XX조 (b)호와 비교하여, (g)호에서는 필요성 요건을 심사하지 않는다. 그 대신에 제XX조 (g)호는 문제되는 조치가 유한천연자원의 보존과 '관련될(relating to)' 것을 요구한다. 그러나 과거 GATT 패널 보고서에서는 '관련성'을 조치가 보존을 '주된 목적으로 할 것(primarily aimed at)'을 요구하는 것으로 해석하여, 제XX조 (b)호의 필요성 요건과의 차이를 모호하게 만들었다.

그러나 이후 US-Gasoline 사건의 항소기구는 '관련성'은 일상적인 의미에 따라 해석되어야 하며, 나아가 문제되는 조치는 차별적인 요소가 아닌 그 조치가 근거하는 전반적인 규정이라고 판단하였다. 이로써 제XX조 (g)호는 유한천연자원보존을 목적으로 하는 거의 모든 무역제한조치에 적용될 수 있게 되었다. 즉, 'relating to'는 '주된 목적으로 하는' 조치에서 '관련된' 조치로 요건이 완화되면서 제XX조 (g)호의 예외를 원용할 수 있는 범위가 크게 확장되었다.

(3) 국내생산 또는 소비에 대한 제한과 관련하여 효과적일 것

원문은 "[…] in conjunction with restriction on domestic production or consumption"으로, 이는 문제되는 조치에 대한 유사한 제한이 국내상품에도 적용되어야 한다는 것을 뜻한다. 즉, 국내생산이나 소비에 대한 제한과 관련하여 효과적이어야 한다는 것은 문제된 조치가 외국제품이나 조치에만 적용되는 것이 아니라 국내생산이나 소비에도 동등하게 적용되어야 한다는 것을 의미한다.

WTO 분쟁해결기구는 US-Gasoline 사건과 US-Shrimp 사건을 통하여 여기서 동등하게 적용되어야 한다는 것은 국내제품에도 함께 공평하게(even-handed) 적용하면 된다는 의미로 'jointly with' 혹은 'together with'의 의미를 갖는 것이라고 해석하고 있다.[38]

---

38) CTE Report, paras. 55-56.

4. GATT 제XX조 두문(Chapeau)의 해석

문제의 조치가 GATT 제XX조 (b), (g)호의 요건을 각각 만족하였다 하더라도 동 조의 두문 규정에 합치하지 않으면, 제XX조에 따른 정당화 조치로서 인정받을 수 없다. 두문 규정의 역할이자 기능은 제XX조가 예외규정이라는 점에서 발생할 수 있는 남용 및 오용을 방지하는 데 있다고 할 수 있다. 즉, GATT 제XX조 두문 규정은 기본적으로 GATT 제XX조를 원용하는 국가가 공공정책을 실현할 수 있는 권한과 다른 회원국이 가지는 통상에 관한 권리 간에 균형을 도모하는 조항이다.

문제가 되는 조치는 두문 규정에 따라 자의적이거나 정당화할 수 없는 차별의 수단을 구성하거나 국제무역에 대한 위장된 제한을 구성하는 방식으로 적용되어서는 안 된다. 그러나 '자의적'이거나 '정당화할 수 없는', '국제무역에 위장된 제한을 구성하는 방식'이 구체적으로 무엇을 의미하는지 이들 각각의 용어에 대한 정의가 따로 없기 때문에 이 역시 전적으로 해석에 맡겨져 있으며, 지금까지의 GATT와 WTO의 패널 및 항소기구 보고서를 통해 어느 정도 해석지침이 마련되고 있다.

가. 자의적 또는 정당화할 수 없는 차별의 금지

(1) 자의적(arbitrary)의 의미

'자의적'이라는 단어의 원래 의미는 '임의적인', '예측불가능한' 등의 뜻을 지니고 있다. US-Shrimp 사건의 항소기구는 어떤 조치가 자의적인지 여부를 판단하기 위해서는 첫째, 조치가 경직되게 적용되는지, 둘째, 여러 수출국의 의견수렴을 하였는지 여부 등이 판단요소라고 보았다. WTO 분쟁해결기구가 US-Shrimp 사건을 통하여 '자의적'이라는 요소에 대하여 구체적으로 언급한 내용을 정리하면 다음과 같고, 이러한 맥락 속에서 패널은 다음과 같은 이유로 미국의 조치가 자의적이라고 판단하였다.

(2) 정당화할 수 없는(unjustifiable)의 의미

'정당화할 수 없는'의 원래 의미는 '정당화가 불가능한'이라는 의미이다. 즉 조치의 적용으로 인해 발생하는 차별에 대해 설득력 있는 논리로 설명할 수 없어야 한다. US-Gasoline 사건 항소기구는 우연이나 불가피한 사정이 아닌 예견될 수 있었던(foreseen) 차별은 정당화할 수 없는 차별이라고 지적하였고, US-Shrimp 사건 항소기구는 국제협정 체결을 위한 진지한 노력이 있었는지 여부와 조치의 유연성 여부를 '정당화할 수 없는'의 판단기준으로 보았다. WTO 분쟁해결기구가 US -Gasoline 사건과 US-Shrimp 사건을 통하여 '정당화할 수 없는'이라는 요소에 대하여 구체적으로 언급한 내용을 정리하면 다음과 같은데, WTO 분쟁해결기구(Dispute Settlement Body: DSB)는 협상을 위한 진지한 노력과 조치의 유연성 여부를 정당화할 수 있는지 여부에 대한 중요한 판단요소로 보았다.

나. 국제무역에 대한 위장된 제한을 구성하는 방식의 금지

예외조치는 국제무역에 위장된 제한을 구성하는 방식으로 적용되어서는 안 된다. '위장된 제한' 요소에 해당하기 위해서는 첫째, 조치가 적용되는 방식(manner in which the measure is applied)을 평가하고, 둘째, 조치가 국제무역에의 제한(restriction on international trade)이 되는 방식으로 적용되고, 셋째, 그러한 제한이 위장된(disguised) 것이어야 한다. 위장된 제한을 구성하는지 여부에 대해서는 공개성, 자의적이거나 정당화할 수 없는 차별 가능성, 해당 조치의 디자인, 구조, 형태 등을 살펴보아야 한다고 판정하고 있다.

이상에서 살펴본 바와 같이 WTO 회원국의 어떠한 조치가 GATT의 주요한 실체법적 규정을 위반했을 경우 그 조치가 환경보호의 목적으로 인용되기 위해서는 GATT 제XX조 개별조항의 요건과 두문 규정상의 요건을 모두 충족시켜야 한다. 과거 GATT 시절의 사건들을 살펴보면 GATT 제XX조 개별조항의 요건과 두문 규정상의 요건을 매우 엄격하게 해석하여 GATT 제XX조의 효용성이 매우 적었다. 그러나 WTO 출범 이후, US-Gasoline 사건, US-Shrimp 사건, EC-Asbestos 사건, Brazil-Retreaded Tyres 사건 등에서 WTO 설립협정 전문의 정신을 살리고, 환경보호라는 오늘날의 시대정신을 반영하여 과거에 비해 그 해석을 보다 유연하게 함으로써 제XX조의 효용성을 어느 정도 확보하게 되었다.

V. 마치며: 무역과 환경을 바라보는 시각

1972년 스톡홀름 인간환경선언과 1992년 지구정상회담을 통한 환경과 개발에 관한 리우선언 및 기후변화협약의 채택, 1997년 교토의정서의 채택, 2015년 파리협정 설립 등 일련의 국제적인 기후변화대응과 환경보호에 관한 노력은 필연적으로 국제사회의 개별국가들에게도 이에 상응하는 노력을 요구하게 되었다. 1995년 채택된 WTO 설립협정도 그 전문에서 환경보호와 지속가능한 개발을 언급하고 있다. 그러나 개별 국가들은 EU처럼 지구온난화와 기후변화 문제에 적극적으로 대응하고 있는 지역이 있는 반면에, 자국의 이해관계에 따라 교토의정서 가입 자체를 부정하거나 역사적 책임론, 인구 1인당 탄소배출기준 주장 등 저마다 다른 목소리를 내고 있다.

아인슈타인에 따르면, 환경이란 나 자신을 제외한 나를 둘러싼 모든 것이라고 한다.[39] 하나밖에 없는 지구에 살고 있는 우리 자신을 둘러싼 모든 것이 환경이고, 그 환경은 지구온난화로 인해 나날이 인간이 살아가기에 열악한 환경으로 변해가고 있다. 지구의 온실가스 농도는 점차로 증가하여 NASA에 따르면 이미 400ppm을 넘어서고 있다.[40] 이제 지구온난화에 대한 대응은 개별 국가의 이해관계를 따질 사안이 아니라, 국제사회공동체 모두가 나서서 대응해야 할 시점이다. 최근 시민단체나 학계에서는 환경정의, 미래세대의 환경권에 대한 논의가 매우 활발하게 진행되고 있다. 무역과 환경의 관계에 관한 논의에서도 이해관계를 떠난 논의의 진척을 기대해본다.

우리나라는 외견상 적극적으로 기후변화에 대응하고 있는 것처럼 보이지만, 실제로는 높은 무역의존에 따른 통상 우위의 태도를 지속적으로 유지하고 있다. 국제회의에서 과묵하기로 알려져 있는 우리나라 공무원들이지만, 기후변화협약 채택과정에서는 기후변화대응이 통상에 장애를 초래해서는 안 된다는 제3조 5항

39) The environment is everything that isn't me.

40) http://climate.nasa.gov 참조.

을 삽입하는 데 주요한 역할을 한 것으로 알려져 있다.[41] 우리에게 인식의 전환이 필요하다.

41) Article 3, Paragraph 5.
"The Parties should cooperate to promote a supportive and open international economic system that would lead to sustainable economic growth and development in all Parties, particularly developing country Parties, thus enabling them better to address the problems of climate change. Measures taken to combat climate change, including unilateral ones, should not constitute a means of arbitrary or unjustifiable discrimination or a disguised restriction on international trade."

무역과 기후변화정책의 상호 발전적 대응 방안

05

CHAPTER 05

무역과 기후변화정책의 상호 발전적 대응 방안

Ⅰ. 들어가며

우리나라는 앞 장에서 본 바와 같이 외견상 적극적으로 기후변화에 대응하고 있는 것처럼 보이지만, 실제로는 높은 무역의존에 따른 통상 우위의 태도를 지속적으로 유지하고 있다. 우리 정부는 기후변화협약 채택과정에서 기후변화대응이 통상에 장애를 초래해서는 안 된다는 제3조 5항을 삽입하는 데 주요한 역할을 한 것으로 알려져 있다. 또한 2005년 문화다양성협약의 채택과정에 있어서도 엄연히 제20조에서 다른 조약과의 관계를 규정하고 있음에도 불구하고, 이 조약의 채택으로 통상에 장애가 되어서는 안 된다는 외교부 성명을 홈페이지에 게재한 바 있다. 2010년 이명박 정부가 발표한 BAU 기준 30%의 이산화탄소 배출 감축은 다른 나라들처럼 1990년을 기준으로 계산해 보면, EU가 절반가량으로 배출량을 줄이겠다는 데 비해, 우리나라는 실제로는 두 배에 가까운 배출을 하겠다는 얘기와 다름없다.

부존자원이 없는 우리나라로서는 그동안 통상입국만이 어쩔 수 없는 선택이었는지 모르겠지만, 이제는 발상의 전환을 해야 할 때가 아닌가 싶다. 오히려 저탄소 기술을 적극적으로 개발하고 활용하여 국제사회에 수출하는 것이 통상의 증진과 기후변화대응에 호응하는 길이 아닐까 생각된다. 우리나라는 2015년부터 배출권거래제를 시행하기 시작하였고, 비록 그 시행을 늦추기는 하였지만, 저탄소차 협력금제도를 적극 검토한 바 있다. 저탄소차 협력금제도의 시행연기 이유 중의 하나로 정부에서 통상법 위반이 논의된 것으로 알려져 있다. 구체적인 내용이 공개되지 않아 어느 점에서 어떤 위반이 있다는 것인지는 알 수 없으나, 본고에서는 WTO의 환경 관련 규범들에 대해 다시 한 번 강조하고, 저탄소차 협력금제도 등 기후변화 대응정책의 통상법적 쟁점에 대하여 간략하게나마 제언해보기로 한다.[1)]

Ⅱ. WTO 주요 협정상 환경 관련내용

1. WTO 설립협정

WTO 설립협정은 기존 GATT와는 달리 국제사회가 가진 환경 문제에 관한 관심의 증대를 반영하여 전문(preamble)에서 지속가능한 개발과 환경보호의 중요성을 명시적으로 규정하고 있다. 이처럼 WTO 설립협정은 전문을 통하여 환경보호에 관한 기본적 관심과 '지속가능한 개발'이라는 국제환경법상의 중요한 개념을 수용하였다. WTO 항소기구는 US－Shrimp 사건에서 GATT규범의 해석시 국제사회가 가지고 있는 오늘날의 관심을 반영하여 해석하여야 한다면서 다음과 같이 지적한 바 있다.

1) 기후변화대응과 통상 문제에 대한 전반적인 이해를 위해서는 Tracy Epps · Andrew Green 공저, 박덕영 · 이태화 공역, 2016, 『기후변화와 통상 문제-WTO의 역할』, 박영사 참조.

"The words of Article XX(g), 'exhaustible natural resources,' were actually crafted more than 50 years ago. They must be read by a treaty interpreter in the light of contemporary concerns of the community of nations about the protection and conservation of the environment. While Article XX was not modified in the Uruguay Round, the preamble attached to the WTO Agreement shows that the signatories to that Agreement were, in 1994, fully aware of the importance and legitimacy of environmental protection as a goal of national and international policy. The preamble of the WTO Agreement—which informs not only the GATT 1994, but also the other covered agreements—explicitly acknowledges 'the objective of sustainable development'…."[2)]

이러한 판정은 WTO의 전문이 무역과 환경 관련사안의 해결에 관련된 규정을 해석하는 주요한 길잡이가 될 수 있도록 하였고, WTO의 소관사항과 관련이 있는 비정부기구(NGO)와의 협력 가능성도 열어둠으로써 앞으로의 해석방향에도 시사하는 바가 클 것이라 생각한다.

2. GATT의 무역과 환경 관련규정

앞 장에서 이미 자세하게 본 바와 같이 실제 무역과 환경 관련 분쟁에서 문제가 되는 주요 GATT상의 조항으로는 (i) 제 I 조 최혜국대우원칙, (ii) 제Ⅲ조 내국민대우원칙, (iii) 제XI조 수량제한금지의 원칙, (iv) 제XX조 일반예외규정 등이 있다. 제 I 조, 제Ⅲ조 및 제XI조는 GATT의 기본원칙을 규정한 조항들로서 GATT의 가장 중요한 규정에 해당한다고 할 수 있다. 그리고 이들 조항의 위반은 GATT 제XX조상의 허용된 예외에 해당하지 않는 한, GATT규범의 위반으로 이어진다. 먼저 GATT규범의 주요한 세 가지 규정을 간략히 살펴본다.

가. GATT 제 I 조: 최혜국대우원칙

동 원칙은 수입국의 입장에서 본다면 한 회원국에서 생산된 상품이 다른 회

---

2) United States—Importance Prohibition of Certain Shrimp and Shrimp Products, Appellate Body Report(WT/DS58/AB/R), para. 129.

원국이 원산지인 동종상품(like product)보다 여러 가지 측면에서 불리하지 않은 대우를 받아야 한다는 원칙으로, 동종의 외국상품 상호 간에 차별대우를 하지 않아야 한다는 것이다.[3)]

무역과 환경과 관련하여 최혜국대우원칙이 문제가 될 수 있는 경우로는 예컨대, 파리협정 당사국으로서 온실가스 감축의무를 부담하는 국가가 환경보호기준이 매우 높은 국가의 상품 혹은 환경친화적인 상품에 대해서는 낮은 관세율을 적용하고, 그렇지 않은 국가의 상품이나 환경친화적이지 않은 상품에 대해서는 높은 관세율을 적용하는 경우를 생각해 볼 수 있다. 이 경우 두 상품이 동종상품에 속하는지, 동종상품이라 하더라도 두 상품 간의 차별이 GATT 제XX조에 의하여 정당화될 수 있는지, 나아가 다자간 환경협정의 이행을 위한 조치가 WTO 통상규범상으로도 정당화될 수 있는지 등이 문제가 될 수 있을 것이다.

나. GATT 제Ⅲ조: 내국민대우원칙

GATT 제Ⅲ조는 외국상품이 수입국의 모든 국경조치를 충족하고 일단 국내시장에 진입하였을 경우, 국내에서 생산된 동종의, 혹은 직접적으로 경쟁적이거나 대체관계에 있는 상품(directly competitive or substitutable product)보다 조세 또는 법규 등에 따른 국내시장의 경쟁조건에 있어 불리하지 않은 또는 유사한 대우를 받아야 하는 원칙을 의미한다. 최혜국대우원칙이 외국제품 상호 간에 국내시장에서의 동등한 경쟁을 보장하는 것이라면, 내국민대우원칙은 일단 수입된 외국제품과 동종 또는 경쟁관계에 있는 국내제품과의 동등한 경쟁보장을 의미한다고 할 수 있다.

이 조항이 무역과 환경과 관련하여 문제가 될 수 있는 경우로, 환경친화적인 방법으로 생산되는 국산품에 대해서는 낮은 세율을 적용하고, 그렇지 않은 외

---

3) Article I: General Most-Favoured-Nation Treatment
"1. With respect to customs duties and charges of any kind imposed on or in connection with importation or exportation or imposed on the international transfer of payments for imports or exports, and with respect to the method of levying such duties and charges, and with respect to all rules and formalities in connection with importation and exportation, and with respect to all matters referred to in paragraphs 2 and 4 of Article Ⅲ, any advantage, favour, privilege or immunity granted by any contracting party to any product originating in or destined for any other country shall be accorded immediately and unconditionally to the like product originating in or destined for the territories of all other contracting parties."

국제품에 대해서는 높은 세율을 적용하였을 때 GATT 제Ⅲ조 2항[4]과 관련하여 내국민대우원칙 위반을 주장하는 경우가 있을 수 있다. 특히 상품 그 자체에 체화되어 있지는 않지만 생산공정이나 제조방법에 있어서 환경친화적이지 않은 상품에 더 높은 세율을 적용하는 경우, 상품의 동종성 판단이나 불리한 대우 여부에 대하여 논란이 발생할 수 있다. 세율뿐만 아니라 판매에 영향을 미치는 각종 조치에 있어서도 외국제품에 불리한 대우를 한다면 GATT 제Ⅲ조 4항과 관련하여 문제가 될 수 있을 것이다.[5]

동종성 판단에 있어서 전통적인 해석방법은 주로 물품의 특성, 소비자의 기호, 상품의 최종소비목적, 관세분류 등을 고려하는바, 환경친회성이나 인체에의 유해성 여부가 상품의 동종성을 판단하는 데 있어서 고려요소가 될 수 있는지의 문제가 무역과 환경 관련 논쟁의 핵심이라고 할 수 있다. 특히 상품에 체화되어 있지 않은 생산과정에서의 차이를 동종성 판단에 고려할 수 있는지는 아직까지도 많은 논란의 대상이 되고 있다.[6]

다. GATT 제XI조: 수량제한금지의 원칙

동 조는 수량제한과 관련해서, 수입규제를 위해서는 관세만이 허용되고 그 밖의 모든 수입제한이나 수입금지조치는 원칙적으로 허용되지 않는다는 내용을 담고 있다.[7] 환경보호를 목적으로 특정 상품의 수입을 금지하거나 제한하는 경

4) Article III: National Treatment on Internal Taxation and Regulation
"2. The products of the territory of any contracting party imported into the territory of any other contracting party shall not be subject, directly or indirectly, to internal taxes or other internal charges of any kind in excess of those applied, directly or indirectly, to like domestic products. Moreover, no contracting party shall otherwise apply internal taxes or other internal charges to imported or domestic products in a manner contrary to the principles set forth in paragraph 1."

5) Article III: National Treatment on Internal Taxation and Regulation
"4. The products of the territory of any contracting party imported into the territory of any other contracting party shall be accorded treatment no less favourable than that accorded to like products of national origin in respect of all laws, regulations and requirements affecting their internal sale, offering for sale, purchase, transportation, distribution or use. The provisions of this paragraph shall not prevent the application of differential internal transportation charges which are based exclusively on the economic operation of the means of transport and not on the nationality of the product."

6) 이재형, "기후변화상품에 대한 특별대우와 국제통상규범", 법학연구, 연세대 법학연구원, 2010.6., pp.33-34 참조.

7) Article XI: General Elimination of Quantitative Restrictions

우에 GATT 제XI조 위반 여부가 문제될 수 있다.

수량제한금지의 원칙은 내국민대우원칙과 밀접한 관련이 있다. 각국의 환경보호조치는 특히 양 원칙에 위반되는 경우가 많은데, 내국민대우원칙의 경우에는 체약국이 자국 영역 내에서 다른 체약국의 제품에 부여하는 것과 동등한 대우를 부여하는 것을 말하며, 주로 국내제품과 수입제품에 대해 적용되는 국내세 부과의 차별이나 법제도에 따른 차별이 문제가 된다. 반면, 제XI조 수량제한금지의 원칙은 수출입상품에 대한 수량할당, 수출입허가 등 그 형태에 상관없이 GATT가 허용하는 관세·조세 또는 기타 과징금을 제외한 그 밖의 금지 또는 제한을 수출입상품에 부과하는 것을 금지한다. 기후변화 대응 등 환경보호를 위한 조치를 취하더라도 내국제품과 외국제품에 대하여 동등한 대우를 하여야 할 것이다.

라. GATT 제XX조의 기능: 일반예외와 환경보호

GATT 제Ⅰ조, 제Ⅱ조, 제Ⅲ조, 제XI조 등이 GATT의 기본적인 의무규정이라면, GATT 제XX조는 이들 조항에 대한 일반적 예외로 기능할 뿐만 아니라, 실제 무역과 환경 관련사례에서 마치 무역법에 대해 환경보호를 위한 예외조항과 같은 기능을 하고 있다.[8)] 특히 기후변화와 관련해서 각국의 강력한 환경규제가 필요한 시점이라고 국제사회가 동조를 하고 있는 현 상황에서, WTO규범과의 충돌 가능성이 가장 높은 것 또한 각국의 환경조치임은 자명한 사실이다. 이러한 상황

"1. No prohibitions or restrictions other than duties, taxes or other charges, whether made effective through quotas, import or export licences or other measures, shall be instituted or maintained by any contracting party on the importation of any product of the territory of any other contracting party or on the exportation or sale for export of any product destined for the territory of any other contracting party."

8) Article XX: General Exceptions

"Subject to the requirement that such measures are not applied in a manner which would constitute a means of arbitrary or unjustifiable discrimination between countries where the same conditions prevail, or a disguised restriction on international trade, nothing in this Agreement shall be construed to prevent the adoption or enforcement by any contracting party of measures:

(a) necessary to protect public morals;

(b) necessary to protect human, animal, or plant life or health;

......

(g) relating to the conservation of exhaustible natural resources...;"

......

속에서 GATT 제XX조의 여러 예외사유 중에서 (b)호의 ‘인간과 동·식물의 생명과 건강보호’와 (g)호의 ‘유한천연자원의 보호’ 규정이 일반적으로 환경보호의 목적으로 해석되고 있다.

WTO 회원국의 어떠한 조치가 GATT의 주요한 실체법적 규정을 위반했을 경우 그 조치가 환경보호의 목적으로 인용되기 위해서는 GATT 제XX조 개별조항의 요건과 두문 규정상의 요건을 모두 충족시켜야 한다. 과거 GATT 시절의 사건들을 살펴보면 GATT 제XX조 개별조항의 요건과 두문 규정상의 요건을 매우 엄격하게 해석하여 GATT 제XX조의 효용성이 매우 적었다. 그러나 WTO 출범 이후, US－Gasoline 사건, US－Shrimp 사건, EC－Asbestos 사건, Brazil－Retreaded Tyre 사건 등에서 WTO 설립협정 전문의 정신을 살리고, 환경보호라는 오늘날의 시대정신을 반영하여 과거에 비해 그 해석을 보다 유연하게 함으로써 제XX조의 효용성을 어느 정도 확보하게 되었다.

3. 그 밖의 협정상 무역과 환경 관련내용

우루과이라운드 협상타결과 함께 탄생한 WTO는 GATT에 비하여 그 관장범위를 대폭 확장하였고, 그에 따라 각 협정상의 무역과 환경 관련규정들도 예전보다 더 확대되었다. 이들 규정을 간략하게 소개하면 다음과 같다.

앞 장에서 본 바와 같이 무역에 대한 기술장벽에 관한 협정(TBT협정)은 동 협정 제2조 2항 등에서 회원국들이 무역제한적인 기술규정 등을 정당하게 취할 수 있는 경우 중에 인간이나 동·식물의 생명 또는 건강을 보호하거나 환경을 보호할 목적을 포함하고 있다.

위생 및 검역에 관한 협정(SPS협정)은 인간이나 동·식물의 생명 또는 건강을 보호하는 데 필요한 회원국 SPS조치의 인정범위를 규정한다(제2조). 하지만 환경보호를 위해 SPS조치를 취하더라도, 이러한 SPS조치는 엄격한 과학적 조사에 기초하고 있어야 한다(제3조 및 제5조).

농업에 관한 협정(Agreement on Agriculture)은 부속서 2의 제12항에서 국내보조와 관련된 환경계획에 따른 지불에 대해서는 감축약속으로부터의 면제를 인정하고 있어 WTO체제가 환경보호를 지지하고 있음을 보여주고 있다.

보조금협정은 농업에 관한 협정과의 관계상 농업 외의 상품에 회원국이 적용하는 보조금에 관여한다. 본래 허용(non-actionable)되는 보조금 중 보조금협정 제8조 2항 (c)호에서 새로운 환경규정에 맞게 기존의 시설을 변경할 경우 지급하는 보조금을 포함하였으나, 동조는 2000년부터 효력을 상실하였다.

서비스무역에 관한 일반협정(General Agreement on Trade in Services: GATS)의 일반예외조항인 제XIV조에서 열거한 각종 예외사유 중 환경과 관련된 예외사유인 GATS 제XIV조 (b)호는 GATT 제XX조 (b)호와 동일하고 GATS 제XIV조의 두문 또한 GATT 제XX조의 두문과 동일한 형태를 갖고 있다.

무역관련 지적재산권협정(Agreement on Trade-Related Aspects of Intellectual Property: TRIPS)은 특허를 다루고 있는 제5장에서 인간 또는 동·식물의 생명이나 건강을 보호하거나 환경에 야기될 수 있는 심각한 피해를 회피하기 위해 회원국이 특허권을 부여하지 않을 수 있다고 규정하여 환경보호를 명확히 언급하고 있다.[9)]

III. 저탄소차 협력금제도

우리나라는 이명박 대통령의 선언에 따라 2020년까지 2005년 기준 배출전망치 대비 30%의 온실가스를 감축하기로 약속하였다. 부문별 감축목표에서 수송부분은 34.3%를 차지하고 있고, 이를 위해서 자동차에서 배출되는 온실가스를 줄이는 것은 주요한 정책목표 중의 하나일 수밖에 없다. 2013년 기준 우리나라 자동차의 등록대수는 1,844만대로 그중 대형차가 81.4%이고, 전체 온실가스 배출량 중에서 자동차가 배출하는 비중은 14%에 이른다고 한다. 일부 국가에서는 판매되는 자동차의 배출가스를 엄격하게 규제하고 있다. 자동차 부문의 온실가스 배출량을 줄이기 위해서는 중대형차의 비중을 줄여야 하고, 우리 자동차 산업이 국제적으로 경쟁력을 갖기 위해서는 연비가 우수하고 온실가스 배출이 적은 친환경차의 개발과 보급이 시급한 실정이다.

자동차를 구입하게 되면 취득세, 부가가치세, 개별소비세 등이 부과되고, 보

9) 이상의 WTO 관련내용은 『신국제경제법』(박영사, 2012)에서 필자가 집필한 제9장 일반예외와 환경보호 중 일부분을 전재하였다.

유와 관련하여 자동차세와 환경개선부담금이 부과되며, 운행과정에서도 유류에 대한 각종 세금과 주행에 대한 자동차세가 부과되게 된다. 특히 보유에 따른 자동차세의 경우 한미 FTA 협상과정에서 미국의 주장을 받아들여 배기량 기준방식은 유지하되 세율단계를 3단계로 간소화하고, 2,000cc 이상 대형차에 대한 세율을 220원으로 단일화함으로써 결과적으로 대형차에 대한 조세부담이 줄어들게 되었다.

표 5-1 배기량당 자동차 세액

영업용		비영업용(승용차)	
배기량	CC당 세액	배기량	CC당 세액
1,000cc 이하	18원	1,000cc 이하	80원
1,500cc 이하	18원		
2,000cc 이하	19원	1,600cc 이하	140원
2,500cc 이하	19원	1,600cc 초과	200원
2,500cc 초과	24원		

미국과 독일, 일본이 연비를 기반으로 한 자동차 세제를 실시하고, 영국이 탄소배출량을 기준으로 한 자동차 세율을 운용하고 있는 데 반해, 우리는 거꾸로 가는 정책을 시행한 것이다.[10)]

자동차 업계를 보더라도 국제적으로 치열한 연비경쟁을 벌이고 있고, 소비자의 선호도 또한 연비가 좋고, 온실가스를 적게 배출하는 자동차를 선호하는 것으로 보인다. 우리나라의 경우 유독 중대형차 선호경향이 강하여 온실가스 배출량은 끊임없이 증가하고 있는 가운데, 프랑스 등 선진국에서는 이미 수송부문 온실가스 배출량을 줄이기 위하여 저탄소차 협력금제도를 시행하고 있다.[11)] 이에 우리나라도 2009년 7월 제4차 녹색성장보고대회에서 탄소를 많이 배출하는 자동

10) 이중교, "저탄소차 협력금제도에 대한 법리적 쟁점 — 조세와 부담금의 관계를 중심으로 —" 법조(2015.2).
11) 프랑스, 벨기에, 싱가포르, 덴마크, 오스트리아에서 저탄소차 협력금제도를 시행하고 있다.

차에 부과금을 매기고, 적게 배출하는 자동차 구매자에게 보조금을 지급하는 저탄소차 협력금제도의 도입을 결정하고 시책을 추진하여 오다가 어느새 갑자기 그 시행을 연기한 바 있다.

당초 우리 정부가 구상하였던 저탄소차 협력금제도를 보면, 저탄소차 협력금은 국내에서 제작되거나 수입되어 국내에 판매되는 승용차 및 중량 3.5톤 미만의 10인승 이하 승합차를 대상으로 신차를 구매할 때 구매자에게 1회 적용한다(대기환경보전법 제76조의7 2항).

보조금구간에 속하는 자동차를 구매하면 보조금을 지급하고, 부담금구간에 속하는 자동차를 구매하면 부담금을 부과한다(대기환경보전법 제76조의7 1항, 제76조의8 1항). 중립구간에 속하는 자동차를 구매하는 경우에는 보조금을 지급하거나 부담금을 부과하지 않는다. 고탄소차의 구매자에게 부과하는 부담금을 재원으로 저탄소차의 구매자에게 보조금을 지급하여 보조금과 부담금 간 재정균형을 유지한다.

그림 5-1 저탄소차 협력금제도의 운영원리

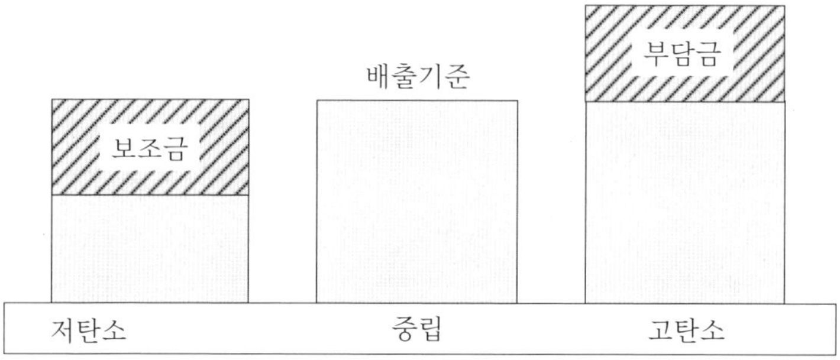

보조금구간, 중립구간, 부담금구간의 기준, 보조금 및 부담금 액수 등에 대하여는 대기환경보전법이 환경부령에 위임하였으나, 환경부령이 아직 구체적인 내용을 정하지 않았다. 참고로 2012년 환경부 발표안에 따르면 이산화탄소 배출량이 130g/km 이하이면 50만 원부터 300만 원까지의 보조금을 지급하고, 146g/km 이상이면 50만 원부터 300만 원까지의 부담금을 부과하도록 설계되어 있다.[12]

12) 이중교, 앞의 논문.

이 제도의 설계와 관련하여 정부는 조세연구원, 산업연구원, 환경정책평가연구원 등 국책연구기관에 연구용역을 발주하여 제도설계와 통상법과의 충돌여부에 대한 검토를 맡긴 것으로 알려져 있다. 연구기관의 연구결과가 공개되지 않아 어떤 쟁점이 논의되었는지는 알 수 없으나 한미 FTA 규정에 따른 통상법적 이슈에 대한 우려가 제기되었다는 보도가 있었다.

한미 FTA 제2.12조 3항은 "대한민국은 차종별 세율의 차이를 확대하기 위하여 배기량 기준에 의한 새로운 조세를 채택하거나 기존의 조세를 수정할 수 없다"는 규정을 두고 있다. 자유무역협정은 조세와 관련해서는 관세에 대해 상세히 규정하는 것이 일반적이다. 이 규정은 한미 양국의 합의에 따라 대한민국의 자동차 세제에 대한 조세주권을 일부 제한한 것으로 보인다. 그러나 저탄소차 협력금의 경우 첫째, 조세가 아니라 부담금이며, 둘째, 차종별 세율의 확대를 위한 것이 아니라 온실가스 감축을 위한 목적으로 기후변화협약이나 교토의정서의 정신에 합치하는 조치이며, 셋째, 배기량 기준에 의한 새로운 조세를 채택하거나 수정하는 것이 아니라, 온실가스 배출량에 따라 보조금이나 부과금을 규정하고 있어 한미 FTA 제2.12조 3항과의 충돌은 발생하지 않는다.

또한 동 합의의사록에서 자동차 연비 또는 온실가스 배출에 관해 강제적인 새 기술규정을 마련할 때, 비효과적이거나 부적절한 경우 도입할 수 없다고 합의하였다. 그러나 저탄소차 협력금제도의 시행에 있어서 국산차와 수입차를 구별하지 않고 비차별적으로 적용하게 된다면, 한미 FTA 위반은 발생하지 않게 된다. 다만, 통상조약과의 위반가능성은 존재하지 않더라도, 미국이 생산하는 대형위주의 자동차 생산유형을 볼 때, 미국 자동차산업이 가장 큰 부정적 영향을 입게 됨으로써 한미 간 통상마찰의 문제는 발생할 가능성이 높다. 그러나 이는 미국의 자동차생산 산업구조의 문제이지, 인류의 공동선에 해당하는 기후변화대응과 환경보호에 우선하는 고려사항은 아니어야 할 것이다.

TBT협정 제2조 2항도 WTO 회원국이 국제무역에 불필요한 장애를 초래할 목적으로 또는 그러한 효과를 갖도록 기술규정을 채택, 준비 또는 적용하지 않을 것을 보장하도록 규정하고 있다. 이는 기술규정이나 표준의 채택 자체를 금지하는 것이 아니라, 국가안보상 요건, 기만적 행위의 방지, 인간의 건강 또는 안전, 동식물의 생명 또는 건강, 환경의 보호 등 정당한 목적 수행을 위해서는 이를 허용하는 규정이다. 특히 TBT협정은 환경의 보호를 정당한 목적 수행의 하나로 명시적으로 규정하고 있어 기후변화대응을 위한 조치가 비차별적으로만 적용된다면 TBT협정에 위반될 가능성은 없어 보인다.

저탄소차 협력금제도의 시행으로 인한 통상 문제가 발생한다고 하더라도 WTO 분쟁해결기구는 다자간 환경협정에 대한 고려를 반영하여야 할 것이다. 조약법에 관한 비엔나협약 제31조 3항(c)는 조약의 해석에 있어서 "당사국 간의 관계에 적용될 수 있는 국제법의 관련규범"의 고려를 의무화하고 있다. 물론 이 규정의 해석을 둘러싸고는 국제사회에서 많은 논란이 존재하지만, 국제사회가 인권과 환경에 대하여 보다 적극적인 고려를 하고 있는 것은 오늘날의 거스를 수 없는 국제적인 추세라고 할 것이다.

Ⅳ. 국경세조정

국경세조정(border tax adjustment)이란 국제통상규범과 기후변화정책이 충돌하는 경우에 각국이 취할 수 있는 일종의 완충장치라고 할 수 있다.[13] 특히 배출권거래제 시행을 통하여 자국의 산업에 부담을 안겨주고 있는 선진국들의 경우 국제경쟁력의 상실을 우려하고 있다. 기후변화정책으로 증가한 생산비로 인해 선진국에 위치해 있던 산업체들이 탄소배출 규제가 상대적으로 약한 개발도상국으로 옮겨가는 이른바 '탄소누출'을 우려하고 있다.[14]

이러한 우려를 불식시킬 수 있는 대안 중의 하나가 제품 생산시 발생하는 온실가스 배출량을 상대적으로 감축하지 않은 국가들로부터의 수입품에 대하여 국경에서 세금을 부과하여 조정하는 것이다. 이와 같은 국경세조정은 국내 산업의 국제경쟁력을 보호하고 탄소누출을 방지해준다. 수입제품에 대한 국경세조정은 국가들이 수입품에 대한 내국세 부과를 허용하는 GATT 제2조 2항(a)에 따라

13) 국경세조정이 하나의 굳어진 용어가 되었으나, 실제로는 국경에서의 조세 조정(tax adjustment at border)을 의미한다.

14) Tracy Epps · Andrew Green 공저, 박덕영 · 이태화 공역, 2012, 『기후변화와 통상 문제-WTO의 역할』, 박영사, 제7장 참조.

허용되고 있다.[15)]

2015년부터 우리나라에서도 배출권거래제도가 시행됨에 따라 일부 산업분야에서 우리 산업의 국제경쟁력 보호를 위하여 국경세조정을 요구하고 있는 것으로 보인다. WTO규범도 이를 허용하고 있고, 이론적으로는 국경세조정을 할 수 있겠지만, 실제에 있어서는 배출권거래제 도입에 따른 국내기업의 부담 증가분을 산정하는 것이 여간 어렵지 않고, 생산과정에서 포함되거나 소멸된 투입요소의 산정하여 국경세조정에 반영할 수 있는지 여부, 온실가스 감축을 위하여 추가된 기술비용을 각 제품에 어떤 기준으로 반영하여 부과할 것인지 등 수많은 어려움이 존재한다.

국내기업의 제품생산에 증가된 비용보다 높은 정도로 국경세조정을 하게 되면 내국민대우 위반이 발생할 가능성이 있고, 이미 배출권거래제를 시행하고 있는 나라들의 경우에도 배출권 할당량이나 그 집행에 있어서 강도에 차이가 있어 최혜국대우 문제가 발생할 수 있을 것으로 보여 실제 국경세조정을 하는 데 있어서는 많은 현실적 어려움이 존재할 것이다. 아직 국내적으로 배출권거래제 도입에 따른 부담도 명확지 않고 하여 현재 상태에서 국경세조정을 논의하는 것은 시기상조로 보인다.

---

15) Article 2 Paragraph 2:
"Nothing in this Article shall prevent any contracting party from imposing at any time on the importation of any product:
(a) a charge equivalent to an internal tax imposed consistently with the provisions of paragraph 2 of Article III* in respect of the like domestic product or in respect of an article from which the imported product has been manufactured or produced in whole or in part;"

V. WTO와 다자간 환경협정과의 관계

WTO의 여러 협정들의 일반적인 목표는 시장경제를 바탕으로 한 국제무역의 증진 그리고 자유무역과 공정무역의 실현일 것이다. 국제경제법의 일반적인 자유화 추구는 국제환경법의 일반적 경향인 규제적 성질과는 그 방향을 달리하고 있다. 국제경제법이 지향하는 바는 국가 간에 적용되는 국제통상에 관한 최소한의 기본적인 규범을 제정하고, 일반 국제거래관계(private business transactions)에 있어 정부의 간섭을 가능한 한 줄이고자 함이나, 국내 및 국제환경법은 사경제(private business) 주체의 행위에 공공의 이익을 위하여 정부가 간섭하는 경향을 띠게 된다.[16)]

현재까지 국제경제법과 국제환경법 간의 잠재적 분쟁의 주된 분야는 상품무역에 적용되는 GATT규범이었다.[17)] WTO의 분쟁은 개별 국가 정부가 환경정책을 지지하기 위해 무역에 대한 제한을 이용할 때 주로 발생하며, 이러한 무역제한은 특수한 환경보호목적을 위해 주로 이용된다. 무역제한을 제재조치로 사용하는 것은 물론 환경정책에만 독특하게 이루어지는 것이 아니다. 무역제한에 관한 GATT규범은 무역제재 이용을 위한 매우 광범위한 공공의 요구와 논쟁을 벌이고 있다. 이러한 요구는 항상 GATT와 국제환경법 간의 분쟁배경 속에 내재되어 있다.[18)]

실제 분쟁이 야기되는 경우는 GATT나 그 밖의 WTO 부속협정의 규정상으

16) Robert E. Hudec, 2000, "The Relationship of International Environmental Law and International Economic Law", in Fred L. Morrison and Ruediger Wolfrum (eds.), International, Regional and National Environmental Law, London: Kluwer Law International, pp.134−136.

17) 국제통상법의 경우 WTO라는 하나의 중심적인 기구를 두고 국가 간의 이해를 조정하나, 국제환경법의 경우 각 분야마다 별도의 조약으로 규정하고, 국제환경기구와 같은 중심이 존재하지 않는 것도 양자 간의 조화점을 모색하기 어려운 이유 중의 하나로 볼 수 있고, WTO규정은 분명한 조약규정이지만, 많은 환경협정의 경우 연성법(soft law)의 성격을 많이 띠고 있는 점도 다른 점이다.

18) 역사적으로 본다면 GATT가 성립하던 1940년대 후반에는 무역의 중요성에 비해 환경보호의 중요성에 대한 인식이 확산되어 있지 않아 GATT가 제XX조를 제외하고는 환경보호를 위한 적절한 규정을 두지 않은 것도 오늘날의 문제를 낳게 된 하나의 이유가 될 수 있을 것이다.

로는 원칙적으로 허용되지 않는 조치이나,[19] 환경보호를 목적으로 무역을 제한하는 조치를 취하는 경우이다. 예컨대, 어떤 물질의 사용을 금지하기 위한 조치일 수도 있고, 유해한 물질의 거래를 제한하기 위한 조치일 수도 있으며, 혹은 경우에 따라서는 다른 회원국이 행한 환경적으로 유해한 조치에 대해 취하는 경제적 제재조치, 또는 환경보호 수준의 차이에 따른 조정일 수도 있을 것이다.

WTO는 무역과 환경 문제를 검토하기 위하여 1995년 WTO 출범과 더불어 각료결정을 통하여 무역환경위원회(Committee on Trade and Environment: CTE)를 설치하였으나 앞 장에서 본 바와 같이 관련 논의는 여전히 답보상태에 놓여 있다.

WTO와 환경 간의 관계에 관한 논의는 CTE에서의 논의뿐만 아니라, TBT협정, SPS협정, 농업협정, TRIPs협정 등 개별협정의 관련규정 개정논의 형태로도 진행될 수 있을 것이다. 또한 그 속성상 다른 국제기구들과도 관계가 밀접하기 때문에 WTO는 UNEP, UNFCCC 사무국 등과의 합동회의도 개최하고 있으나, 아직까지는 구체적인 결론보다는 상호 협력한다는 합의 정도에 그치고 있다.

한편 앞서 본 WTO 무역환경위원회는 초국경적(transboundary) 혹은 전 지구적(global) 성격의 환경 문제를 해결하기 위한 가장 효과적인 방법으로 국제협력과 총의에 기초한 다자적 해결이라고 지적하고 있으며, 그 방안으로 다음의 몇 가지 해결방안을 논의하고 있다.[20]

첫째, 현상유지를 원하는 입장이다. 많은 국가들은 이미 WTO규범들이 환경보호를 위한 무역과 환경 관련내용들이 충분히 포함되어 있으므로 굳이 GATT / WTO규범을 개정할 필요가 없다는 입장이다.[21] 또 다른 논거로는 무역조치를 포함하고 있는 MEA의 숫자가 많지 않다는 점과, 지금까지 MEA의 이행을 둘러싸고 분쟁이 야기된 적이 없다는 점을 들고 있다.[22]

둘째, 일정 기간 동안 WTO 회원국들의 의무사항을 면제해 줄 수 있는 의무

---

19) 주로 위반하게 되는 GATT의 조항이 제 I 조의 최혜국대우원칙, 제III조의 내국민대우원칙과 제XI조의 수량제한금지원칙이다.

20) E. Hay, 2000, Reflections on International Environmental Court, Kluwer; S. Shaw and R. Schwartz, 2002, "Trade and Environment in the WTO: State of Play," Journal of World Trade, vol. 36 no. 1, pp.134－137; 고준성, "WTO 규범과 다자환경협약(MEA) 무역관련 의무간의 관계," 대외경제정책연구원 세미나 자료, 2002.4.11.; 최승환, 2001, 『국제경제법』, 법영사, pp.696－703 참조.

21) 주로 개발도상국이 이러한 입장을 취한다.

22) S. Shaw and R. Schwartz, op cit, supra note 43, p.134.

면제(waiver)를 활용하자는 입장이다.[23] 기본적으로는 WTO규범으로 MEA상의 무역관련 환경보호조치를 해결할 수 있다고 보지만, 만약 문제가 발생하면 사안별로 WTO 설립협정 제9조 3항이 규정하고 있는 의무면제(waiver) 제도를 활용하자는 입장이다. 그러나 문제는 의무면제를 받기 위해서는 회원국의 총의 또는 3/4의 동의를 필요로 하고 시간상 제한이 있다는 점이다.

셋째, WTO규범의 명확화를 도모하자는 것으로 WTO규범 중에서 특히 GATT 제XX조의 일반예외 규정을 개정하거나 WTO와 MEA의 관계를 규율하는 양해나 지침을 마련하자는 입장이다.[24] 예측가능성을 높이기 위하여 절차적·실체적 규정의 명확화를 추구한다는 것이다.

무역과 환경에 관한 주제는 WTO가 출범한 이래 매우 중요하게 다루어져 왔다. 앞서 언급한 바와 같이 본 주제를 해결하기 위한 방법으로는 우선 WTO 분쟁해결사례를 통하여 점진적으로 변화하는 시대의 흐름을 반영하는 해석방법을 원용하는 것이 있지만, 궁극적인 해결방안은 WTO 회원국 간의 협상과 합의를 통하여 관련 WTO규범을 개정하는 방안일 것이다. 그러나 현재 161개국에 이르는 회원국의 수와 회원국 간의 이해관계에 관한 갈등을 고려한다면 WTO규범의 개정은 쉽지 않아 보이며, 당분간 보다 효과적인 해결방안은 분쟁해결사례를 통한 점진적인 발전을 도모하는 방법으로 생각된다.

VI. 마치며

다시 한 번 강조하지만, 우리나라는 지난 50년간 눈부신 경제성장과 더불어 민주화와 인권신장을 동시에 이룩한 지구상의 몇 안 되는 나라 중의 하나로 국제사회에서 평가받고 있다. 우리나라의 경제발전사는 재벌에 대한 집중지원과

23) Proposals by ASEAN, WT/CTE/W/39, 1996.7.24.
24) Submissions by EC, WT/CTE/W/170, 2000.10.19; Swiss, WT/CTE/W/168, 2000.10.19; Japan, WT/CTE/W/31, 1996.5.30.

불균형 성장론으로 대표된다고 해도 과언이 아닐 것이다. 지난 50여 년이 오로지 경제만을 위해서 달려온 시대였다고 한다면, 앞으로의 시대는 시민사회의 성숙과 인권신장, 환경보호와 미래세대를 위한 지속가능한 개발을 추구해야 할 것으로 생각된다.

이미 언급했듯이 경제발전과 행복이 항상 같이 가는 것은 아니다. 지구상에서 가장 행복한 사람들이 부탄이나 방글라데시 국민이라는 여론조사를 보면, 우리 국민들은 경제적으로 그들보다 나을지언정, 그들보다 행복한 것은 아니라고 여겨진다. 이제는 우리도 더 가지는 것에 대한 맹목적 추구에서 벗어나, 보다 나은 삶을 추구해야 할 시기가 아닌가 싶다. 보다 나은 환경에서 더불어 사는 세상을 만들기 위해서는 쾌적한 환경은 필수적인 요소이다. 이제 지구환경은 어느 특정 국가가 나서서 개선할 수 없는 지경에 이르렀고, 지구환경 개선이라는 대명제 앞에 항상 그래왔던 국가이익 타령을 이제는 멈추어야 할 때이다.

어느 특정 국가가 두려워, 어느 특정 기업집단에 휘둘려서 우리의 정책 시행을 주저하는 우를 범하지는 말아야 할 것이다. 현재를 살아가고 있는 우리 자신을 위하여, 그리고 이 땅에 살아갈 미래세대를 위하여 인류공동선을 추구해야 할 때가 되었다. 경제만 앞세우지 말고, 환경을 생각하면서 국민의 행복을 추구하는 방향으로 국가의 국정지표가 수정되어야 할 것이며, 이를 위해 국민 모두가 눈앞의 이익이 아니라, 멀리 그리고 길게 내다보는 지혜를 가져야 할 때이다.

APPENDIX

기후변화 국제조약

-영한대역-

1. United Nations Framework Convention on Climate Change (1992)

1. 기후변화에 관한 국제연합 기본협약

Date : 9 May 1992
In force : 21 March 1994
States Party : 197
Korea : 21 March 1994 (조약 제1213호)
Link : www.unfccc.int

The Parties to this Convention,

이 협약의 당사자는,

Acknowledging that change in the Earth's climate and its adverse effects are a common concern of humankind, Concerned that human activities have been substantially increasing the atmospheric concentrations of greenhouse gases, that these increases enhance the natural greenhouse effect, and that this will result on average in an additional warming of the Earth's surface and atmosphere and may adversely affect natural ecosystems and humankind,

지구의 기후변화와 이로 인한 부정적 효과가 인류의 공통 관심사임을 인정하고, 인간활동이 대기중의 온실가스 농도를 현저히 증가시켜 왔으며, 이로 인해 자연적 온실효과가 증대되고 이것이 평균적으로 지구표면 및 대기를 추가적으로 온난화시켜 자연생태계와 인류에게 부정적 영향을 미칠 수 있음을 우려하며,

Noting that the largest share of historical and current global emissions of greenhouse gases has originated in developed countries, that per capita emissions in developing countries are still relatively low and that the share of global emissions originating in developing countries will grow to meet their social and development needs,

과거와 현재의 지구전체 온실가스의 큰 부분이 선진국에서 배출되었다는 것과 개발도상국의 1인당 배출량은 아직 비교적 적으나 지구전체의 배출에서 차지하는 개발도상국의 배출비율이 그들의 사회적 및 개발의 요구를 충족시키기 위하여 증가할 것임을 주목하고,

Aware of the role and importance in terrestrial and marine ecosystems of sinks and reservoirs of greenhouse gases,

육지와 해양 생태계에서 온실가스의 흡수원과 저장소가 하는 역할과 중요성을 인식하며,

Noting that there are many uncertainties in predictions of climate change, particularly with regard to the timing, magnitude and regional patterns thereof,

기후변화에 대한 예측, 특히 그 시기·규모 및 지역적 양태에 대한 예측에 불확실성이 많음을 주목하고,

Acknowledging that the global nature of climate change calls for the widest possible cooperation by all countries and their participation in an effective and appropriate international response, in accordance with their common but differentiated responsibilities and respective capabilities and their social and economic conditions,

기후변화의 세계적 성격에 대응하기 위하여는 모든 국가가 그들의 공통적이면서도 그 정도에 차이가 나는 책임, 각각의 능력 및 사회적·경제적 여건에 따라 가능한 모든 협력을 다하여 효과적이고 적절한 국제적 대응에 참여하는 것이 필요함을 인정하며,

Recalling the pertinent provisions of the Declaration of the United Nations Conference on the Human Environment, adopted at Stockholm on 16 June 1972,

1972년 6월 16일 스톡홀름에서 채택된 국제연합인간환경회의 선언의 관련규정을 상기하고,

Recalling also that States have, in accordance with the Charter of the United Nations and the principles of international law, the sovereign right to exploit their own resources pursuant to their own environmental and developmental policies, and the responsibility to ensure that activities within their jurisdiction or control do not cause damage to the environment of other States or of areas beyond the limits of national jurisdiction,

국가는 국제연합헌장과 국제법의 원칙에 따라 고유의 환경정책과 개발정책에 입각하여 자기나라의 자원을 개발할 주권적 권리를 가지며, 자기나라의 관할 혹은 통제지역 안의 활동 때문에 다른 국가나 관할권 이원지역의 환경에 피해가 발생하지 아니하도록 보장할 책임이 있음을 또한 상기하며,

Reaffirming the principle of sovereignty of States in international cooperation to address climate change,

기후변화에 대응하기 위한 국제협력에 있어서 국가주권원칙을 재확인하고,

Recognizing that States should enact effective environmental legislation, that environmental standards, management objectives and priorities should reflect the environmental

국가는 효과적인 환경법령을 제정하여야 하며, 환경기준과 관리의 목적 및 우선순위는 이들이 적용되는 환경 및 개발상황을 반영하여야 하며, 어떠한 국가에 의하여 적용된 기준이 다른 국

and developmental context to which they apply, and that standards applied by some countries may be inappropriate and of unwarranted economic and social cost to other countries, in particular developing countries,

가, 특히 개발도상국에 대해서는 부적절하며 또한 부당한 경제적·사회적 비용을 유발할 수도 있다는 것을 인식하며,

Recalling the provisions of General Assembly resolution 44/228 of 22 December 1989 on the United Nations Conference on Environment and Development, and resolutions 43/53 of 6 December 1988, 44/207 of 22 December 1989, 45/212 of 21 December 1990 and 46/169 of 19 December 1991 on protection of global climate for present and future generations of mankind,

국제연합 환경개발회의에 관한 1989년 12월 22일 총회 결의 44/228호, 인류의 현재 및 미래 세대를 위한 지구기후의 보호에 관한 1988년 12월 6일 결의 43/53호, 1989년 12월 22일 결의 44/207호, 1990년 12월 21일 결의 45/212호 및 1991년 12월 19일 결의 46/169호의 규정을 상기하고,

Recalling also the provisions of General Assembly resolution 44/206 of 22 December 1989 on the possible adverse effects of sea-level rise on islands and coastal areas, particularly low-lying coastal areas and the pertinent provisions of General Assembly resolution 44/172 of 19 December 1989 on the implementation of the Plan of Action to Combat Desertification,

해수면 상승이 도서 및 해안지역, 특히 저지대 해안지역에 가져올 수 있는 부정적 효과에 관한 1989년 12월 22일 총회결의 44/206호의 규정과 사막화 방지 실천계획의 이행에 관한 1989년 12월 19일의 총회결의 44/172호의 관련규정을 또한 상기하며,

Recalling further the Vienna Convention for the Protection of the Ozone Layer, 1985, and the Montreal Protocol on Substances that Deplete the Ozone Layer, 1987, as adjusted and amended on 29 June 1990,

1985년의 오존층보호를위한비엔나협약, 1990년 6월 29일에 개정된 1987년의 오존층파괴물질에 관한몬트리올의정서를 또한 상기하고,

Noting the Ministerial Declaration of the Second World Climate Conference adopted on 7 November 1990,

1990년 11월 7일 채택된 제2차 세계기후회의 각료선언을 주목하며,

Conscious of the valuable analytical work being conducted by many States on climate

많은 국가가 행한 기후변화에 관한 귀중한 분석작업과 세계기상기구·국제연합환경계획 및

change and of the important contributions of the World Meteorological Organization, the United Nations Environment Programme and other organs, organizations and bodies of the United Nations system, as well as other international and intergovernmental bodies, to the exchange of results of scientific research and the coordination of research,

국제연합체제 안의 그 밖의 기구들, 그리고 그 밖의 국제적 및 정부간 기구가 과학연구결과의 교환과 연구의 조정에서 이룩한 중요한 기여를 의식하고,

Recognizing that steps required to understand and address climate change will be environmentally, socially and economically most effective if they are based on relevant scientific, technical and economic considerations and continually re-evaluated in the light of new findings in these areas,

기후변화를 이해하고 이에 대응하기 위하여 필요한 조치는 관련 과학적·기술적 및 경제적 고려에 바탕을 두고 이러한 분야의 새로운 발견에 비추어 계속적으로 재평가될 경우에 환경적·사회적 및 경제적으로 가장 효과적이라는 것을 인식하며,

Recognizing that various actions to address climate change can be justified economically in their own right and can also help in solving other environmental problems,

기후변화에 대응하기 위한 다양한 조치는 그 자체만으로도 경제적으로 정당화될 수 있으며, 또한 그 밖의 환경문제를 해결하는 데 도움을 줄 수 있음을 인식하고,

Recognizing also the need for developed countries to take immediate action in a flexible manner on the basis of clear priorities, as a first step towards comprehensive response strategies at the global, national and, where agreed, regional levels that take into account all greenhouse gases, with due consideration of their relative contributions to the enhancement of the greenhouse effect,

선진국이 온실효과의 증대에 대한 자기나라의 상대적 책임을 정당히 고려하여 세계적·국가적 그리고 합의되는 경우 지역적 차원에서의 모든 온실가스에 대한 종합대응전략의 첫 단계로서 명확한 우선순위에 입각하여 신축성 있게 신속한 조치를 취할 필요성을 또한 인식하며,

Recognizing further that low-lying and other small island countries, countries with low-lying coastal, arid and semiarid areas or areas liable to floods, drought and desertification, and developing countries with fragile mountainous ecosystems are particularly

저지대 국가 및 군소 도서국가, 저지대 연안지역·건조지역·반건조지역 또는 홍수·가뭄 및 사막화에 취약한 지역을 가지고 있는 국가, 그리고 연약한 산악생태계를 가지고 있는 개발도상국이 특별히 기후변화의 부정적 효과에 취약하다는 것을 또한 인식하고,

vulnerable to the adverse effects of climate change,

Recognizing the special difficulties of those countries, especially developing countries, whose economies are particularly dependent on fossil fuel production, use and exportation, as a consequence of action taken on limiting greenhouse gas emissions,

그 경제가 특별히 화석연료의 생산·사용 및 수출에 의존하고 있는 국가, 특히 개발도상국이 온실가스 배출을 제한하기 위하여 취한 조치로 인해 겪을 특별한 어려움을 인식하며,

Affirming that responses to climate change should be coordinated with social and economic development in an integrated manner with a view to avoiding adverse impacts on he latter, taking into full account the legitimate priority needs of developing countries for the achievement of sustained economic growth and the eradication of poverty,

기후변화에 대한 대응은 사회적 및 경제적 발전에 대한 부정적인 영향을 피하기 위하여, 특히 개발도상국의 지속적인 경제성장 달성과 빈곤퇴치를 위한 정당하고 우선적인 요구를 충분히 고려하여 사회적 및 경제적 발전과 통합적인 방식으로 조정되어야 한다는 것을 확인하고,

Recognizing that all countries, especially developing countries, need access to resources required to achieve sustainable social and economic development and that, in order for developing countries to progress towards that goal, their energy consumption will need to grow taking into account the possibilities for achieving greater energy efficiency and for controlling green-house gas emissions in general, including through the application of new technologies on terms which make such an application economically and socially beneficial,

모든 국가, 특히 개발도상국은 지속가능한 사회적 및 경제적 발전을 달성하는 데 필요한 자원에의 접근을 필요로 하며, 개발도상국이 이러한 목적을 달성하기 위해서는, 경제적 및 사회적으로 유리한 조건의 신기술의 적용 등을 통하여 더 높은 에너지 효율성을 달성하고 온실가스 배출량을 전반적으로 통제할 수 있으리라는 가능성을 고려하는 한편, 개발도상국의 에너지 소비가 증가할 필요가 있을 것임을 인식하며,

Determined to protect the climate system for present and future generations,

현재와 미래의 세대를 위하여 기후체계를 보호할 것을 결의하여,

Have agreed as follows:

다음과 같이 합의하였다.

Article 1
Definitions

제 1 조
정 의

For the purposes of this Convention:

이 협약의 목적상,

1. "Adverse effects of climate change" means changes in the physical environment or biota resulting from climate change which have significant deleterious effects on the composition, resilience or productivity of natural and managed ecosystems or on the operation of socio-economic systems or on human health and welfare.

1. "기후변화의 부정적 효과"라 함은 기후변화에 기인한 물리적 환경 또는 생물상의 변화로서 자연적 생태계 및 관리되는 생태계의 구성·회복력 또는 생산성, 사회경제체제의 운용 또는 인간의 건강과 복지에 대하여 현저히 해로운 효과를 야기하는 것을 말한다.

2. "Climate change" means a change of climate which is attributed directly or indirectly to human activity that alters the composition of the global atmosphere and which is in addition to natural climate variability observed over comparable time periods.

2. "기후변화"라 함은 인간활동에 직접 또는 간접으로 기인하여 지구대기의 구성을 변화시키는 상당한 기간 동안 관측된 자연적 기후 가변성에 추가하여 일어나는 기후의 변화를 말한다.

3. "Climate system" means the totality of the atmosphere, hydrosphere, biosphere and geosphere and their interactions.

3. "기후체계"라 함은 대기권, 수권, 생물권과 지리권 그리고 이들의 상호작용의 총체를 말한다.

4. "Emissions" means the release of greenhouse gases and/or their precursors into the atmosphere over a specified area and period of time.

4. "배출"이라 함은 특정지역에 특정기간 동안 온실가스 및/또는 그 전구물질을 대기중으로 방출하는 것을 말한다.

5. "Greenhouse gases" means those gaseous constituents of the atmosphere, both natural and anthropogenic, that absorb and reemit infrared radiation.

5. "온실가스"라 함은 적외선을 흡수하여 재방출하는 천연 및 인공의 기체성의 대기 구성물을 말한다.

6. "Regional economic integration organization" means an organization constituted by

6. "지역경제통합기구"라 함은 이 협약 및 부속의정서가 규율하는 사항에 관하여 권한을

sovereign States of a given region which has competence in respect of matters governed by this Convention or its protocols and has been duly authorized, in accordance with its internal procedures, to sign, ratify, accept, approve or accede to the instruments concerned.

가지며, 또한 내부절차에 따라 정당하게 권한을 위임받아 관련문서에 서명·비준·수락·승인 또는 가입할 수 있는 특정지역의 주권국가들로 구성된 기구를 말한다.

7. "Reservoir" means a component or components of the climate system where a greenhouse gas or a precursor of a greenhouse gas is stored.

7. "저장소"라 함은 온실가스 또는 그 전구물질이 저장되는 기후 체계의 하나 또는 그 이상의 구성요소들을 말한다.

8. "Sink" means any process, activity or mechanism which removes a greenhouse gas, an aerosol or a precursor of a greenhouse gas from the atmosphere.

8. "흡수원"이라 함은 대기로부터 온실가스, 그 연무질 또는 전구물질을 제거하는 모든 과정·활동 또는 체계를 말한다.

9. "Source" means any process or activity which releases a greenhouse gas, an aerosol or a precursor of a greenhouse gas into the atmosphere.

9. "배출원"이라 함은 대기중으로 온실가스, 그 연무질 또는 전구물질을 방출하는 모든 과정 또는 활동을 말한다.

Article 2
Objective

The ultimate objective of this Convention and any related legal instruments that the Conference of the Parties may adopt is to achieve, in accordance with the relevant provisions of the Convention, stabilization of greenhouse gas concentrations in the atmosphere at a level that would prevent dangerous anthropogenic interference with the climate system. Such a level should be achieved within a time-frame sufficient to allow ecosystems to adapt naturally to climate change, to ensure that food

제 2 조
목 적

이 협약과 당사국총회가 채택하는 모든 관련 법적 문서의 궁극적 목적은, 협약의 관련규정에 따라, 기후체계가 위험한 인위적 간섭을 받지 않는 수준으로 대기중 온실가스 농도의 안정화를 달성하는 것이다. 그러한 수준은 생태계가 자연적으로 기후변화에 적응하고 식량생산이 위협받지 않으며 경제개발이 지속가능한 방식으로 진행되도록 할 수 있기에 충분한 기간 내에 달성되어야 한다.

production is not threatened and to enable economic development to proceed in a sustainable manner.

Article 3
Principles

제3조
원 칙

In their actions to achieve the objective of the Convention and to implement its provisions, the Parties shall be guided, inter alia, by the following:

협약의 목적을 달성하고 그 규정을 이행하기 위한 행동에 있어서, 당사자는 무엇보다도 다음 원칙에 따른다.

1. The Parties should protect the climate system for the benefit of present and future generations of humankind, on the basis of equity and in accordance with their common but differentiated responsibilities and respective capabilities. Accordingly, the developed country Parties should take the lead in combating climate change and the adverse effects thereof.

1. 당사자는 형평에 입각하고 공통적이면서도 그 정도에 차이가 나는 책임과 각각의 능력에 따라 인류의 현재 및 미래 세대의 이익을 위하여 기후체계를 보호해야 한다. 따라서, 선진국인 당사자는 기후변화 및 그 부정적 효과에 대처하는 데 있어 선도적 역할을 해야 한다.

2. The specific needs and special circumstances of developing country Parties, especially those that are particularly vulnerable to the adverse effects of climate change, and of those Parties, especially developing country Parties, that would have to bear a disproportionate or abnormal burden under the Convention, should be given full consideration.

2. 기후변화의 부정적 효과에 특별히 취약한 국가 등 개발도상국인 당사자와, 개발도상국인 당사자를 포함하여 이 협약에 따라 불균형적이며 지나친 부담을 지게 되는 당사자의 특수한 필요와 특별한 상황은 충분히 고려되어야 한다.

3. The Parties should take precautionary measures to anticipate, prevent or minimize the causes of climate change and mitigate its adverse effects. Where

3. 당사자는 기후변화의 원인을 예견·방지 및 최소화하고 그 부정적 효과를 완화하기 위한 예방조치를 취하여야 한다. 심각하거나 회복할 수 없는 손상의 위협이 있는 경우,

there are threats of serious or irreversible damage, lack of full scientific certainty should not be used as a reason for postponing such measures, taking into account that policies and measures to deal with climate change should be cost-effective so as to ensure global benefits at the lowest possible cost. To achieve this, such policies and measures should take into account different socio-economic contexts, be comprehensive, cover all relevant sources, sinks and reservoirs of greenhouse gases and adaptation, and comprise all economic sectors. Efforts to address climate change may be carried out cooperatively by interested Parties.

충분한 과학적 확실성이 없다는 이유로 이러한 조치를 연기하여서는 아니되며, 기후변화를 다루는 정책과 조치는 최저비용으로 세계적 이익을 보장할 수 있도록 비용효과적이어야 한다. 이 목적을 달성하기 위하여, 이러한 정책과 조치는 서로 다른 사회경제적 상황을 고려하여야 하고, 종합적이어야 하며, 온실가스의 모든 관련 배출원·흡수원 및 저장소 그리고 적응 조치를 포함하여야 하며, 모든 경제분야를 포괄하여야 한다. 기후변화에 대한 대응노력은 이해 당사자가 협동하여 수행할 수 있다.

4. The Parties have a right to, and should, promote sustainable development. Policies and measures to protect the climate system against human-induced change should be appropriate for the specific conditions of each Party and should be integrated with national development programmes, taking into account that economic development is essential for adopting measures to address climate change.

4. 당사자는 지속가능한 발전을 증진할 권리를 보유하며 또한 증진하여야 한다. 경제발전이 기후변화에 대응하는 조치를 취하는 데 필수적임을 고려하여, 인간활동으로 야기된 기후변화로부터 기후체계를 보호하기 위한 정책과 조치는 각 당사자의 특수한 상황에 적절하여야 하며 국가개발계획과 통합되어야 한다.

5. The Parties should cooperate to promote a supportive and open international economic system that would lead to sustainable economic growth and development in all Parties, particularly developing country Parties, thus enabling them better to address the problems of climate change. Measures

5. 당사자는 모든 당사자, 특히 개발도상국인 당사자가 지속적 경제 성장과 발전을 이룩하고 그럼으로써 기후변화문제에 더 잘 대응할 수 있도록 하는 지지적이며 개방적인 국제경제체제를 촉진하기 위하여 협력한다. 일방적 조치를 포함하여 기후변화에 대처하기 위하여 취한 조치는 국제무역에 대한 자의적 또는 정당화할 수 없는 차별수단이나

taken to combat climate change, including unilateral ones, should not constitute a means of arbitrary or unjustifiable discrimination or a disguised restriction on international trade.

위장된 제한수단이 되어서는 아니된다.

Article 4
Commitments

제 4 조
공 약

1. All Parties, taking into account their common but differentiated responsibilities and their specific national and regional development priorities, objectives and circumstances, shall:

1. 모든 당사자는 공통적이면서도 그 정도에 차이가 나는 책임과 자기나라의 특수한 국가적, 지역적 개발우선순위·목적 및 상황을 고려하여 다음 사항을 수행한다.

(a) Develop, periodically update, publish and make available to the Conference of the Parties, in accordance with Article 12, national inventories of anthropogenic emissions by sources and removals by sinks of all greenhouse gases not controlled by the Montreal Protocol, using comparable methodologies to be agreed upon by the Conference of the Parties;

가. 당사국총회가 합의하는 비교가능한 방법론을 사용하여, 몬트리올의정서에 의하여 규제되지 않는 모든 온실가스의 배출원에 따른 인위적 배출과 흡수원에 따른 제거에 관한 국가통계를 제12조에 따라 작성, 정기적으로 갱신 및 공표하고 당사국총회에 통보한다.

(b) Formulate, implement, publish and regularly update national and, where appropriate, regional programmes containing measures to mitigate climate change by addressing anthropogenic emissions by sources and removals by sinks of all greenhouse gases not controlled by the Montreal Protocol, and measures to facilitate adequate adaptation to climate change;

나. 몬트리올의정서에 의하여 규제되지 않는 모든 온실가스의 배출원에 따른 인위적 배출의 방지와 흡수원에 따른 제거를 통하여 기후변화를 완화하는 조치와 기후변화에 충분한 적응을 용이하게 하는 조치를 포함한 국가적 및 적절한 경우 지역적 계획을 수립·실시·공표하고 정기적으로 갱신한다.

(c) Promote and cooperate in the development, application and diffusion, includeing transfer, of technologies,

다. 에너지·수송·산업·농업·임업 그리고 폐기물관리분야를 포함한 모든 관련분야에서 몬트리올의정서에 의하여 규제되지 않는

practices and processes that control, reduce or prevent anthropogenic emissions of greenhouse gases not controlled by the Montreal Protocol in all relevant sectors, including the energy, transport, industry, agriculture, forestry and waste management sectors;

온실가스의 인위적 배출을 규제·감축 또는 방지하는 기술·관행 및 공정을 개발·적용하고, 이전을 포함하여 확산시키는 것을 촉진하고 협력한다.

(d) Promote sustainable management, and promote and cooperate in the conservation and enhancement, as appropriate, of sinks and reservoirs of all green-house gases not controlled by the Montreal Protocol, including biomass, forests and oceans as well as other terrestrial, coastal and marine ecosystems;

라. 생물자원·산림·해양과 그 밖의 육상·연안 및 해양 생태계 등 몬트리올의정서에 의하여 규제되지 않는 온실가스의 흡수원과 저장소의 지속가능한 관리를 촉진하고 또한 적절한 보존 및 강화를 촉진하며 이를 위해 협력한다.

(e) Cooperate in preparing for adaptation to the impacts of climate change; develop and elaborate appropriate and integrated plans for coastal zone management, water resources and agriculture, and for the protection and rehabilitation of areas, particularly in Africa, affected by drought and desertification, as well as floods;

마. 기후변화의 영향에 대한 적응을 준비하는데 협력한다. 즉, 연안관리·수자원 및 농업을 위한 계획 그리고 특히 아프리카 등 가뭄·사막화 및 홍수에 의하여 영향받는 지역의 보호와 복구를 위한 적절한 통합계획을 개발하고 발전시킨다.

(f) Take climate change considerations into account, to the extent feasible, in their relevant social, economic and environmental policies and actions, and employ appropriate methods, for example impact assessments, formulated and determined nationally, with a view to minimizing adverse effects on the economy, on public health and on the quality of the environment, of projects or measures undertaken by them to mitigate or adapt to climate change;

바. 관련 사회·경제 및 환경정책과 조치에서 가능한 한 기후 변화를 고려하며, 기후변화를 완화하고 이에 적응하기 위하여 채택한 사업과 조치가 경제·공중보건 및 환경의 질에 미치는 부정적 효과를 최소화할 수 있도록, 예를 들어 영향평가와 같은, 국가적으로 입안되고 결정된 적절한 방법을 사용한다.

(g) Promote and cooperate in scientific,

사. 기후변화의 원인·결과·규모·시기 및 여러

technological, technical, socio-economic and other research, systematic observation and development of data archives related to the climate system and intended to further the understanding and to reduce or eliminate the remaining uncertainties regarding the causes, effects, magnitude and timing of climate change and the economic and social consequences of various response strategies;

대응전략의 경제적·사회적 결과에 관한 이해를 증진시키고 또한 이에 관한 잔존 불확실성을 축소·제거하기 위하여 기후체계와 관련된 과학적·기술적·기능적·사회경제적 및 그 밖의 조사, 체계적 관측 그리고 자료보관소의 설치를 촉진하고 협력한다.

(h) Promote and cooperate in the full, open and prompt exchange of relevant scientific, technological, technical, socio-economic and legal information related to the climate system and climate change, and to the economic and social consequences of various response strategies;

아. 기후체계와 기후변화, 그리고 여러 대응전략의 경제적·사회적 결과와 관련된 과학적·기술적·기능적·사회 경제적 및 법률적 정보의 포괄적, 공개적 그리고 신속한 교환을 촉진하고 협력한다.

(i) Promote and cooperate in education, training and public awareness related to climate change and encourage the widest participation in this process, including that of non-governmental organizations; and

자. 기후변화에 관한 교육, 훈련 및 홍보를 촉진하고 협력하며, 이러한 과정에 비정부간기구 등의 광범위한 참여를 장려한다.

(j) Communicate to the Conference of the Parties information related to implementation, in accordance with Article 12.

차. 제12조에 따라 이행관련 정보를 당사국총회에 통보한다.

2. The developed country Parties and other Parties included in Annex I commit themselves specifically as provided for in the following:

2. 부속서 1에 포함된, 선진국인 당사자와 그 밖의 당사자는 특히 다음에 규정된 사항을 수행할 것에 합의한다.

(a) Each of these Parties shall adopt national policies and take corresponding measures on the mitigation of climate

가. 당사자는 온실가스의 인위적 배출을 제한하고 온실가스의 흡수원과 저장소를 보호·강화함으로써 기후변화의 완화에 관한 국

change, by limiting its anthropogenic emissions of greenhouse gases and protecting and enhancing its greenhouse gas sinks and reservoirs. These policies and measures will demonstrate that developed countries are taking the lead in modifying longer-term trends in anthropogenic emissions consistent with the objective of the Convention, recognizing that the return by the end of the present decade to earlier levels of anthropogenic emissions of carbon dioxide and other greenhouse gases not controlled by the Montreal Protocol would contribute to such modification, and taking into account the differences in these Parties' starting points and approaches, economic structures and resource bases, the need to maintain strong and sustainable economic growth, available technologies and other individual circumstances, as well as the need for equitable and appropriate contributions by each of these Parties to the global effort regarding that objective. These Parties may implement such policies and measures jointly with other Parties and may assist other Parties in contributing to the achievement of the objective of the Convention and, in particular, that of this subparagraph;

(b) In order to promote progress to this end, each of these Parties shall communicate, within six months of the entry into force of the Convention for it and periodically thereafter, and in accordance with Article 12, detailed information on its policies and

가정책을 채택하고 이에 상응하는 조치를 취한다. 이러한 정책과 조치를 취함으로써 선진국은 이 협약의 목적에 부합하도록 인위적 배출의 장기적 추세를 수정하는데 선도적 역할을 수행함을 증명한다. 선진국은 이러한 역할을 수행함에 있어 이산화탄소와 몬트리올의정서에 의하여 규제되지 않는 그 밖의 온실가스의 인위적 배출을 1990년대 말까지 종전 수준으로 회복시키는 것이 그러한 수정에 기여함을 인식하고 각 당사자의 출발점 및 접근 방법·경제구조 그리고 자원기반의 차이, 강력하고 지속 가능한 경제성장을 유지할 필요성, 가용기술 그리고 여타 개별적 상황, 아울러 이 목적에 대한 세계적 노력에 각 당사자가 공평하고 적절하게 기여할 필요성을 고려한다. 선진국인 당사자는 그 밖의 당사자와 이러한 정책과 조치를 공동으로 이행할 수 있으며, 또한 그 밖의 당사자가 협약의 목적, 특히 본호의 목적을 달성하는데 기여하도록 지원할 수 있다.

나. 이러한 목적달성을 촉진하기 위하여 당사자는 이산화탄소와 몬트리올의정서에 의하여 규제되지 않는 그 밖의 온실가스의 인위적 배출을 개별적 또는 공동으로 1990년 수준으로 회복시키기 위한 목적으로, 가호에 언급된 정책 및 조치에 관한 상세한 정보

measures referred to in subparagraph (a) above, as well as on its resulting projected anthropogenic emissions by sources and removals by sinks of greenhouse gases not controlled by the Montreal Protocol for the period referred to in subparagraph (a), with the aim of returning individually or jointly to their 1990 levels these anthropogenic emissions of carbon dioxide and other greenhouse gases not controlled by the Montreal Protocol. This information will be reviewed by the Conference of the Parties, at its first session and periodically thereafter, in accordance with Article 7;

와, 가호에 언급된 기간 동안에 이러한 정책과 조치의 결과로 나타나는 몬트리올의정서에 의하여 규제되지 않는 온실가스의 배출원에 따른 인위적 배출과 흡수원에 따른 제거에 관한 상세한 정보를 협약이 자기 나라에 대하여 발효한 후 6월 이내에, 또한 그 이후에는 정기적으로 제12조에 따라 통보한다. 당사국총회는 제7조에 따라 제1차 회기에서, 또한 그 이후에는 정기적으로 이러한 정보를 검토한다.

(c) Calculations of emissions by sources and removals by sinks of greenhouse gases for the purposes of subparagraph (b) above should take into account the best available scientific knowledge, including of the effective capacity of sinks and the respective contributions of such gases to climate change. The Conference of the Parties shall consider and agree on methodologies for these calculations at its first session and review them regularly thereafter;

다. 나호의 목적상 온실가스의 배출원에 따른 배출과 흡수원에 따른 제거에 관한 계산은 흡수원의 유효용량 및 기후변화에 대한 가스종별 기여도를 포함하는 최대한으로 이용가능한 과학적 지식을 고려하여야 한다. 당사국총회는 제1차 회기에서 이러한 계산방식에 대해 심의, 합의하고 그 이후에는 정기적으로 이를 검토한다.

(d) The Conference of the Parties shall, at its first session, review the adequacy of subparagraphs (a) and (b) above. Such review shall be carried out in the light of the best available scientific information and assessment on climate change and its impacts, as well as relevant technical, social and economic information. Based on this review, the Conference of the Parties shall take

라. 당사국총회는 제1차 회기에서 가호와 나호의 조치가 충분한 지를 검토한다. 이러한 검토는 기후변화와 그 영향에 대한 최대한으로 이용가능한 과학적 정보 및 평가와 아울러 관련 기술적·사회적 및 경제적 정보를 고려하여 수행한다. 이러한 검토에 입각하여 당사국총회는 적절한 조치를 취하며, 이에는 가호 및 나호의 공약에 대한 개정의 채택이 포함될 수 있다. 당사국총회는 제1

appropriate action, which may include the adoption of amendments to the commitments in subparagraphs (a) and (b) above. The Conference of the Parties, at its first session, shall also take decisions regarding criteria for joint implementation as indicated in subparagraph (a) above. A second review of subparagraphs (a) and (b) shall take place not later than 31 December 1998, and thereafter at regular intervals determined by the Conference of the Parties, until the objective of the Convention is met;

(e) Each of these Parties shall :

(i) Coordinate as appropriate with other such Parties, relevant economic and administrative instruments developed to achieve the objective of the Convention; and

(ii) Identify and periodically review its own policies and practices which encourage activities that lead to greater levels of anthropogenic emissions of greenhouse gases not controlled by the Montreal Protocol than would otherwise occur;

(f) The Conference of the Parties shall review, not later than 31 December 1998, available information with a view to taking decisions regarding such amendments to the lists in Annexes I and II as may be appropriate, with the approval of the Party concerned;

(g) Any Party not included in Annex I may, in its instrument of ratification, acceptance, approval or accession, or at any time thereafter, notify the

차 회기에서 가호에 규정된 공동이행에 관한 기준을 또한 결정한다. 가호와 나호에 대한 제2차 검토는 1998년 12월 31일 이전에 실시하며, 그 이후에는 이 협약의 목적이 달성될 때까지 당사국총회가 결정하는 일정한 간격으로 실시한다.

마. 당사자는 다음을 수행한다.

(i) 협약의 목적을 달성하기 위하여 개발된 관련 경제적 및 행정적 수단들을 적절히 그 밖의 당사자와 조정한다.

(ii) 몬트리올의정서에 의하여 규제되지 않는 온실가스의 인위적 배출수준의 증가를 초래하는 활동을 조장하는 정책과 관행을 찾아내어 정기적으로 검토한다.

바. 당사국총회는 관련 당사자의 승인을 얻어 부속서 1·2의 명단을 적절히 수정할 지를 결정하기 위하여 1998년 12월 31일 이전에 이용 가능한 정보를 검토한다.

사. 부속서 1에 포함되지 않은 당사자는 비준서·수락서·승인서 또는 가입서에서, 그리고 그 이후에는 언제든지 가호와 나호에 구속받고자 하는 의사를 수탁자에게 통고

Depositary that it intends to be bound by subparagraphs (a) and (b) above. The Depositary shall inform the other signatories and Parties of any such notification.

할 수 있다. 수탁자는 그러한 통고를 서명자 또는 당사자에게 통보한다.

3. The developed country Parties and other developed Parties included in Annex II shall provide new and additional financial resources to meet the agreed full costs incurred by developing country Parties in complying with their obligations under Article 12, paragraph 1. They shall also provide such financial resources, including for the transfer of technology, needed by the developing country Parties to meet the agreed full incremental costs of implementing measures that are covered by paragraph 1 of this Article and that are agreed between a developing country Party and the international entity or entities referred to in Article 11, in accordance with that Article. The implementation of these commitments shall take into account the need for adequacy and predictability in the flow of funds and the importance of appropriate burden sharing among the developed country Parties.

3. 부속서 2에 포함된, 선진국인 당사자와 그 밖의 선진당사자는 개발도상국이 제12조 제1항에 따른 공약을 이행하는 데에서 부담하는 합의된 만큼의 모든 비용을 충족시키기 위하여 새로운 추가적 재원을 제공한다. 이러한 당사자는 또한 기술이전을 위한 비용을 포함하여, 본조 제1항에 규정된 것으로서 개발도상국이 제11조에 언급된 국제기구 또는 국제기구들과 합의한 조치를 이행하는 데에서 발생하는, 합의된 만큼의 모든 부가비용을 충족시키기 위하여 제11조에 따라 개발도상국인 당사자가 필요로 하는 새로운 추가적 재원을 제공한다. 이러한 공약의 이행에는 자금 흐름의 충분성과 예측 가능성 및 선진국인 당사자간의 적절한 부담배분의 중요성을 고려한다.

4. The developed country Parties and other developed Parties included in Annex II shall also assist the developing country Parties that are particularly vulnerable to the adverse effects of climate change in meeting costs of adaptation to those adverse effects.

4. 부속서 2에 포함된, 선진국인 당사자와 그 밖의 선진당사자는 또한 기후변화의 부정적 효과에 특히 취약한 개발도상국인 당사자가 이러한 부정적 효과에 적응하는 비용을 부담할 수 있도록 지원한다.

5. The developed country Parties and other developed Parties included in Annex II shall take all practicable steps to promote, facilitate and finance, as appropriate, the transfer of, or access to, environmentally sound technologies and knowhow to other Parties, particularly developing country Parties, to enable them to implement the provisions of the Convention. In this process, the developed country Parties shall support the development and enhancement of endogenous capacities and technologies of developing country Parties. Other Parties and organizations in a position to do so may also assist in facilitating the transfer of such technologies.

5. 부속서 2에 포함된, 선진국인 당사자와 그 밖의 선진당사자는 다른 당사자, 특히 개발도상국인 당사자가 이 협약의 규정을 이행할 수 있도록 환경적으로 건전한 기술과 노우하우의 이전 또는 이에 대한 접근을 적절히 증진·촉진하며, 그리고 이에 필요한 재원을 제공하기 위한 모든 실행 가능한 조치를 취한다. 이러한 과정에서 선진국인 당사자는 개발도상국인 당사자의 내생적 능력과 기술의 개발 및 향상을 지원한다. 지원할 수 있는 위치에 있는 그 밖의 당사자와 기구도 이러한 기술이전을 용이하게 하도록 지원할 수 있다.

6. In the implementation of their commitments under paragraph 2 above, a certain degree of flexibility shall be allowed by the Conference of the Parties to the Parties included in Annex I undergoing the process of transition to a market economy, in order to enhance the ability of these Parties to address climate change, including with regard to the historical level of anthropogenic emissions of greenhouse gases not controlled by the Montreal Protocol chosen as a reference.

6. 제2항의 공약을 이행하는 데 있어, 부속서 1에 포함된 당사자로서 시장경제로의 이행과정에 있는 당사자에 대해서는 기후변화에 대응하는 능력을 향상시키도록 당사국총회로부터 어느 정도의 융통성이 허용되며, 이에는 기준으로 선정된 몬트리올의정서에 의해 규제되지 않는 온실가스의 과거 인위적 배출수준에 관한 사항이 포함된다.

7. The extent to which developing country Parties will effectively implement their commitments under the Convention will depend on the effective implementation by developed country Parties of their commitments under the Convention

7. 개발도상국인 당사자의 협약에 따른 공약의 효과적 이행정도는 선진국인 당사자가 재원 및 기술이전에 관한 협약상의 공약을 얼마나 효과적으로 이행할 지에 달려있으며, 경제적·사회적 개발과 빈곤 퇴치가 개발도상국의 제1차적이며 가장 앞서는 우선순위임

related to financial resources and transfer of technology and will take fully into account that economic and social development and poverty eradication are the first and overriding priorities of the developing country Parties.

을 충분히 고려한다.

8. In the implementation of the commitments in this Article, the Parties shall give full consideration to what actions are necessary under the Convention, including actions related to funding, insurance and the transfer of technology, to meet the specific needs and concerns of developing country Parties arising from the adverse effects of climate change and/or the impact of the implementation of response measures, especially on:

8. 본조의 공약을 이행하는 데 있어, 당사자는 특히 다음에 열거한 각 지역에 대한 기후변화의 부정적 효과 그리고/또는 대응조치의 이행에 따른 영향으로부터 발생하는 개발도상국인 당사자의 특수한 필요와 관심을 충족시키기 위하여 재원제공, 보험 그리고 기술이전과 관련된 조치를 포함하여 이 협약에 따라 어떠한 조치가 필요한 지를 충분히 고려한다.

(a) Small island countries;

가. 소도서국가

(b) Countries with low-lying coastal areas;

나. 저지대 연안을 보유한 국가

(c) Countries with arid and semi-arid areas, forested areas and areas liable to forest decay;

다. 건조·반건조지역, 산림지역 및 산림황폐에 취약한 지역을 보유한 국가

(d) Countries with areas prone to natural disasters;

라. 자연재해에 취약한 지역을 보유한 국가

(e) Countries with areas liable to drought and desertification;

마. 가뭄과 사막화에 취약한 지역을 보유한 국가

(f) Countries with areas of high urban atmospheric pollution;

바. 도시대기가 고도로 오염된 지역을 보유한 국가

(g) Countries with areas with fragile eco-systems, including mountainous ecosystems;

사. 산악 생태계를 포함하여 연약한 생태계 지역을 보유한 국가

(h) Countries whose economies are highly dependent on income generated from the production, processing and export, and/or on consumption of fossil fuels

아. 화석연료와 이에 연관된 에너지 집약적 생산품의 생산·가공 및 수출로부터 얻는 소득에, 그리고/또는 화석연료와 이에 연관된 에너지 집약적 생산품의 소비에 크게 의존

and associated energy-intensive products; and

(i) Land-locked and transit countries. Further, the Conference of the Parties may take actions, as appropriate, with respect to this paragraph.

9. The Parties shall take full account of the specific needs and special situations of the least developed countries in their actions with regard to funding and transfer of technology.

10. The Parties shall, in accordance with Article 10, take into consideration in the implementation of the commitments of the Convention the situation of Parties, particularly developing country Parties, with economies that are vulnerable to the adverse effects of the implementation of measures to respond to climate change. This applies notably to Parties with economies that are highly dependent on income generated from the production, processing and export, and/or consumption of fossil fuels and associated energy-intensive products and/or the use of fossil fuels for which such Parties have serious difficulties in switching to alternatives.

Article 5
Research and systematic observation

In carrying out their commitments under Article 4, paragraph 1(g), the Parties shall:

(a) Support and further develop, as

하는 경제를 보유한 국가

자. 내륙국과 경유국 또한, 당사국총회는 본 항과 관련하여 적절한 조치를 취할 수 있다.

9. 당사자는 재원제공 및 기술이전과 관련된 조치에서 최빈국의 특수한 필요와 특별한 상황을 충분히 고려한다.

10. 당사자는, 협약의 공약을 이행함에 있어, 기후변화에 대응하기 위한 조치의 이행에 따라 발생하는 부정적 효과에 취약한 경제를 가진 당사자, 특히 개발도상국인 당사자의 여건을 제10조에 따라 고려한다. 이는 화석연료와 이에 연관된 에너지 집약적 생산품의 생산·가공 및 수출로부터 발생하는 소득에 크게 의존하는, 그리고/또는 화석연료와 이에 연관된 에너지 집약적 생산품의 소비에 크게 의존하는, 그리고/또는 다른 대체에너지로 전환하는 데 심각한 어려움을 갖고 있어 화석 연료 사용에 크게 의존하는 경제를 보유한 당사자에게 특히 적용된다.

제5조
조사 및 체계적 관측

제4조 제1항 사호의 공약을 이행함에 있어, 당사자는 다음과 같이 한다.

가. 노력의 중복을 최소화할 필요성을 고려하여

appropriate, international and intergovernmental programmes and networks or organizations aimed at defining, conducting, assessing and financing research, data collection and systematic observation, taking into account the need to minimize duplication of effort;

조사·자료 수집 및 체계적 관측에 관한 정의수립·실시·평가 및 경비지원을 목적으로 하는 국제적 및 정부간 계획·조직 또는 기구를 적절히 지원하고 더욱 발전시킨다.

(b) Support international and intergovernmental efforts to strengthen systematic observation and national scientific and technical research capacities and capabilities, particularly in developing coun- tries, and to promote access to, and the exchange of, data and analyses thereof obtained from areas beyond national jurisdiction; and

나. 특히 개발도상국에 있어서 체계적 관측과 국가의 과학·기술 조사역량과 능력을 강화하며, 국가관할권 이원지역에서 획득된 자료 및 그 분석결과에의 접근 및 교환을 촉진하는 국제적 및 정부간 노력을 지원한다.

(c) Take into account the particular concerns and needs of developing countries and cooperate in improving their endogenous capacities and capabilities to participate in the efforts referred to in subparagraphs (a) and (b) above.

다. 개발도상국의 특별한 관심과 필요를 고려하며, 가호 및 나호에 언급된 노력에 참여하기 위한 개발도상국의 내생적 역량과 능력을 향상시키는 데 협력한다.

Article 6
Education, training and public awareness

제 6 조
교육, 훈련 및 홍보

In carrying out their commitments under Article 4, paragraph 1(i), the Parties shall:

제4조 제1항 자호의 공약을 이행함에 있어, 당사자는 다음과 같이 한다.

(a) Promote and facilitate at the national and, as appropriate, subregional and regional levels, and in accordance with national laws and regulations, and with-in their respective capacities

(i) The development and implementation of

가. 국내적 차원 및 적절한 경우 소지역적 및 지역적 차원에서 국내법령에 따라, 또한 각자의 능력 안에서 다음 사항을 촉진하고 장려한다.

(i) 기후변화와 그 효과에 관한 교육 및 홍

educational and public awareness programmes on climate change and its effects;

(ii) Public access to information on climate change and its effects;

(iii) Public participation in addressing climate change and its effects and developing adequate responses; and

(iv) Training of scientific, technical and managerial personnel.

(b) Cooperate in and promote, at the international level, and, where appropriate, using existing bodies:

(i) The development and exchange of educational and public awareness material on climate change and its effects; and

(ii) The development and implementation of education and training programmes, including the strengthening of national institutions and the exchange or secondment of personnel to train experts in this field, in particular for developing countries.

보계획의 개발과 실시

(ii) 기후변화와 그 효과에 관한 정보에의 공공의 접근

(iii) 기후변화와 그 효과에 대응하고 적절한 대응책을 개발하는 데 대한 공공의 참여

(iv) 과학·기술 및 관리요원의 양성

나. 국제적 차원에서 그리고 적절한 경우 기존 기구를 이용하여 다음 사항에서 협력하고 이를 촉진한다.

(i) 기후변화와 그 효과에 관한 교육 및 홍보 자료의 개발과 교환

(ii) 특히 개발도상국을 위하여 이 분야의 전문가를 양성할 국내기관의 강화와 요원의 교류 또는 파견을 포함하는 교육·훈련계획의 개발과 실시

Article 7
Conference of the Parties

1. A Conference of the Parties is hereby established.

2. The Conference of the Parties, as the supreme body of this Convention, shall keep under regular review the implementation of the Convention and any related legal instruments that the

제 7 조
당사국총회

1. 당사국총회를 이에 설치한다.

2. 당사국총회는 협약의 최고기구로서 협약 및 당사국총회가 채택하는 관련 법적 문서의 이행상황을 정기적으로 검토하며, 권한의 범위 안에서 협약의 효과적 이행 촉진에 필요한 결정을 한다. 이를 위하여 당사국총회

Conference of the Parties may adopt, and shall make, within its mandate, the decisions necessary to promote the effective implementation of the Convention. To this end, it shall:

는 다음을 수행한다.

(a) Periodically examine the obligations of the Parties and the institutional arrangements under the Convention, in the light of the objective of the Convention, the experience gained in its implementation and the evolution of scientific and technological knowledge;

가. 협약의 목적, 협약의 이행과정에서 얻은 경험 및 과학·기술지식의 발전에 비추어 협약에 따른 당사자의 공약과 제도적 장치를 정기적으로 검토한다.

(b) Promote and facilitate the exchange of information on measures adopted by the Parties to address climate change and its effects, taking into account the differing circumstances, responsibilities and capabilities of the Parties and their respective commitments under the Convention;

나. 당사자의 서로 다른 여건·책임 및 능력과 협약상의 각자의 공약을 고려하여, 기후변화와 그 효과에 대응하기 위하여 당사자가 채택한 조치에 관한 정보의 교환을 촉진하고 용이하게 한다.

(c) Facilitate, at the request of two or more Parties, the coordination of measures adopted by them to address climate change and its effects, taking into account the differing circumstances, responsibilities and capabilities of the Parties and their respective commitments under the Convention;

다. 둘 또는 그 이상의 당사자의 요청이 있는 경우, 당사자의 서로 다른 여건·책임 및 능력과 협약에 따른 각자의 공약을 고려하여, 기후변화 및 그 효과에 대응하기 위하여 당사자가 채택한 조치의 조정을 용이하게 한다.

(d) Promote and guide, in accordance with the objective and provisions of the Convention, the development and periodic refinement of comparable methodologies, to be agreed on by the Conference of the Parties, inter alia, for preparing inventories of greenhouse gas emissions by sources and removals by sinks, and for evaluating the

라. 협약의 목적과 규정에 따라, 특히 온실가스의 배출원에 따른 배출 및 흡수원에 따른 제거에 관한 목록을 작성하고, 온실가스의 배출을 제한하고 제거를 강화하는 조치의 유효성을 평가하기 위한, 당사국총회에서 합의될 비교 가능한 방법론의 개발 및 정기적 개선을 촉진하고 지도한다.

effectiveness of measures to limit the emissions and enhance the removals of these gases;

(e) Assess, on the basis of all information made available to it in accordance with the provisions of the Convention, the implementation of the Convention by the Parties, the overall effects of the measures taken pursuant to the Convention, in particular environmental, economic and social effects as well as their cumulative impacts and the extent to which progress towards the objective of the Convention is being achieved;

마. 협약의 규정에 따라 제공된 모든 정보에 입각하여 당사자의 협약 이행상황, 협약에 따라 취한 조치의 전반적 효과, 특히 누적적 효과를 포함한 환경적·경제적·사회적 효과 및 협약의 목적 성취도를 평가한다.

(f) Consider and adopt regular reports on the implementation of the Convention and ensure their publication;

바. 협약의 이행에 관한 정기보고서를 심의, 채택하고 공표한다.

(g) Make recommendations on any matters necessary for the implementation of the Convention;

사. 협약의 이행에 필요한 모든 사항에 대하여 권고한다.

(h) Seek to mobilize financial resources in accordance with Article 4, paragraphs 3, 4 and 5, and Article 11;

아. 제4조 제3항·제4항·제5항 및 제11조에 따라 재원의 동원을 추구한다.

(i) Establish such subsidiary bodies as are deemed necessary for the implementation of the Convention;

자. 협약의 이행에 필요하다고 판단되는 보조기관을 설치한다.

(j) Review reports submitted by its subsidiary bodies and provide guidance to them;

차. 보조기관이 제출하는 보고서를 검토하고 지침을 준다.

(k) Agree upon and adopt, by consensus, rules of procedure and financial rules for itself and for any subsidiary bodies;

카. 총회 및 보조기관의 의사규칙 및 재정규칙을 콘센서스로 합의하여 채택한다.

(l) Seek and utilize, where appropriate, the services and cooperation of, and information provided by, competent international organizations and intergovernmental and non-governmental bodies; and

타. 적절한 경우, 권한있는 국제기구·정부간기구 및 비정부간 기구의 지원과 협력 및 이들 기구에 의해 제공되는 정보를 입수하여 이용한다.

(m) Exercise such other functions as are

파. 협약에 따라 부여된 모든 기능과 협약의 목

required for the achievement of the objective of the Convention as well as all other functions assigned to it under the Convention.

적달성을 위하여 요구되는 그 밖의 기능을 수행한다.

3. The Conference of the Parties shall, at its first session, adopt its own rules of procedure as well as those of the subsidiary bodies established by the Convention, which shall include decision-making procedures for matters not already covered by decision-making procedures stipulated in the Convention. Such procedures may include specified majorities required for the adoption of particular decisions.

3. 당사국총회는 제1차 회기에서 총회 및 협약에 의하여 설치되는 보조기관의 의사규칙을 채택하며, 이 의사규칙은 협약에 규정된 의사 결정절차에서 다루지 않는 문제에 관한 의사결정절차를 포함한다. 이 절차에는 특별한 결정의 채택에 필요한 특정 의결정족수를 포함할 수 있다.

4. The first session of the Conference of the Parties shall be convened by the interim secretariat referred to in Article 21 and shall take place not later than one year after the date of entry into force of the Convention. Thereafter, ordinary sessions of the Conference of the Parties shall be held every year unless otherwise decided by the Conference of the Parties.

4. 당사국총회 제1차 회기는 제21조에 규정된 임시사무국이 소집하며 협약 발효 후 1년 이내에 개최한다. 그 이후에는 당사국총회가 달리 결정하지 아니하는 한, 당사국총회 정기회기는 매년 개최된다.

5. Extraordinary sessions of the Conference of the Parties shall be held at such other times as may be deemed necessary by the Conference, or at the written request of any Party, provided that, within six months of the request being communicated to the Parties by the secretariat, it is supported by at least one third of the Parties.

5. 당사국총회 특별회기는 총회가 필요하다고 인정하는 때에 또는 당사자의 서면요청에 의하여 개최한다. 다만, 이러한 서면요청은 사무국이 이를 당사자에게 통보한 후 6월 이내에 최소한 당사자 3분의 1의 지지를 받아야 한다.

6. The United Nations, its specialized agencies and the International Atomic

6. 국제연합 · 국제연합전문기구 · 국제원자력기구 및 이들 기구의 회원국 또는 옵서버인

Energy Agency, as well as any State member thereof or observers thereto not Party to the Convention, may be represented at sessions of the Conference of the Parties as observers. Any body or agency, whether national or international, governmental or non-governmental, which is qualified in matters covered by the Convention, and which has informed the secretariat of its wish to be represented at a session of the Conference of the Parties as an observer, may be so admitted unless at least one third of the Parties present object. The admission and participation of observers shall be subject to the rules of procedure adopted by the Conference of the Parties.

비당사자는 당사국총회 회기에 옵서버로 참석할 수 있다. 협약과 관련된 분야에서 자격을 갖춘 국내적 또는 국제적 기구나 기관 및 정부간 또는 비정부간 기구나 기관이 당사국총회 회기에 옵서버로서 참석할 희망을 사무국에 통보한 경우, 최소한 출석 당사자 3분의 1이 반대하지 아니하는 한 참석이 허용될 수 있다. 옵서버의 참석허용 및 회의참가는 당사국총회가 채택한 의사규칙에 따른다.

Article 8
Secretariat

1. A secretariat is hereby established.

2. The functions of the secretariat shall be:

(a) To make arrangements for sessions of the Conference of the Parties and its subsidiary bodies established under the Convention and to provide them with services as required;

(b) To compile and transmit reports submitted to it;

(c) Tofacilitate assistance to the Parties, particularly developing country Parties, on request, in the compilation and communication of information required in accordance with the provisions of the Convention;

제8조
사 무 국

1. 사무국을 이에 설치한다.

2. 사무국의 기능은 다음과 같다.

가. 당사국총회 및 협약에 따라 설치되는 총회 보조기관의 회의준비와 이에 필요한 지원 제공

나. 사무국에 제출된 보고서의 취합 및 전달

다. 요청이 있을 경우, 당사자 특히 개발도상국인 당사자가 협약규정에 따라 요구되는 정보를 취합, 통보하는 데 있어 이에 대한 지원 촉진

(d) To prepare reports on its activities and present them to the Conference of the Parties;

(e) To ensure the necessary coordination with the secretariats of other relevant international bodies;

(f) To enter, under the overall guidance of the Conference of the Parties, into such administrative and contractual arrangements as may be required for the effective discharge of its functions; and

(g) To perform the other secretariat functions specified in the Convention and in any of its protocols and such other functions as may be determined by the Conference of the Parties.

3. The Conference of the Parties, at its first session, shall designate a permanent secretariat and make arrangements for its functioning.

라. 활동보고서의 작성 및 당사국총회에 대한 제출

마. 다른 유관 국제기구 사무국과의 필요한 협조 확보

바. 당사국총회의 전반적인 지침에 따라 효과적인 기능 수행에 필요한 행정적·계약적 약정 체결

사. 협약과 부속의정서에 규정된 그 밖의 사무국 기능과 당사국총회가 결정하는 그 밖의 기능 수행

3. 당사국총회는 제1차 회기에서 상설사무국을 지정하고 그 기능 수행에 필요한 준비를 한다.

Article 9
Subsidiary body for scientific and technological advice

1. A subsidiary body for scientific and technological advice is hereby established to provide the Conference of the Parties and, as appropriate, its other subsidiary bodies with timely information and advice on scientific and technological matters relating to the Convention. This body shall be open to participation by all Parties and shall be multidisciplinary. It shall comprise government representatives competent in the relevant field of expertise. It shall report

제9조
과학 · 기술자문 보조기관

1. 당사국총회와 적절한 경우 그 밖의 보조기관에 협약과 관련된 과학·기술문제에 관한 시의적절한 정보와 자문을 제공하기 위하여 과학·기술자문 보조기관을 이에 설치한다. 이 기관은 모든 당사자의 참여에 개방되며 여러 전문분야로 이루어진다. 이 기관은 유관 전문 분야의 권한있는 정부대표로 구성된다. 이 기관은 모든 작업상황에 관하여 당사국총회에 정기적으로 보고한다.

regularly to the Conference of the Parties on all aspects of its work.

2. Under the guidance of the Conference of the Parties, and drawing upon existing competent international bodies, this body shall:

(a) Provide assessments of the state of scientific knowledge relating to climate change and its effects;

(b) Prepare scientific assessments on the effects of measures taken in the implementation of the Convention;

(c) Identify innovative, efficient and state-of-the-art technologies and know-how and advise on the ways and means of promoting development and/or transferring such technologies;

(d) Provide advice on scientific programmes, international cooperation in research and development related to climate change, as well as on ways and means of supporting endogenous capacity building in developing countries; and

(e) Respond to scientific, technological and methodological questions that the Conference of the Parties and its subsidiary bodies may put to the body.

3. The functions and terms of reference of this body may be further elaborated by the Conference of the Parties.

2. 당사국총회의 지침에 따라, 그리고 권한있는 국제기구의 협력을 얻어 이 기관은 다음 사항을 수행한다.

가. 기후변화와 그 효과에 관한 과학지식의 현황에 대한 평가를 제공한다.

나. 협약의 이행과정에서 취한 조치의 효과에 대한 과학적 평가를 준비한다.

다. 혁신적·효율적인 첨단기술과 노우하우를 파악하고 그러한 기술의 개발 및/또는 이전을 촉진하는 방법과 수단에 관하여 자문한다.

라. 기후변화와 관련된 과학계획 및 연구개발을 위한 국제협력에 관한 자문과 개발도상국의 내생적 역량 형성을 지원하는 방법 및 수단에 관한 자문을 제공한다.

마. 당사국총회와 그 보조기관이 제기하는 과학적·기술적 및 방법론적 질문에 답변한다.

3. 이 기관의 기능과 권한은 당사국총회에서 더 구체화할 수 있다.

Article 10
Subsidiary body for implementation

1. A subsidiary body for implementation is hereby established to assist the Conference of the Parties in the assessment and review of the effective implementation of the Convention. This body shall be open to participation by all Parties and comprise government representatives who are experts on matters related to climate change. It shall report regularly to the Conference of the Parties on all aspects of its work.

2. Under the guidance of the Conference of the Parties, this body shall:

(a) Consider the information communicated in accordance with Article 12, paragraph 1, to assess the overall aggregated effect of the steps taken by the Parties in the light of the latest scientific assessments concerning climate change;
(b) Consider the information communicated in accordance with Article 12, paragraph 2, in order to assist the Conference of the Parties in carrying out the reviews required by Article 4, paragraph 2(d); and
(c) Assist the Conference of the Parties, as appropriate, in the preparation and implementation of its decisions.

제 10 조
이행을 위한 보조기관

1. 당사국총회가 협약의 효과적 이행상황을 평가하고 검토하는 것을 지원하기 위하여 이행을 위한 보조기관을 이에 설치한다. 이 기관은 모든 당사자의 참여에 개방되며 기후변화 분야의 전문가인 정부대표로 구성된다. 이 기관은 모든 작업상황에 관하여 당사자총회에 정기적으로 보고한다.

2. 당사국총회의 지침에 따라, 이 기관은 다음 사항을 수행한다.

가. 당사자가 취한 조치의 전반적인 종합적 효과를 평가하기 위하여, 제12조 제1항에 따라 통보된 정보를 기후변화에 관한 최신의 과학적 평가에 비추어 심의한다.

나. 당사국총회가 제4조 제2항 나호에 규정된 검토를 수행하는 것을 지원하기 위하여, 제12조 제2항에 따라 통보된 정보를 심의한다.

다. 적절한 경우, 당사국총회가 결의를 준비하고 이행하는 데 있어 이를 지원한다.

Article 11
Financial mechanism

1. A mechanism for the provision of financial resources on a grant or

제 11 조
재정지원체제

1. 기술이전을 포함하여 무상 또는 양허성 조건의 재원제공을 위한 지원체제를 이에 규

concessional basis, including for the transfer of technology, is hereby defined. It shall function under the guidance of and be accountable to the Conference of the Parties, which shall decide on its policies, programme priorities and eligibility criteria related to this Convention. Its operation shall be entrusted to one or more existing international entities.

정한다. 이 지원체제는 협약에 관련되는 정책, 계획의 우선순위 및 자격기준을 결정하는 당사국총회의 지침에 따라 기능을 수행하고 총회에 책임을 진다. 그 운영은 하나 또는 그 이상의 기존 국제기구에 위탁된다.

2. The financial mechanism shall have an equitable and balanced representation of all Parties within a transparent system of governance.

2. 재정지원체제는 투명한 관리제도 안에서 모든 당사자가 공평하고 균형있는 대표성을 갖는다.

3. The Conference of the Parties and the entity or entities entrusted with the operation of the financial mechanism shall agree upon arrangements to give effect to the above paragraphs, which shall include the following:

3. 당사국총회와 재정지원체제의 운영을 위탁받은 기구는 상기 두 항에 효력을 부여하기 위하여 다음 사항을 포함하는 운영요령에 합의한다.

(a) Modalities to ensure that the funded projects to address climate change are in conformity with the policies, programme priorities and eligibility criteria established by the Conference of the Parties;

가. 기후변화를 다루기 위한 재원제공사업이 당사국총회가 마련한 정책, 계획의 우선순위 및 자격기준에 부합하도록 보장하는 방식

(b) Modalities by which a particular funding decision may be reconsidered in light of these policies, programme priorities and eligibility criteria;

나. 특정 재원제공 결정을 이러한 정책, 계획의 우선순위 및 자격기준에 비추어 재심의하는 방식

(c) Provision by the entity or entities of regular reports to the Conference of the Parties on its funding operations, which is consistent with the requirement for accountability set out in paragraph 1 above; and

다. 제1항에 규정된 책임요건과 부합하게, 운영을 맡은 기구가 재원제공활동에 관한 정기보고서를 당사국총회에 제출하는 것

(d) Determination in a predictable and identifiable manner of the amount of funding necessary and available for the implementation of this Convention and the conditions under which that amount shall be periodically reviewed.

라. 예측 가능하고 확인 가능한 방식으로 협약 이행에 필요한 이용 가능한 재원제공액을 결정하고, 이 금액을 정기적으로 검토하는 조건에 관해 결정하는 것

4. The Conference of the Parties shall make arrangements to implement the above-mentioned provisions at its first session, reviewing and taking into account the interim arrangements referred to in Article 21, paragraph 3, and shall decide whether these interim arrangements shall be maintained. Within four years thereafter, the Conference of the Parties shall review the financial mechanism and take appropriate measures.

4. 당사국총회는 제21조 제3항에 언급된 임시조치를 검토, 심의하여 제1차 회기에서 상기 규정의 이행을 위한 준비를 하고 임시조치의 유지여부를 결정한다. 그로부터 4년이내에 당사국총회는 재정지원체제에 대해 검토하고 적절한 조치를 취한다.

5. The developed country Parties may also provide and developing country Parties avail themselves of, financial resources related to the implementation of the Convention through bilateral, regional and other multilateral channels.

5. 선진국인 당사자는 또한 협약이행과 관련된 재원을 양자적, 지역적 및 그 밖의 다자적 경로를 통하여 제공하고, 개발도상국인 당사자는 이를 이용할 수 있다.

Article 12
Communication of information related to implementation

제 12 조
이행관련 정보의 통보

1. In accordance with Article 4, paragraph 1, each Party shall communicate to the Conference of the Parties, through the secretariat, the following elements of information:

1. 제4조 제1항에 따라, 당사자는 사무국을 통하여 다음 사항의 정보를 당사국총회에 통보한다.

(a) A national inventory of anthropogenic emissions by sources and removals by sinks of all greenhouse gases not

가. 당사국총회에서 지지·합의할 비교 가능한 방법론을 이용하여 능력이 허용하는 한도 내에서 작성한 몬트리올의정서에 의해 규

controlled by the Montreal Protocol, to the extent its capacities permit, using comparable methodologies to be promoted and agreed upon by the Conference of the Parties;	제되지 않는 모든 온실가스의 배출원에 따른 인위적 배출과 흡수원에 따른 제거에 관한 국가통계
(b) A general description of steps taken or envisaged by the Party to implement the Convention; and	나. 협약이행을 위하여 당사자가 취했거나 계획중인 조치의 일반적인 서술
(c) Any other information that the Party considers relevant to the achievement of the objective of the Convention and suitable for inclusion in its communication, including, if feasible, material relevant for calculations of global emission trends.	다. 당사자가 협약 목적의 달성에 관련되고 통보에 포함시키는 것이 적합하다고 판단하는 그 밖의 정보. 이는 가능한 경우 세계적 배출추세 산출에 관련되는 자료를 포함함.
2. Each developed country Party and each other Party included in Annex I shall incorporate in its communication the following elements of information:	2. 부속서 1에 포함된, 선진국인 당사자와 그 밖의 당사자는 통보에 다음 사항의 정보를 포함한다.
(a) A detailed description of the policies and measures that it has adopted to implement its commitment under Article 4, paragraphs 2(a) and 2(b); and	가. 제4조 제2항 가호 · 나호의 공약이행을 위하여 채택한 정책 및 조치의 상세한 서술
(b) A specific estimate of the effects that the policies and measures referred to in subparagraph (a) immediately above will have on anthropogenic emissions by its sources and removals by its sinks of greenhouse gases during the period referred to in Article 4, paragraph 2 (a).	나. 상기 가호에 언급된 정책 및 조치가 제4조 제2항 가호에 언급된 기간 동안 온실가스의 배출원에 따른 인위적 배출 및 흡수원에 따른 제거에 미치는 효과에 대한 상세한 평가
3. In addition, each developed country Party and each other developed Party included in Annex II shall incorporate details of measures taken in accordance with Article 4, paragraphs 3, 4 and 5.	3. 또한 부속서 2에 포함된, 선진국인 당사자와 그 밖의 선진 당사자는 제4조 제3항 · 제4항 및 제5항에 따라 취한 조치의 상세내용을 포함한다.

4. Developing country Parties may, on a voluntary basis, propose projects for financing, including specific technologies, materials, equipment, techniques or practices that would be needed to implement such projects, along with, if possible, an estimate of all incremental costs, of the reductions of emissions and increments of removals of greenhouse gases, as well as an estimate of the consequent benefits.

4. 개발도상국인 당사자는 자발적으로 사업이행에 필요한 특정 기술·재료·장비·공법 또는 관행을 포함하는 재원제공사업을 제안할 수 있으며, 이러한 제안에는 가능한 경우 모든 부가비용에 대한 견적, 온실가스의 배출저감 및 제거증가에 대한 견적, 그리고 이로 인한 이익에 대한 평가를 포함한다.

5. Each developed country Party and each other Party included in Annex I shall make its initial communication within six months of the entry into force of the Convention for that Party. Each Party not so listed shall make its initial communication within three years of the entry into force of the Convention for that Party, or of the availability of financial resources in accordance with Article 4, paragraph 3. Parties that are least developed countries may make their initial communication at their discretion. The frequency of subsequent communications by all Parties shall be determined by the Conference of the Parties, taking into account the differentiated timetable set by this paragraph.

5. 부속서 1에 포함된, 선진국인 당사자와 그 밖의 당사자는 그 당사자에 대하여 협약이 발효한 후 6월 이내에 최초의 통보를 행한다. 그 밖의 당사자는 그 당사자에 대한 협약발효 후 3년 이내에, 또는 제4조 제3항에 따른 재원을 이용할 수 있는 때로부터 3년 이내에 최초의 통보를 행한다. 최빈국인 당사자는 자신의 재량에 따라 최초의 통보를 행한다. 모든 당사자의 그 후의 통보의 빈도는 당사국총회가 결정하며, 이에는 이 항에 규정된 차등적 일정을 고려한다.

6. Information communicated by Parties under this Article shall be transmitted by the secretariat as soon as possible to the Conference of the Parties and to any subsidiary bodies concerned. If necessary, the procedures for the communication of

6. 사무국은 본조에 따라 당사자가 통보한 정보를 당사국총회와 유관 보조기관에 가급적 신속히 전달한다. 필요하다면, 당사국총회는 정보의 통보절차를 추가로 심의할 수 있다.

information may be further considered by the Conference of the Parties.

7. From its first session, the Conference of the Parties shall arrange for the provision to developing country Parties of technical and financial support, on request, in compiling and communicating information under this Article, as well as in identifying the technical and financial needs associated with proposed projects and response measures under Article 4. Such support may be provided by other Parties, by competent international organizations and by the secretariat, as appropriate.

7. 당사국총회는 제1차 회기부터 개발도상국인 당사자가 본조에 따라 정보를 취합 및 통보하고 제4조에 따른 제안사업 및 대응조치와 연관된 기술적·재정적 소요를 판단하는 데 필요한 기술·재정지원을 요청에 따라 개발도상국인 당사자에게 제공하는 것을 주선한다. 그 밖의 당사자, 권한있는 국제기구 및 사무국은 적절한 경우 이러한 지원을 제공할 수 있다.

8. Any group of Parties may, subject to guidelines adopted by the Conference of the Parties, and to prior notification to the Conference of the Parties, make a joint communication in fulfilment of their obligations under this Article, provided that such a communication includes information on the fulfilment by each of these Parties of its individual obligations under the Convention.

8. 당사자로 구성된 집단은 당사국총회가 채택한 지침에 따르고 당사국총회에 사전통고하는 조건으로, 본조에 따른 공약을 이행하기 위하여 공동으로 통보를 행할 수 있다. 단, 이러한 통보에는 협약에 따른 각 당사자의 개별적 공약이행에 관한 정보가 포함되는 것을 조건으로 한다.

9. Information received by the secretariat that is designated by a Party as confidential, in accordance with criteria to be established by the Conference of the Parties, shall be aggregated by the secretariat to protect its confidentiality before being made available to any of the bodies involved in the communication and review of information.

9. 사무국이 접수한 정보중 당사자가 당사국총회에 의해 설정되는 기준에 따라 비밀로 지정한 정보는 정보통보와 검토에 관여하는 기관에 제공되기 전에 비밀보호를 위하여 사무국이 취합한다.

10. Subject to paragraph 9 above, and

10. 제9항에 따를 것을 조건으로, 그리고 통보

without prejudice to the ability of any Party to make public its communication at any time, the secretariat shall make communications by Parties under this Article publicly available at the time they are submitted to the Conference of the Parties.

한 정보를 언제든지 공표할 수 있는 당사자의 능력에 영향을 미치지 아니하고, 사무국은 본조에 따라 당사자가 통보한 정보가 당사국총회에 제출되는 시점에 공개적 이용이 가능하도록 한다.

Article 13
Resolution of questions regarding implementation

The Conference of the Parties shall, at its first session, consider the establishment of a multilateral consultative process, available to Parties on their request, for the resolution of questions regarding the implementation of the Convention.

제 13 조
이행관련 문제의 해결

당사국총회는 제1차 회기에서 이 협약의 이행관련 문제의 해결을 위하여, 당사자의 요청으로 이용가능한, 다자간 협의절차의 수립을 심의한다.

Article 14
Settlement of disputes

1. In the event of a dispute between any two or more Parties concerning the interpretation or application of the Convention, the Parties concerned shall seek a settlement of the dispute through negotiation or any other peaceful means of their own choice.

2. When ratifying, accepting, approving or acceding to the Convention, or at any time thereafter, a Party which is not a regional economic integration organization may declare in a written instrument submitted to the Depositary that, in respect of any dispute concerning the interpretation or application of the

제 14 조
분쟁해결

1. 이 협약의 해석 또는 적용에 관하여 둘 또는 그 이상의 당사자간에 분쟁이 있는 경우, 관련 당사자는 교섭 또는 스스로 선택하는 그 밖의 평화적 방법을 통하여 분쟁의 해결을 모색한다.

2. 이 협약의 비준·수락·승인 또는 가입시, 그리고 그 후 언제든지, 지역경제통합기구가 아닌 당사자는 협약의 해석이나 적용에 관한 분쟁에 있어서 동일한 의무를 수락하는 당사자와의 관계에서 다음을 특별한 합의없이, 선언하였다는 사실만으로, 의무적인 것으로 인정함을 수탁자에게 서면으로 선언할 수 있다.

Convention, it recognizes as compulsory ipso facto and without special agreement, in relation to any Party accepting the same obligation:

(a) Submission of the dispute to the International Court of Justice, and/or

(b) Arbitration in accordance with procedures to be adopted by the Conference of the Parties as soon as practicable, in an annex on arbitration.
A Party which is a regional economic integration organization may make a declaration with like effect in relation to arbitration in accordance with the procedures referred to in subparagraph (b) above.

가. 분쟁의 국제사법재판소 회부 그리고/또는

나. 당사국총회가 가능한 한 신속히 중재에 관한 부속서 형태로 채택할 절차에 따른 중재
지역경제통합기구인 당사자는 나호에서 언급된 절차에 따른 중재와 관련하여 유사한 효력을 가지는 선언을 행할 수 있다.

3. A declaration made under paragraph 2 above shall remain in force until it expires in accordance with its terms or until three months after written notice of its revocation has been deposited with the Depositary.

3. 제2항에 따라 행해진 선언은 선언의 조건에 따라 기한이 만료될 때까지, 또는 서면 철회통고가 수탁자에게 기탁된 후 3월까지 유효하다.

4. A new declaration, a notice of revocation or the expiry of a declaration shall not in any way affect proceedings pending before the International Court of Justice or the arbitral tribunal, unless the parties to the dispute otherwise agree.

4. 새로운 선언, 선언의 철회통고 또는 선언의 기한만료는 분쟁 당사자가 달리 합의하지 아니하는 한, 국제사법재판소 또는 중재재판소에서 진행중인 소송에 대하여 어떠한 영향도 미치지 아니한다.

5. Subject to the operation of paragraph 2 above, if after twelve months following notification by one Party to another that a dispute exists between them, the Parties concerned have not been able to settle their dispute through the means mentioned in paragraph 1 above, the

5. 제2항의 운용에 따를 것을 조건으로, 일방당사자가 타방 당사자에게 그들간에 분쟁이 존재하고 있음을 통고한 후 12월 동안 분쟁당사자가 제1항에 언급된 수단을 통하여 분쟁을 해결하지 못한 경우, 그 분쟁은 분쟁당사자 일방의 요청에 의하여 조정에 회부된다.

dispute shall be submitted, at the request of any of the parties to the dispute, to conciliation.

6. A conciliation commission shall be created upon the request of one of the parties to the dispute. The commission shall be composed of an equal number of members appointed by each party concerned and a chairman chosen jointly by the members appointed by each party. The commission shall render a recommendatory award, which the parties shall consider in good faith.

6. 조정위원회는 분쟁당사자 일방의 요청에 따라 설치된다. 위원회는 관련당사자 각각에 의하여 임명된 동수의 위원과 각 당사자에 의해 임명된 위원들이 공동으로 선출한 의장으로 구성된다. 위원회는 권고적 판정을 내리고, 당사자는 이를 성실히 고려한다.

7. Additional procedures relating to conciliation shall be adopted by the Conference of the Parties, as soon as practicable, in an annex on conciliation.

7. 당사국총회는 가능한 한 신속히 조정에 관한 부속서 형태로 조정과 관련된 추가절차를 채택한다.

8. The provisions of this Article shall apply to any related legal instrument which the Conference of the Parties may adopt, unless the instrument provides otherwise.

8. 본조의 규정은 해당문서가 달리 규정하지 아니하는 한, 당사국총회가 채택하는 모든 관련 법적 문서에 적용된다.

Article 15
Amendments to the convention

제 15 조
협약의 개정

1. Any Party may propose amendments to the Convention.

1. 모든 당사자는 협약의 개정안을 제안할 수 있다.

2. Amendments to the Convention shall be adopted at an ordinary session of the Conference of the Parties. The text of any proposed amendment to the Convention shall be communicated to the Parties by the secretariat at least six months before the meeting at which it is proposed for adoption. The secretariat shall also

2. 협약 개정안은 당사국총회의 정기회기에서 채택된다. 사무국은 제안된 협약개정안을 늦어도 채택회의가 개최되기 6월 전에 당사자에게 통보한다. 또한 사무국은 제안된 개정안을 이 협약 서명자 그리고 참고로 수탁자에게도 통보한다.

communicate proposed amendments to the signatories to the Convention and, for information, to the Depositary.

3. The Parties shall make every effort to reach agreement on any proposed amendment to the Convention by consensus. If all efforts at consensus have been exhausted, and no agreement reached, the amendment shall as a last resort be adopted by a three-fourths majority vote of the Parties present and voting at the meeting. The adopted amendment shall be communicated by the secretariat to the Depositary, who shall circulate it to all Parties for their acceptance.

3. 당사자는 제안된 협약 개정안이 콘센서스에 의하여 합의에 도달하도록 모든 노력을 다한다. 콘센서스를 위한 모든 노력을 다하였으나 합의에 도달하지 못한 경우, 개정안은 최종적으로 회의에 출석·투표한 당사자 4분의 3의 다수결로 채택된다. 사무국은 채택된 개정안을 수탁자에게 통보하며, 수탁자는 수락을 위하여 이를 모든 당사자에게 배포한다.

4. Instruments of acceptance in respect of an amendment shall be deposited with the Depositary. An amendment adopted in accordance with paragraph 3 above shall enter into force for those Parties having accepted it on the ninetieth day after the date of receipt by the Depositary of an instrument of acceptance by at least three fourths of the Parties to the Convention.

4. 개정안에 대한 수락서는 수탁자에게 기탁된다. 제3항에 따라 채택된 개정안은 최소한 협약당사자 4분의 3의 수락서가 수탁자에게 접수된 후 90일째 되는 날부터 수락한 당사자에 대하여 발효한다.

5. The amendment shall enter into force for any other Party on the ninetieth day after the date on which that Party deposits with the Depositary its instrument of acceptance of the said amendment.

5. 그 밖의 당사자가 그 후에 수탁자에게 수락서를 기탁하는 경우, 개정안은 기탁일 후 90일째 되는 날부터 그 당사자에 대하여 발효한다.

6. For the purposes of this Article, "Parties present and voting" means Parties present and casting an affirmative or negative vote.

6. 본조의 목적상 "출석·투표한 당사자"라 함은 회의에 출석하여 찬성 또는 반대 투표를 한 당사자를 말한다.

Article 16
Adoption and amendment of annexes to the convention

1. Annexes to the Convention shall form an integral part thereof and, unless otherwise expressly provided, a reference to the Convention constitutes at the same time a reference to any annexes there-to. Without prejudice to the provisions of Article 14, paragraphs 2(b) and 7, such annexes shall be restricted to lists, forms and any other material of a descriptive nature that is of a scientific, technical, procedural or administrative character.

2. Annexes to the Convention shall be proposed and adopted in accordance with the procedure set forth in Article 15, paragraphs 2, 3 and 4.

3. An annex that has been adopted in accordance with paragraph 2 above shall enter into force for all Parties to the Convention six months after the date of the communication by the Depositary to such Parties of the adoption of the annex, except for those Parties that have notified the Depositary, in writing, within that period of their non–acceptance of the annex. The annex shall enter into force for Parties which withdraw their notification of non–acceptance on the ninetieth day after the date on which withdrawal of such notification has been received by the Depositary.

4. The proposal, adoption and entry into force of amendments to annexes to the

제16조
부속서의 채택 및 개정

1. 협약의 부속서는 협약의 불가분의 일부를 구성하며, 협약이 언급되는 경우 명시적으로 달리 규정하지 아니하는 한, 이는 동시에 부속서도 언급하는 것으로 본다. 이러한 부속서는 제14조 제2항 나호 및 제7항의 규정에 영향을 미치지 아니하고, 목록·양식 및 과학적·기술적·절차적 또는 행정적 특성을 가진 서술적 성격의 그 밖의 자료에 제한된다.

2. 협약의 부속서는 제15조 제2항·제3항 및 제4항에 규정된 절차에 따라 제안되고 채택된다.

3. 제2항에 따라 채택된 부속서는, 수탁자가 부속서의 채택을 당사국에 통보한 날부터 6월 후에, 동 기간 내에 부속서를 수락하지 않음을 수탁자에게 서면으로 통고한 당사자를 제외한 모든 당사자에 대하여 발효한다. 부속서는 불수락 통고를 철회한 당사자에 대하여는 수탁자의 통고철회 접수일 후 90일째 되는 날부터 발효한다.

4. 협약 부속서의 개정안의 제안·채택 및 발효는 제2항 및 제3항에 따른 협약 부속서의 제

Convention shall be subject to the same procedure as that for the proposal, adoption and entry into force of annexes to the Convention in accordance with paragraphs 2 and 3 above.

5. If the adoption of an annex or an amendment to an annex involves an amendment to the Convention, that annex or amendment to an annex shall not enter into force until such time as the amendment to the Convention enters into force.

Article 17
Protocols

1. The Conference of the Parties may, at any ordinary session, adopt protocols to the Convention.

2. The text of any proposed protocol shall be communicated to the Parties by the secretariat at least six months before such a session.

3. The requirements for the entry into force of any protocol shall be established by that instrument.

4. Only Parties to the Convention may be Parties to a protocol.

5. Decisions under any protocol shall be taken only by the Parties to the protocol concerned.

안·채택 및 발효와 동일한 절차를 따른다.

5. 부속서 또는 부속서 개정안의 채택이 협약의 개정을 수반하는 경우, 협약의 개정안이 발효할 때까지 부속서 또는 부속서 개정안은 발효하지 아니한다.

제 17 조
의 정 서

1. 당사국총회는 정기회기에서 협약에 대한 의정서를 채택할 수 있다.

2. 사무국은 제안된 의정서의 문안을 늦어도 회기가 개최되기 6월 전에 당사자에게 통보한다.

3. 의정서의 발효요건은 그 문서에 규정한다.

4. 협약의 당사자만이 의정서의 당사자가 될 수 있다.

5. 의정서에 따른 결정은 관련 의정서의 당사자만이 할 수 있다.

Article 18
Right to vote

1. Each Party to the Convention shall have one vote, except as provided for in paragraph 2 below.

2. Regional economic integration organizations, in matters within their competence, shall exercise their right to vote with a number of votes equal to the number of their member States that are Parties to the Convention. Such an organization shall not exercise its right to vote if any of its member States exercises its right, and vice versa.

제 18 조
투 표 권

1. 협약의 당사자는 제2항에 규정된 경우를 제외하고는 하나의 투표권을 가진다.

2. 지역경제통합기구는 그 기구의 권한사항에 대하여 협약의 당사자인 기구 회원국의 수와 동수의 투표권을 행사한다. 기구 회원국의 어느 한 나라라도 투표권을 행사하는 경우, 기구는 투표권을 행사할 수 없으며 그 반대의 경우도 또한 같다.

Article 19
Depositary

The Secretary-General of the United Nations shall be the Depositary of the Convention and of protocols adopted in accordance with Article 17.

제 19 조
수 탁 자

국제연합사무총장은 이 협약과 협약 제17조에 따라 채택되는 의정서의 수탁자가 된다.

Article 20
Signature

This Convention shall be open for signature by States Members of the United Nations or of any of its specialized agencies or that are Parties to the Statute of the International Court of Justice and by regional economic integration organizations at Rio de Janeiro, during the United Nations Conference on Environment and Development, and thereafter at United Nations Head-quarters in New York from 20 June

제 20 조
서 명

이 협약은 국제연합 환경개발회의 기간 중에는 리우데자네이로에서, 1992년 6월 20일부터 1993년 6월 19일까지는 뉴욕의 국제연합본부에서 국제연합 또는 그 전문기구의 회원국, 국제사법재판소 규정 당사자 및 지역경제통합기구의 서명을 위하여 개방된다.

1992 to 19 June 1993.

Article 21
Interim arrangements

1. The secretariat functions referred to in Article 8 will be carried out on an interim basis by the secretariat established by the General Assembly of the United Nations in its resolution 45/212 of 21 December 1990, until the completion of the first session of the Conference of the Parties.

2. The head of the interim secretariat referred to in paragraph 1 above will cooperate closely with the Intergovernmental Panel on Climate Change to ensure that the Panel can respond to the need for objective scientific and technical advice. Other relevant scientific bodies could also be consulted.

3. The Global Environment Facility of the United Nations Development Programme, the United Nations Environment Programme and the International Bank for Reconstruction and Development shall be the international entity entrusted with the operation of the financial mechanism referred to in Article 11 on an interim basis. In this connection, the Global Environment Facility should be appropriately restructured and its membership made universal to enable it to fulfil the requirements of Article 11.

제21조
임시조치

1. 제8조에 언급된 사무국의 기능은 당사국총회의 제1차 회기 종료시까지는 1990년 12월 21일 국제연합총회결의 45/212호에 의해 설립된 사무국에 의하여 임시로 수행된다.

2. 제1항에 언급된 임시사무국의 장은 기후변화에 관한 정부간 협의체가 객관적인 과학적·기술적 자문의 요구에 따를 수 있도록 하기 위하여 협의체와 긴밀히 협력한다. 다른 관련 과학기구들과도 또한 협의할 수 있다.

3. 국제연합개발계획, 국제연합환경계획 및 국제부흥개발은행에 의하여 운영되고 있는 지구환경기금은 임시적으로 제11조에 언급된 재정지원체제의 운영을 위탁받는 국제기구가 된다. 이와 관련, 지구 환경기금은 제11조의 요건을 충족할 수 있도록 적절히 재구성되어야 하고 그 회원자격을 보편화하여야 한다.

Article 22
Ratification, acceptance, approval or accession

1. The Convention shall be subject to ratification, acceptance, approval or accession by States and by regional economic integration organizations. It shall be open for accession from the day after the date on which the Convention is closed for signature. Instruments of ratification, acceptance, approval or accession shall be deposited with the Depositary.

2. Any regional economic integration organization which becomes a Party to the Convention without any of its member States being a Party shall be bound by all the obligations under the Convention. In the case of such organizations, one or more of whose member States is a Party to the Convention, the organization and its member States shall decide on their respective responsibilities for the performance of their obligations under the Convention. In such cases, the organization and the member States shall not be entitled to exercise rights under the Convention concurrently.

3. In their instruments of ratification, acceptance, approval or accession, regional economic integration organizations shall declare the extent of their competence with respect to the matters governed by the Convention. These organizations shall also inform the

제22조
비준 · 수락 · 승인 또는 가입

1. 협약은 국가 및 지역경제통합기구에 의해 비준·수락·승인 또는 가입된다. 협약은 서명기간이 종료된 다음 날부터 가입을 위하여 개방된다. 비준서·수락서·승인서 또는 가입서는 수탁자에게 기탁된다.

2. 협약의 당사자가 되는 지역경제통합기구는, 기구 회원국 중 어느 한 국가도 협약의 당사자가 아닌 경우, 협약에 따른 모든 의무에 구속된다. 기구의 하나 또는 그 이상의 회원국이 협약의 당사자인 경우, 기구와 기구 회원국은 협약에 따른 의무를 수행하기 위한 각각의 책임을 결정한다. 이러한 경우, 기구와 기구회원국은 협약에 따른 권리를 동시에 행사할 수는 없다.

3. 지역경제통합기구는 그 비준서·수락서·승인서 또는 가입서에 협약이 규율하는 사항에 관한 기구의 권한범위를 선언한다. 또한 기구는 권한범위의 실질적 변동에 관하여 수탁자에게 통보하며, 수탁자는 이를 당사자에게 통보한다.

Depositary, who shall in turn inform the Parties, of any substantial modification in the extent of their competence.

Article 23
Entry into force

1. The Convention shall enter into force on the ninetieth day after the date of deposit of the fiftieth instrument of ratification, acceptance, approval or acccssion.

2. For each State or regional economic integration organization that ratifies, accepts or approves the Convention or accedes thereto after the deposit of the fiftieth instrument of ratification, acceptance, approval or accession, the Convention shall enter into force on the ninetieth day after the date of deposit by such State or regional economic integration organization of its instrument of ratification, acceptance, approval or accession.

3. For the purposes of paragraphs 1 and 2 above, any instrument deposited by a regional economic integration organization shall not be counted as additional to those deposited by States members of the organization.

제 23 조
발 효

1. 협약은 50번째의 비준서 · 수락서 · 승인서 또는 가입서의 기탁일 후 90일째 되는 날부터 발효한다.

2. 50번째의 비준서 · 수락서 · 승인서 또는 가입서가 기탁된 후 협약을 비준 · 수락 · 승인 또는 가입하는 국가 또는 지역경제통합 기구에 대하여, 협약은 그 국가 또는 지역경제통합기구의 비준서 · 수락서 · 승인서 또는 가입서 기탁일 후 90일째 되는 날부터 발효한다.

3. 제1항 및 제2항의 목적상 지역경제통합기구가 기탁하는 문서는 기구 회원국이 기탁하는 문서에 추가되는 것으로 보지 아니한다.

Article 24
Reservations

No reservations may be made to the Convention.

제 24 조
유 보

협약에 대하여는 어떤 유보도 행할 수 없다.

Article 25
Withdrawal

1. At any time after three years from the date on which the Convention has entered into force for a Party, that Party may withdraw from the Convention by giving written notification to the Depositary.

2. Any such withdrawal shall take effect upon expiry of one year from the date of receipt by the Depositary of the notification of withdrawal, or on such later date as may be specified in the notification of withdrawal.

3. Any Party that withdraws from the Convention shall be considered as also having withdrawn from any protocol to which it is a Party.

제 25 조
탈 퇴

1. 당사자는 협약이 자기나라에 대하여 발효한 날부터 3년이 경과한 후에는 언제든지 수탁자에게 서면통고를 함으로써 협약으로부터 탈퇴할 수 있다.

2. 탈퇴는 수탁자가 탈퇴통고를 접수한 날부터 1년의 기한 만료일 또는 탈퇴통고서에 더 늦은 날짜가 명시된 경우에는 그 늦은 날에 발효한다.

3. 협약으로부터 탈퇴한 당사자는 당사자가 되어 있는 모든 의정서로부터도 탈퇴한 것으로 본다.

Article 26
Authentic texts

The original of this Convention, of which the Arabic, Chinese, English, French, Russian and Spanish texts are equally authentic, shall be deposited with the Secretary-General of the United Nations.

IN WITNESS WHEREOF the undersigned, being duly authorized to that effect, have signed this Convention.

DONE AT New York this ninth day of May one thousand nine hundred and ninety two.

제 26 조
정 본

아랍어 · 중국어 · 영어 · 불어 · 러시아어 및 서반아어본이 동등하게 정본인 이 협약의 원본은 국제연합사무총장에게 기탁된다.

이상의 증거로 정당하게 권한을 위임받은 아래 서명자가 협약에 서명하였다.

일천구백구십이년 오월 구일 뉴욕에서 작성하였다.

Annex I

Australia	Austria	Belarus[a]
Belgium	Bulgaria[a]	Canada
Croatia[a]*	Czech Republic[a]*	Denmark
European Economic Community		Estonia[a]
Finland	France	Germany
Greece	Hungary[a]	Iceland
Ireland	Italy	Japan
Latvia[a]	Liechtenstein*	Lithuaniaa
Luxembourg	Monaco*	Netherlands
New Zealand	Norway	Poland[a]
Portugal	Romania[a]	Russian Federation[a]
Slovakia[a]*	Slovenia[a]*	Spain
Sweden	Switzerland	Turkey
Ukraine[a]	United Kingdom	United States

[a] Countries that are undergoing the process of transition to a market economy.

* Publisher's note : Countries added to Annex I by an amendment that entered into force on 13 August 1998, pursuant to decision 4/CP.3 adopted at COP.3.

Annex II

Australia	Austria	Belgium
Canada	Denmark	European Economic Community
Finland	France	Germany
Greece	Iceland	Ireland
Italy	Japan	Luxembourg
Netherlands	New Zealand	Norway
Portugal	Spain	Sweden
Switzerland	United Kingdom	United States

* Publisher's note: Turkey was deleted from Annex II by an amendment that entered into force 28 June 2002, pursuant to decision 26/CP.7 adopted at COP.7.

2. Kyoto Protocol to the United Nations Framework Convention on Climate Change (1997)

2. 기후변화에 관한 국제연합 기본협약에 대한 교토의정서

Date : 11 December 1997
In force : 16 February 2005
States Party : 192
Korea : 16 February 2005 (조약 제1706호)
Link : www.unfccc.int

The Parties to this Protocol,

이 의정서의 당사자는,

Being Parties to the United Nations Frame-work Convention on Climate Change, hereinafter referred to as "the Convention",

기후변화에 관한 국제연합 기본협약(이하 "협약"이라 한다)의 당사자로서,

In pursuit of the ultimate objective of the Convention as stated in its Article 2,

협약 제2조에 규정된 협약의 궁극적 목적을 추구하고,

Recalling the provisions of the Convention,

협약의 규정을 상기하며,

Being guided by Article 3 of the Convention,

협약 제3조와,

Pursuant to the Berlin Mandate adopted by decision 1/CP.1 of the Conference of the Parties to the Convention at its first session,

협약의 규정에 의한 당사국총회 제1차 회기에서 결정 1/CP.1호로 채택된 베를린위임에 따라,

Have agreed as follows:

다음과 같이 합의하였다.

Article 1

제 1 조

For the purposes of this Protocol, the definitions contained in Article 1 of the Convention shall apply. In addition:

이 의정서의 목적상, 협약 제1조의 정의규정이 적용된다. 추가로,

1. "Conference of the Parties" means the

1. "당사국총회"라 함은 협약의 규정에 의한

Conference of the Parties to the Convention.

2. "Convention" means the United Nations Framework Convention on Climate Change, adopted in New York on 9 May 1992.

3. "Intergovernmental Panel on Climate Change" means the Intergovernmental Panel on Climate Change established in 1988 jointly by the World Meteorological Organization and the Nations Environment Programme.

4. "Montreal Protocol" means the Montreal Protocol on Substances that Deplete the Ozone Layer, adopted in Montreal on 16 September 1987 and as subsequently adjusted and amended.

5. "Parties present and voting" means Parties present and casting an affirmative or negative vote.

6. "Party" means, unless the context otherwise indicates, a Party to this Protocol.

7. "Party included in Annex I" means a Party included in Annex I to the Convention, as may be amended, or a Party which has made a notification under Article 4, paragraph 2(g), of the Convention.

Article 2

1. Each Party included in Annex I, in achieving its quantified emission limitation and reduction commitments

당사국총회를 말한다.

2. "협약"이라 함은 1992년 5월 9일 뉴욕에서 채택된 기후변화에 관한 국제연합 기본협약을 말한다.

3. "기후변화에 관한 정부간 패널"이라 함은 세계기상기구 및 국제연합 환경계획이 1988년에 공동으로 설립한 기후변화에 관한 정부간 패널을 말한다.

4. "몬트리올의정서"라 함은 1987년 9월 16일 몬트리올에서 채택되고 그 이후 조정·개정된 오존층파괴물질에 관한 몬트리올의정서를 말한다.

5. "출석하여 투표하는 당사자"라 함은 회의에 출석하여 찬성이나 반대투표를 하는 당사자를 말한다.

6. "당사자"라 함은 문맥상 다른 의미로 사용되지 아니하는 한, 이 의정서의 당사자를 말한다.

7. "부속서 1의 당사자"라 함은 협약의 부속서 1(당해 부속서가 개정되는 경우에는 그 개정부속서를 말한다)에 포함된 당사자 및 협약 제4조 제2항 사목에 의하여 통고한 당사자를 말한다.

제 2 조

1. 부속서 1의 당사자는 제3조의 규정에 의한 수량적 배출량의 제한·감축을 위한 공약을 달성함에 있어 지속가능한 개발을 촉진하

under Article 3, in order to promote sustainable development, shall:

기 위하여 다음 각목의 사항을 수행한다.

(a) Implement and/or further elaborate policies and measures in accordance with its national circumstances, such as:

(i) Enhancement of energy efficiency in relevant sectors of the national economy;

(ii) Protection and enhancement of sinks and reservoirs of greenhouse gases not controlled by the Montreal Protocol, taking into account its commitments under relevant international environmental agreements; promotion of sustainable forest management practices, afforestation and

(iii) Promotion of sustainable forms of agriculture in light of climate change considerations;

(iv) Research on, and promotion, development and increased use of, new and renewable forms of energy, of carbon dioxide sequestration technologies and of advanced and innovative environmentally sound technologies;

(v) Progressive reduction or phasing out of market imperfections, fiscal incentives, tax and duty exemptions and subsidies in all green-house gas sectors that run counter to the objective of the Convention application of market instruments;

(vi) Encouragement of appropriate reforms in relevant sectors aimed at promoting policies and measures

가. 자국의 여건에 따라 다음과 같은 정책·조치를 이행하고/이행하거나 더욱 발전시킨다.

(1) 자국 경제의 관련 부문에서 에너지의 효율성을 향상시킬 것

(2) 관련 국제환경협정상 자국의 공약을 고려하면서, 온실가스(몬트리올의정서에 의하여 규제되는 것을 제외한다)의 흡수원 및 저장소를 보호·강화하고, 지속가능한 산림관리 작업과 신규조림 및 재조림을 촉진할 것

(3) 기후변화요소를 고려한 지속가능한 형태의 농업을 촉진할 것

(4) 신규 및 재생 가능한 형태의 에너지와 이산화탄소의 격리기술 및 선진적·혁신적이며 환경적으로 건전한 기술에 대한 연구·촉진·개발 및 그 이용을 증진할 것

(5) 모든 온실가스의 배출부문에 있어서 협약의 목적에 위배되는 시장의 불완전성, 재정적 유인, 세금·관세의 면제 및 보조금 등을 점진적으로 감축하거나 단계적으로 폐지하며, 시장적 기제를 적용할 것

(6) 온실가스(몬트리올의정서에 의하여 규제되는 것을 제외한다)의 배출량을 제한·감축하는 정책 및 조치를 촉진하

which limit or reduce emissions of greenhouse gases not controlled by the Montreal Protocol;

(vii) Measures to limit and/or reduce emissions of greenhouse gases not controlled by the Montreal Protocol in the transport sector;

(viii) Limitation and/or reduction of methane emissions through recovery and in waste management, as well as in the production, transport and distribution of energy;

(b) Cooperate with other such Parties to enhance the individual and combined effectiveness of their policies and measures adopted under this Article, pursuant to Article 4, paragraph 2(e) (i), of the Convention. To this end, these Parties shall take steps to share their experience and exchange information on such policies and measures, including developing ways of improving their comparability, transparency and effectiveness. The Conference of the Parties serving as the meeting of the Parties to this Protocol shall, at its first session or as soon as practicable thereafter, consider ways to facilitate such cooperation, taking into account relevant information.

2. The Parties included in Annex I shall pursue limitation or reduction of emissions of greenhouse gases not controlled by the Montreal Protocol from aviation and marine bunker fuels, working through the International Civil Aviation Organization and the

기 위하여 관련 부문의 적절한 개선을 장려할 것

(7) 수송부문에서 온실가스(몬트리올의정서에 의하여 규제되는 것을 제외한다)의 배출량을 제한 및/또는 감축하는 조치를 취할 것

(8) 폐기물의 관리와 에너지의 생산·수송·분배 과정에서의 회수 및 사용을 통하여 메탄의 배출량을 제한 및/또는 감축할 것

나. 이 조에서 채택되는 정책 및 조치의 개별적·복합적 효과를 증대하기 위하여 협약 제4조 제2항 마목(1)에 따라 다른 부속서 1의 당사자들과 협력한다. 이를 위하여, 이들 당사자는 이러한 정책 및 조치에 관한 경험을 공유하고 정보를 교환하기 위한 조치를 이행하되, 이에는 정책 및 조치의 비교가능성·투명성 및 그 효과를 개선하기 위한 방안의 개발이 포함된다. 이 의정서의 당사자회의의 역할을 수행하는 당사국총회는 제1차 회기 또는 그 이후에 가능한 한 신속히 모든 관련 정보를 고려하여, 이러한 협력을 촉진하기 위한 방안을 검토한다.

2. 부속서 1의 당사자는 국제민간항공기구 및 국제해사기구에서의 활동을 통하여, 항공기용 및 선박용 연료로부터 각각 발생하는 온실가스(몬트리올의정서에 의하여 규제되는 것을 제외한다) 배출량의 제한·감축을 추구한다.

International Maritime Organization, respectively.

3. The Parties included in Annex I shall strive to implement policies and measures under this Article in such a way as to minimize adverse effects, including the adverse effects of climate change, effects on international trade, and social, environmental and economic impacts on other Parties, especially developing country Parties and in particular those identified in Article 4, paragraphs 8 and 9, of the Convention, taking into account Article 3 of the Convention. The Conference of the Parties serving as the meeting of the Parties to this Protocol may take further action, as appropriate, to promote the implementation of the provisions of this paragraph.

3. 부속서 1의 당사자는 이 조의 규정에 의한 정책 및 조치를 이행하기 위하여 노력하되, 협약 제3조를 고려하여 기후변화의 부정적 효과, 국제통상에 미치는 영향, 다른 당사자들, 특히 개발도상국인 당사자들과 그 중에서도 협약 제4조 제8항 및 제9항에 규정된 당사자들에 대한 사회적·환경적·경제적 영향 등을 포함한 부정적 영향을 최소화하는 방식으로 이행하기 위하여 노력한다. 이 의정서의 당사자회의의 역할을 수행하는 당사국총회는 이 항의 이행을 촉진하기 위하여 적절한 경우 추가적 조치를 취할 수 있다.

4. The Conference of the Parties serving as the meeting of the Parties to this Protocol, if it decides that it would be beneficial to coordinate any of the policies and measures in paragraph 1(a) above, taking into account different national circumstances and potential effects, shall consider ways and means to elaborate the coordination of such policies and measures.

4. 이 의정서의 당사자회의의 역할을 수행하는 당사국총회는, 각국의 상이한 여건과 잠재적 영향을 고려하여 제1항 가목의 정책 및 조치를 조정하는 것이 유익하다고 결정하는 경우에는, 이러한 정책 및 조치를 조정하기 위한 방안 및 수단을 검토한다.

Article 3

제 3 조

1. The Parties included in Annex I shall, individually or jointly, ensure that their aggregate carbon dioxide equivalent emissions of the greenhouse gases listed

1. 부속서 1의 당사자는, 이들 당사자에 의한 부속서 가에 규정된 온실가스의 총 인위적 배출량을 이산화탄소를 기준으로 환산한 배출량에 대하여 이를 2008년부터 2012년까

in A do not exceed their assigned amounts, calculated pursuant to their quantified emission limitation and reduction commitments inscribed in Annex B and in accordance with the provisions of this Article, with a view to reducing their overall emissions of such gases by at least 5 per cent below 1990 levels in the commitment period 2008 to 2012.

지의 공약기간 동안 1990년도 수준의 5퍼센트 이상 감축하기 위하여, 이러한 총 배출량이 이 조 및 부속서 나에 규정된 이들 당사자의 수량적 배출량의 제한·감축을 위한 공약에 따라 계산되는 배출허용량을 초과하지 아니하도록 개별 또는 공동으로 보장한다.

2. Each Party included in Annex I shall, by 2005, have made demonstrable progress in achieving its commitments under this Protocol.

2. 부속서 1의 당사자는 2005년까지 이 의정서상의 공약을 달성하는 데 따른 가시적 진전을 제시하여야 한다.

3. The net changes in greenhouse gas emissions by sources and removals by sinks resulting from direct humaninduced land-use change and forestry activities, limited to afforestation, reforestation and deforestation since 1990, measured as verifiable changes in carbon stocks in each commitment period, shall be used to meet the commitments under this Article of each Party included in Annex I. The greenhouse gas emissions by sources and removals by sinks associated with those activities shall be reported in a transparent and verifiable manner and reviewed in accordance with Articles 7 and 8.

3. 인위적·직접적인 토지이용의 변화와 임업활동(1990년 이후의 신규조림·재조림 및 산림전용에 한한다)에 기인하는 온실가스의 배출원에 의한 배출량과 흡수원에 의한 제거량간의 순변화량은 각 공약기간마다 탄소저장량의 검증가능한 변화량으로 측정되며, 부속서 1의 당사자가 이 조의 공약을 달성하는데 사용된다. 이러한 활동과 연관되는 온실가스의 배출원에 의한 배출량 및 흡수원에 의한 제거량은 투명하고 검증가능한 방식으로 보고되며, 제7조 및 제8조에 따라 검토된다.

4. Prior to the first session of the Conference of the Parties serving as the meeting of the Parties to this Protocol, each Party included in Annex I shall provide, for consideration by the Subsidiary Body for Scientific and

4. 이 의정서의 당사자회의의 역할을 수행하는 당사국총회의 제1차 회기 전에 부속서 1의 당사자는 과학·기술자문 보조기관의 검토를 위하여 자국의 1990년도 탄소저장량의 수준을 설정하고, 다음 연도의 탄소저장량

Technological Advice, data to establish its level of carbon stocks in 1990 and to enable an estimate to be made of its changes in carbon stocks in subsequent years. The Conference of the Parties serving as the meeting of the Parties to this Protocol shall, at its first session or as soon as practicable thereafter, decide upon modalities, rules and guide-lines as to how, and which, additional humaninduced activities related to changes in greenhouse gas emissions by sources and removals by sinks in the agricultural soil sand the land-use change and forestry categories shall be added to, or subtracted from, the assigned amounts for Parties included in Annex I, taking into account uncertainties, transparency in reporting, verifiability, the methodological work of the Intergovernmental Panel on Climate Change, the advice provided by the Subsidiary Body for Scientific and Technological Advice in accordance with Article 5 and the decisions of the Conference of the Parties. Such a decision shall apply in the second and subsequent commitment periods. A Party may choose to apply such a decision on these additional humaninduced activities for its first commitment period, provided that these activities have taken place since 1990.

의 변화에 대한 추산을 가능하게 하는 자료를 제공한다. 이 의정서의 당사자회의의 역할을 수행하는 당사국총회는 제1차 회기 또는 그 이후에 가능한 한 조속히 농지·토지이용변화 및 임업부문에서 온실가스의 배출원에 의한 배출량 및 흡수원에 의한 제거량의 변화와 관련된 추가적인 인위적 활동 중 어느 활동을 어떤 방법으로 부속서 1의 당사자의 배출허용량에 추가하거나 공제할 것인지에 관한 방식·규칙 및 지침을 결정한다. 이러한 결정을 함에 있어서는 불확실성, 보고의 투명성, 검증가능성, 기후변화에 관한 정부간 패널의 방법론적 작업, 제5조에 따른 과학·기술자문 보조기관의 자문 및 당사국총회의 결정들이 고려되며, 동 결정은 제2차 공약기간 및 후속의 공약기간에 대하여 적용된다. 당사자는 추가적인 인위적 활동이 1990년 이후에 이루어진 경우에는, 위의 결정을 제1차 공약기간에 대하여 적용하는 것을 선택할 수 있다.

5. The Parties included in Annex I undergoing the process of transition to a market economy whose base year or period was established pursuant to

5. 시장경제로의 이행과정에 있는 부속서 1의 당사자로서 당사국총회 제2차 회기의 결정 9/CP.2에 따라 그 이행의 기준연도 또는 기간이 설정된 당사자는 이 조에 따른 공약을

decision 9/CP.2 of the Conference of the Parties at its second session shall use that base year or period for the implementation of their commitments under this Article. Any other Party included in Annex Iundergoing the process of transition to a market economy which has not yet submitted its first national communication under Article 12 of the Convention may also notify the Conference of the Parties serving as the meeting of the Parties to this Protocol that it intends to use an historical base year or period other than 1990 for the implementation of its commitments under this Article. The Conference of the Parties serving as the meeting of the Parties to this Protocol shall decide on the acceptance of such notification.

이행함에 있어 그 기준연도 또는 기간을 사용한다. 시장경제로의 이행과정에 있는 부속서 1의 당사자로서 협약 제12조에 따른 제1차 국가보고서를 제출하지 아니한 그 밖의 당사자는 이 조에 따른 공약을 이행함에 있어 1990년도 이외의 역사적 기준연도 또는 기간을 사용할 의사가 있음을 이 의정서의 당사자회의의 역할을 수행하는 당사국총회에 통고할 수 있다. 동 당사국총회는 이러한 통고의 수락여부를 결정한다.

6. Taking into account Article 4, paragraph 6, of the Convention, in the implementation of their commitments under this Protocol other than those under this Article, a certain degree of flexibility shall be allowed by the Conference of the Parties serving as the meeting of the Parties to this Protocol to the Parties included in Annex I undergoing the process of transition to a market economy.

6. 이 의정서의 당사자회의의 역할을 수행하는 당사국총회는 협약 제4조 제6항을 고려하여, 시장경제로의 이행과정에 있는 부속서 1의 당사자에 대하여 이 의정서상의 공약(이 조에 따른 공약을 제외한다)을 이행함에 있어 일정한 융통성을 허용한다.

7. In the first quantified emission limitation and reduction commitment period, from 2008 to 2012, the assigned amount for each Party included in Annex I shall be equal to the percentage inscribed for it in Annex B of its

7. 제1차 수량적 배출량의 제한·감축을 위한 공약기간인 2008년부터 2012년까지 부속서 1의 당사자별 배출허용량은 1990년도나 제5항에 따라 결정된 기준연도 또는 기간에 당해 당사자가 배출한 부속서 가에 규정된 온실가스의 총 인위적 배출량을 이

aggregate anthropogenic carbon dioxide equivalent emissions of the greenhouse gases listed in Annex A in 1990, or the base year or period determined in accordance with paragraph 5 above, multiplied by five. Those Parties included in Annex I for whom land-use change and forestry constituted a net source of greenhouse gas emissions in 1990 shall include in their 1990 emissions base year or period the aggregate anthropogenic carbon dioxide equivalent emissions by sources minus removals by sinks in 1990 from land-use change for the purposes of calculating their assigned amount.

산화탄소를 기준으로 환산한 배출량에 부속서 나에 규정된 당사자별 백분율을 곱한 후 다시 5를 곱하여 산정한다. 토지이용변화와 임업이 1990년도에 온실가스의 순 배출원을 구성한 부속서 1의 당사자는 자국의 배출허용량을 산정함에 있어서 1990년도의 토지이용변화에 기인한, 배출원에 의한 총 인위적 배출량을 이산화탄소를 기준으로 환산한 배출량에서 흡수원에 의한 제거량을 공제한 양을 자국의 1990년도나 기준연도 또는 기간의 배출량에 포함시킨다.

8. Any Party included in Annex I may use 1995 as its base year for hydrofluorocarbons, perfluorocarbons and sulphur hexafluoride, for the purposes of the calculation referred to in paragraph 7 above.

8. 부속서 1의 당사자는 제7항에 규정된 계산을 위하여 수소불화탄소 · 과불화탄소 및 육불화황에 대하여 1995년도를 기준연도로 사용할 수 있다.

9. Commitments for subsequent periods for Parties included in Annex I shall be established in amendments to Annex B to this Protocol, which shall be adopted in accordance with the provisions of Article 21, paragraph 7. The Conference of the Parties serving as the meeting of the Parties to this Protocol shall initiate the consideration of such commitments at least seven years before the end of the first commitment period referred to in paragraph 1 above.

9. 후속기간에 대한 부속서 1의 당사자의 공약은 제21조 제7항에 따라 채택되는 이 의정서 부속서 나의 개정을 통하여 정하여지며, 이 의정서의 당사자회의의 역할을 수행하는 당사국총회는 제1항에 규정된 제1차 공약기간이 종료하기 최소 7년 전에 이러한 공약에 대한 검토를 개시한다.

10. Any emission reduction units, or any part of an assigned amount, which a

10. 제6조 또는 제17조의 규정에 따라 일방당사자가 타방당사자로부터 취득하는 배출량

Party acquires from another Party in accordance with the provisions of Article 6 or of Article 17 shall be added to the assigned amount for the acquiring Party.

의 감축단위 또는 배출허용량의 일부는 이를 취득하는 당사자의 배출허용량에 추가된다.

11. Any emission reduction units, or any part of an assigned amount, which a Party transfers to another Party in accordance with the provisions of Article 6 or of Article 17 shall be subtracted from the assigned amount for the transferring Party.

11. 제6조 또는 제17조의 규정에 따라 일방당사자가 타방당사자에게 이전하는 배출량의 감축단위 또는 배출허용량의 일부는 이를 이전하는 당사자의 배출허용량에서 공제된다.

12. Any certified emission reductions which a Party acquires from another Party in accordance with the provisions of Article 12 shall be added to the assigned amount for the acquiring Party.

12. 제12조의 규정에 따라 일방당사자가 타방당사자로부터 취득하는 인증받은 배출감축량은 이를 취득하는 당사자의 배출허용량에 추가된다.

13. If the emissions of a Party included in Annex I in a commitment period are less than its assigned amount under this Article, this difference shall, on request of that Party, be added to the assigned amount for that Party for subsequent commitment periods.

13. 일정 공약기간 동안 부속서 1의 당사자의 배출량이 이 조에 따른 배출허용량보다 적을 경우, 그 차이는 당해 당사자의 요청에 따라 동 당사자의 후속 공약기간의 배출허용량에 추가된다.

14. Each Party included in Annex I shall strive to implement the commitments mentioned in paragraph 1 above in such a way as to minimize adverse social, environmental and economic impacts on developing country Parties, particularly those identified in Article 4, paragraphs 8 and 9, of the Convention. In line with relevant decisions of the Conference of the Parties on the implementation of those paragraphs,

14. 부속서 1의 당사자는 제1항에 규정된 공약을 이행함에 있어서 개발도상국인 당사자들, 특히 협약 제4조 제8항 및 제9항에 규정된 당사자들에게 미치는 사회적 · 환경적 · 경제적인 부정적 영향을 최소화하는 방식으로 이행하기 위하여 노력하여야 한다. 협약 제4조 제8항 및 제9항의 이행에 관한 당사국총회의 관련 결정들에 따라, 이 의정서의 당사자회의의 역할을 수행하는 당사국총회는 제1차 회기에서 협약 제4조 제8항 및

the Conference of the Parties serving as the meeting of the Parties to this Protocol shall, at its first session, consider what actions are necessary to minimize the adverse effects of climate change and/or the impacts of response on Parties referred to in those paragraphs. Among the issues to be considered shall be the establishment of funding, insurance and transfer of technology.

제9항에 규정된 당사자들에 대하여 기후변화의 부정적 효과 및/또는 대응조치의 영향을 최소화하기 위하여 어떠한 조치가 필요한지를 검토하며, 그 검토사항에는 기금의 설립, 보험 및 기술이전이 포함된다.

Article 4

제 4 조

1. Any Parties included in Annex I that have reached an agreement to fulfil their commitments under Article 3 jointly, shall be deemed to have met those commitments provided that their total combined aggregate anthropogenic carbon dioxide equivalent emissions of the green-house gases listed in Annex A do not exceed their assigned amounts calculated pursuant to their quantified emission limitation and reduction commitments inscribed in Annex B and in accordance with the provisions of Article 3. The respective emission level allocated to each of the Parties to the agreement shall be set out in that agreement.

1. 제3조상의 공약을 공동으로 이행하기로 합의한 부속서 1의 당사자들은, 이들 당사자에 의한 부속서 가에 규정된 온실가스의 총 인위적 배출량을 이산화탄소 기준으로 환산하여 합산한 총 배출량이 제3조 및 부속서 나에 규정된 수량적 배출량의 제한·감축을 위한 공약에 따라 계산된 그들의 배출허용량을 초과하지 아니하는 경우에는, 당해 공약을 이행한 것으로 간주된다. 그러한 합의를 한 각 당사자의 배출허용량의 수준은 그 합의에서 정하여진다.

2. The Parties to any such agreement shall notify the secretariat of the terms of the agreement on the date of deposit of their instruments of ratification, acceptance or approval of this Protocol, or accession thereto. The secretariat shall in turn

2. 그러한 합의를 한 당사자들은 이 의정서의 비준서·수락서·승인서 또는 가입서의 기탁일에 합의된 내용을 사무국에 통고한다. 사무국은 협약의 당사자 및 서명자에게 그 합의된 내용을 통보한다.

inform the Parties and signatories to the Convention of the terms of the agreement.

3. Any such agreement shall remain in operation for the duration of the commitment period specified in Article 3, paragraph 7.

3. 그러한 합의는 제3조 제7항에 명시된 공약기간 동안에만 유효하다.

4. If Parties acting jointly do so in the framework of, and together with, a regional economic integration organization, any alteration in the composition of the organization after adoption of this Protocol shall not affect existing commitments under this Protocol. Any alteration in the composition of the organization shall only apply for the purposes of those commitments under Article 3 that are adopted subsequent to that alteration.

4. 공동으로 공약을 이행하는 당사자들이 지역경제통합기구의 틀 안에서 동 기구와 함께 공약을 이행하는 경우, 이 의정서의 채택 이후에 이루어지는 동 기구 구성상의 변동은 동 의정서상의 기존 공약에 아무런 영향을 미치지 아니한다. 지역경제통합기구의 구성상의 모든 변동은 그 변동 이후에 채택되는 제3조상의 공약에 대하여만 적용된다.

5. In the event of failure by the Parties to such an agreement to achieve their total combined level of emission reductions, each Party to that agreement shall be responsible for its level of emissions set out in the agreement.

5. 그러한 합의의 당사자들이 그들 각각의 배출감축량을 합산한 감축량수준을 달성하지 못하는 때에는, 그러한 합의를 한 각 당사자는 그 합의에서 정하여진 자국의 배출량 수준에 대하여 책임을 진다.

6. If Parties acting jointly do so in the framework of, and together with, a regional economic integration organization which is itself a Party to this Protocol, each member State of that regional economic integration organization individually, and together with the regional economic integration organization acting in accordance with Article 24, shall, in the event of failure to

6. 공동으로 공약을 이행하는 당사자들이 이 의정서의 당사자인 지역경제통합기구의 틀 안에서 동 기구와 함께 공약을 이행하는 경우, 그들 각각의 배출감축량을 합산한 감축량 수준을 달성하지 못하는 때에는, 지역경제통합기구의 각 회원국은 개별적으로, 또한 제24조에 따라 행동하는 지역경제통합기구와 함께, 이 조에 따라 통고된 자국의 배출량 수준에 대하여 책임을 진다.

achieve the total combined level of emission reductions, be responsible for its level of emissions as notified in accordance with this Article.

Article 5

1. Each Party included in Annex I shall have in place, no later than one year prior to the start of the first commitment period, a national system for the estimation of anthropogenic emissions by sources and removals by sinks of all greenhouse gases not controlled by the Montreal Protocol. Guidelines for such national systems, which shall incorporate the methodologies specified in paragraph 2 below, shall be decided upon by the Conference of theserving as the meeting of the Parties to this Protocol at its first session.

2. Methodologies for estimating anthropogenic emissions by sources and removals by sinks of all greenhouse gases not controlled by the Montreal Protocol shall be those accepted by the Inter-governmental Panel on Climate Change and agreed upon by the Conference of the Parties at its third session. Where such methodologies are not used, appropriate adjustments shall be applied according to methodologies agreed upon by the Conference of the Parties serving as the meeting of the Parties to this Protocol at its first session. Based on the work of, inter alia, the Intergovernmental Panel on Climate Change and advice provided by

제 5 조

1. 부속서 1의 당사자는 늦어도 제1차 공약기간이 개시되기 일년 전까지 모든 온실가스(몬트리올의정서에 의하여 규제되는 것을 제외한다)의 배출원에 의한 인위적 배출량과 흡수원에 의한 제거량을 추산하기 위한 국가제도를 마련한다. 이 의정서의 당사자회의의 역할을 수행하는 당사국총회는 제1차 회기에서 제2항에 규정된 방법론이 반영된 국가제도에 관한 지침을 결정한다.

2. 모든 온실가스(몬트리올의정서에 의하여 규제되는 것을 제외한다)의 배출원에 의한 인위적 배출량과 흡수원에 의한 제거량을 추산하기 위한 방법론은 기후변화에 관한 정부간 패널이 수락하고 당사국총회가 제3차 회기에서 합의한 것으로 한다. 이러한 방법론이 사용되지 아니하는 경우에는, 이 의정서의 당사자회의의 역할을 수행하는 당사국총회가 제1차 회기에서 합의한 방법론에 따른 적절한 조정이 적용된다. 이 의정서의 당사자회의의 역할을 수행하는 당사국총회는, 특히 기후변화에 관한 정부간 패널의 작업과 과학·기술자문 보조기관의 자문에 기초하고 당사국총회의 관련 결정들을 충분히 고려하여, 이러한 방법론과 조정을 정기적

the Subsidiary Body for Scientific and Technological Advice, the Conference of the Parties serving as the meeting of the Parties to this Protocol shall regularly review and, as appropriate, revise such methodologies and adjustments, taking fully into account any relevant decisions by the Conference of the Parties. Any revision to methodologies or adjustments shall be used only for the purposes of ascertaining compliance with commitments under Article 3 in respect of any commitment period adopted subsequent to that revision.

으로 검토하고 적절한 경우에는 이를 수정한다. 이러한 방법론과 조정에 대한 수정은 그러한 수정 이후에 채택되는 제3조상의 공약의 준수를 확인하기 위하여만 사용된다.

3. The global warming potentials used to calculate the carbon dioxide equivalence of anthropogenic emissions by sources and removals by sinks of greenhouse gases listed in Annex A shall be those accepted by the Intergovernmental Panel on Climate Change and agreed upon by the Conference of the Parties at its third session. Based on the work of, inter alia, the Intergovernmental Panel on Climate Change and advice provided by the Subsidiary Body for Scientific and Technological Advice, the Conference of the Parties serving as the meeting of the Parties to this Protocol shall regularly review and, as appropriate, revise the global warming potential of each such greenhouse gas, taking fully into account any relevant decisions by the Conference of the Parties. Any revision to a global warming potential shall apply only to commitments under Article 3 in respect of any commitment period adopted

3. 부속서 가에 규정된 온실가스의 배출원에 의한 인위적 배출량과 흡수원에 의한 제거량에 대하여 이산화탄소를 기준으로 한 환산치를 계산하는 데 사용되는 지구온난화지수는 기후변화에 관한 정부간 패널이 수락하고 당사국총회가 제3차 회기에서 합의한 것으로 한다. 이 의정서의 당사자회의의 역할을 수행하는 당사국총회는, 특히 기후변화에 관한 정부간 패널의 작업과 과학·기술자문 보조기관의 자문에 기초하고 당사국총회의 관련 결정들을 충분히 고려하여, 각 온실가스의 지구온난화지수를 정기적으로 검토하고 적절한 경우에는 이를 수정한다. 지구온난화지수에 대한 수정은 그러한 수정 이후에 채택되는 제3조상의 공약에 대하여만 적용된다.

subsequent to that revision.

Article 6

1. For the purpose of meeting its commitments under Article 3, any Party included in Annex I may transfer to, or acquire from, any other such Party emission reduction units resulting from projects aimed at reducing anthropogenic emissions by sources or enhancing anthropogenic removals by sinks of greenhouse gases in any sector of the economy, provided that:

(a) Any such project has the approval of the Parties involved;

(b) Any such project provides a reduction in emissions by sources, or an enhancement of removals by sinks, that is additional to any that would otherwise occur;

(c) It does not acquire any emission reduction units if it is not in compliance with its obligations under Articles 5 and 7; and

(d) The acquisition of emission reduction units shall be supplemental to domestic actions for the purposes of meeting commitments under Article 3.

2. The Conference of the Parties serving as the meeting of the Parties to this Protocol may, at its first session or as soon as practicable thereafter, further elaborate guidelines for the implementation of this Article, including for verification and reporting.

제6조

1. 부속서 1의 당사자는 제3조상의 공약을 이행하기 위하여, 모든 경제 부문에서 온실가스의 배출원에 의한 인위적 배출량의 감축이나 흡수원에 의한 인위적 제거량의 증대를 목표로 하는 사업으로부터 발생하는 배출량의 감축단위를 다른 부속서 1의 당사자에게 이전하거나 그들로부터 취득할 수 있다. 이 경우, 다음 각목의 요건을 충족하여야 한다.

가. 이러한 사업에 대하여 관련 당사자들의 승인이 있을 것

나. 이러한 사업은 그 사업이 시행되지 아니하는 경우와 대비하여, 배출원에 의한 배출량의 추가적 감축이나 흡수원에 의한 제거량의 추가적 증대를 제공할 것

다. 당사자가 제5조 및 제7조상의 의무를 준수하지 아니하는 경우, 그 당사자는 배출량의 감축단위를 취득하지 못하도록 할 것

라. 배출량의 감축단위의 취득은 제3조상의 공약의 이행을 위한 국내 조치의 보조수단으로 활용되어야 할 것

2. 이 의정서의 당사자회의의 역할을 수행하는 당사국총회는 제1차 회기 또는 그 이후에 가능한 한 조속히 이 조의 검증·보고 및 이행을 위한 지침을 더욱 발전시킬 수 있다.

3. A Party included in Annex I may authorize legal entities to participate, under its responsibility, in actions leading to the generation, transfer or acquisition under this Article of emission reduction units.

3. 부속서 1의 당사자는 자국의 책임 하에 법인이 이 조의 규정에 의한 배출량의 감축단위의 발생·이전 및 취득을 초래하는 활동에 참여하는 것을 허가할 수 있다.

4. If a question of implementation by a Party included in Annex I of the requirements referred to in this Article is identified in accordance with the relevant provisions of Article 8, transfers and acquisitions of emission reduction units may continue to be made after the question has been identified, provided that any such units may not be used by a Party to meet its commitments under Article 3 until any issue of compliance is resolved.

4. 부속서 1의 당사자에 의한 이 조에 규정된 요건의 이행문제가 제8조의 관련 규정에 따라 확인되는 경우, 배출량의 감축단위의 이전과 취득은 그러한 문제가 확인된 이후에도 계속 이루어질 수 있다. 다만, 당사자는 준수에 관한 모든 문제가 해결될 때까지는 이러한 감축단위를 제3조상의 공약을 이행하는 데 사용할 수 없다.

Article 7

제 7 조

1. Each Party included in Annex I shall incorporate in its annual inventory of anthropogenic emissions by sources and removals by sinks of greenhouse gases not controlled by the Montreal Protocol, submitted in accordance with the relevant decisions of the Conference of the Parties, the necessary supplementary information for the purposes of ensuring compliance with Article 3, to be determined in accordance with paragraph 4 below.

1. 부속서 1의 당사자는 당사국총회의 관련 결정에 따라 제출하는 온실가스(몬트리올의정서에 의하여 규제되는 것을 제외한다)의 배출원에 의한 인위적 배출량과 흡수원에 의한 제거량에 관한 자국의 연례통계목록에, 제3조의 준수를 보장하기 위하여 필요한 보충정보로서 제4항에 따라 결정되는 것을 포함시킨다.

2. Each Party included in Annex I shall incorporate in its national communication, submitted under Article 12 of the Convention, the supplementary information

2. 부속서 1의 당사자는 협약 제12조에 따라 제출하는 자국의 국가보고서에, 이 의정서상의 공약의 준수를 증명하기 위하여 필요

necessary to demonstrate compliance with its commitments under this Protocol, to be determined in accordance with paragraph 4 below.

한 보충정보로서 제4항에 따라 결정되는 것을 포함시킨다.

3. Each Party included in Annex I shall submit the information required under paragraph 1 above annually, beginning with the first inventory due under the Convention for the first year of the commitment period after this Protocol has entered into force for that Party. Each such Party shall submit the information required under paragraph 2 above as part of the first national communication due under the Convention after this Protocol has entered into force for it and after the adoption of guidelines as provided for in paragraph 4 below. The frequency of subsequent submission of information required under this Article shall be determined by the Conference of the Parties serving as the meeting of the Parties to this Protocol, taking into account any timetable for the submission of national communications decided upon by the Conference of the Parties.

3. 부속서 1의 당사자는 이 의정서가 자국에 대하여 발효한 이후의 공약기간의 첫째 연도에 대하여 협약상 제출하여야 하는 제1차 통계목록을 시작으로 제1항에서 요구하는 정보를 매년 제출한다. 동 당사자는 이 의정서가 자국에 대하여 발효하고 제4항에 규정된 지침이 채택된 이후에, 협약상 제출하여야 하는 제1차 국가보고서의 일부로서 제2항에서 요구하는 정보를 제출한다. 이 조에서 요구하는 정보의 후속 제출빈도는 당사국총회에서 결정되는 국가보고서의 제출일정을 고려하여, 이 의정서의 당사자회의의 역할을 수행하는 당사국총회가 결정한다.

4. The Conference of the Parties serving as the meeting of the Parties to this Protocol shall adopt at its first session, and review periodically thereafter, guide-lines for the preparation of the information required under this Article, taking into account guidelines for the preparation of national communications by Parties included in Annex I adopted by the Conference of the Parties. The Conference of the

4. 이 의정서의 당사자회의의 역할을 수행하는 당사국총회는 제1차 회기에서, 당사국총회에서 채택되는 부속서 1의 당사자의 국가보고서 작성을 위한 지침을 고려하여, 이 조에서 요구하는 정보의 작성지침을 채택하고, 그 후 정기적으로 이를 검토한다. 또한 이 의정서의 당사자회의의 역할을 수행하는 당사국총회는 제1차 공약기간 이전에 배출허용량의 계산방식을 결정한다.

Parties serving as the meeting of the Parties to this Protocol shall also, prior to the first commitment period, decide upon modalities for the of assigned amounts.

Article 8

제 8 조

1. The information submitted under Article 7 by each Party included in Annex I shall be reviewed by expert review teams pursuant to the relevant decisions of the Conference of the Parties and in accordance with guidelines adopted for this purpose by the Conference of the Parties serving as the meeting of the Parties to this Protocol under paragraph 4 below. The information submitted under Article 7, paragraph 1, by each Party included in Annex I shall be reviewed as part of the annual compilation and accounting of emissions inventories and assigned amounts. Additionally, the information submitted under Article 7, paragraph 2, by each Party included in Annex I shall be reviewed as part of the review of communications.

1. 부속서 1의 당사자가 제7조에 따라 제출하는 정보에 대하여는 당사국총회의 관련 결정들과 이 의정서의 당사자회의의 역할을 수행하는 당사국총회가 제4항의 규정에 의하여 그 목적을 위하여 채택한 지침에 따라 전문가 검토반이 이를 검토한다. 부속서 1의 당사자가 제7조 제1항에 따라 제출하는 정보는 배출량의 통계목록과 배출허용량의 연례 취합 및 계산의 일부로서 검토된다. 추가적으로, 부속서 1의 당사자가 제7조 제2항에 따라 제출하는 정보는 보고서 검토의 일부로서 검토된다.

2. Expert review teams shall be coordinated by the secretariat and shall be composed of experts selected from those nominated by Parties to the Convention and, as appropriate, by intergovernmental organizations, in accordance with guidance provided for this purpose by the of the Parties.

2. 전문가 검토반은, 당사국총회가 정한 방침에 따라, 사무국에 의하여 조정되며, 협약의 당사자가, 적절한 경우에는 정부간 기구가, 지명하는 인사 중에서 선정되는 전문가로 구성된다.

3. The review process shall provide a thorough and comprehensive technical assessment of all aspects of the

3. 검토과정에서는 이 의정서의 당사자에 의한 이행의 모든 측면에 대하여 철저하고 포

implementation by a Party of this Protocol. The expert review teams shall prepare a report to the Conference of the Parties serving as the meeting of the Parties to this Protocol, assessing the implementation of the commitments of the Party and identifying any potential problems in, and factors influencing, the fulfillment of commitments. Such reports shall be circulated by the secretariat to all Parties to the Convention. The secretariat shall list those questions of implementation indicated in such reports for further consideration by the Conference of the Parties serving as the meeting of the Parties to this Protocol.

괄적인 기술적 평가가 이루어진다. 전문가 검토반은 당사자의 공약이행을 평가하고, 그 이행과정에 있어서의 모든 잠재적 문제점과 공약의 이행에 영향을 미치는 모든 요소들을 확인하여, 이 의정서의 당사자회의의 역할을 수행하는 당사국총회에 제출할 보고서를 작성한다. 사무국은 이러한 보고서를 협약의 모든 당사자에게 배포하는 한편, 이 의정서의 당사자회의의 역할을 수행하는 당사국총회가 보다 심층적으로 이를 검토할 수 있도록 그 보고서에서 지적된 이행상의 문제점을 목록화 한다.

4. The Conference of the Parties serving as the meeting of the Parties to this Protocol shall adopt at its first session, and review periodically thereafter, guidelines for the review of implementation of this Protocol by expert review teams taking into account the relevant decisions of the Conference of the Parties.

4. 이 의정서의 당사자회의의 역할을 수행하는 당사국총회는 제1차 회기에서, 당사국총회의 관련 결정들을 고려하여, 전문가 검토반이 이 의정서의 이행을 검토하기 위한 지침을 채택하고 그 후 정기적으로 이를 검토한다.

5. The Conference of the Parties serving as the meeting of the Parties to this Protocol shall, with the assistance of the Subsidiary Body for Implementation and, as appropriate, the Subsidiary Body for Scientific and Technological Advice, consider:

5. 이 의정서의 당사자회의의 역할을 수행하는 당사국총회는 이행보조기관, 적절한 경우에는 과학·기술자문 보조기관의 지원을 받아 다음 사항을 검토한다.

(a) The information submitted by Parties under Article 7 and the reports of the expert reviews thereon conducted under this Article; and

(b) Those questions of implementation listed

가. 당사자가 제7조에 따라 제출한 정보 및 이 조의 규정에 의하여 그 정보에 대하여 행하여진 전문가의 검토보고서

나. 사무국이 제3항에 따라 목록화한 이행상의

by the secretariat under paragraph 3 above, as well as any questions raised by Parties.

문제점 및 당사자가 제기한 모든 문제점

6. Pursuant to its consideration of the information referred to in paragraph 5 above, the Conference of the Parties serving as the meeting of the Parties to this Protocol shall take decisions on any matter required for the implementation of this Protocol.

6. 이 의정서의 당사자회의의 역할을 수행하는 당사국총회는 제5항에 규정된 정보에 대한 검토에 따라 이 의정서의 이행을 위하여 필요한 모든 사항에 관하여 결정한다.

Article 9

제9조

1. The Conference of the Parties serving as the meeting of the Parties to this Protocol shall periodically review this Protocol in the light of the best available scientific information and assessments on climate change and its impacts, as well as relevant technical, social and economic information. Such reviews shall be coordinated with pertinent reviews under the Convention, in particular those required by Article 4, paragraph 2(d), and Article 7, paragraph 2(a), of the Convention. Based on these reviews, the Conference of the Parties serving as the meeting of the Parties to this Protocol shall take appropriate action.

1. 이 의정서의 당사자회의의 역할을 수행하는 당사국총회는 기후변화와 그 영향에 대하여 이용 가능한 최선의 과학적 정보·평가와 기술적·사회적·경제적 관련 정보에 비추어 이 의정서를 정기적으로 검토한다. 이러한 검토는 협약상의 관련 검토, 특히 협약 제4조 제2항 라목 및 제7조 제2항 가목에서 요구되는 관련 검토와 조정된다. 이 의정서의 당사자회의의 역할을 수행하는 당사국총회는 이러한 검토에 기초하여 적절한 조치를 취한다.

2. The first review shall take place at the second session of the Conference of the Parties serving as the meeting of the Parties to this Protocol. Further reviews shall take place at regular intervals and in a timely manner.

2. 제1차 검토는 이 의정서의 당사자회의의 역할을 수행하는 당사국총회의 제2차 회기에서 이루어진다. 추가적 검토는 적절한 방식에 의하여 정기적으로 이루어진다.

Article 10

All Parties, taking into account their common but differentiated responsibilities and their specific national and regional development priorities, objectives and circumstances, without introducing any new commitments for Parties not included in Annex I, but reaffirming existing commitments under Article 4, paragraph 1, of the Convention, and continuing to advance the implementation of these commitments in order to achieve sustainable development, taking into account Article 4, paragraphs 3, 5 and 7, of the Convention, shall:

(a) Formulate, where relevant and to the extent possible, cost-effective national and, where appropriate, regional programmes to improve the quality of local emission factors, activity data and/or models which reflect the socioeconomic conditions of each Party for the preparation and periodic updating of national inventories of anthropogenic emissions by sources and removals by sinks of all greenhouse gases not controlled by the Montreal Protocol, using comparable methodologies to be agreed upon by the Conference of the Parties, and consistent with the guidelines for the preparation of national communications adopted by the Conference of the Parties;

(b) Formulate, implement, publish and regularly update national and, where appropriate, regional programmes containing measures to mitigate climate

제 10 조

모든 당사자는, 공통적이지만 그 정도에는 차이가 있는 각자의 책임과 국가 및 지역에 고유한 개발우선순위 · 목적 · 상황을 고려하고, 부속서 1에 포함되지 아니한 당사자에 대하여는 어떠한 새로운 공약도 도입하지 아니하나 협약 제4조 제1항의 기존 공약에 대하여는 이를 재확인하며, 지속가능한 개발을 달성하기 위하여 이들 공약의 이행을 계속 진전시키고, 협약 제4조 제3항 · 제5항 및 제7항을 고려하여 다음 사항을 수행한다.

가. 당사국총회가 채택한 국가보고서의 작성을 위한 지침에 부합하고 당사국총회가 합의한 비교가능한 방법론을 사용하여, 모든 온실가스(몬트리올의정서에 의하여 규제되는 것을 제외한다)의 배출원에 의한 인위적 배출량과 흡수원에 의한 제거량에 관한 국가통계목록을 작성하고 이를 정기적으로 갱신하기 위하여, 각 당사자의 사회 · 경제적 여건을 반영하는 국내배출요소 · 활동자료 및/또는 모델의 질을 개선하기 위한 비용효율적인 국가적 계획, 적절한 경우에는 지역적 계획을 타당하고 가능한 범위 안에서 수립할 것

나. 기후변화를 완화하는 조치와 기후변화에 대한 충분한 적응을 용이하게 하는 조치를 그 내용으로 하는 국가적 계획, 적절한 경우에는 지역적 계획을 수립 · 실시 · 공표하고 정

change and measures to facilitate adequate adaptation to climate change:

(i) programmes would, inter alia, concern the energy, transport and industry sectors as well as agriculture, forestry and waste management. Furthermore, adaptation technologies and methods for improving spatial planning would improve adaptation to climate change; and

(ii) Parties included in Annex I shall submit information on action under this Protocol, including national programmes, in accordance with Article 7; and other Parties shall seek to include in their national communications, as appropriate, information on programmes which contain measures that the Party believes contribute to addressing climate change and its adverse impacts, including the abatement of increases in greenhouse gas emissions, and enhancement of and removals by sinks, capacity building and adaptation measures;

(c) Cooperate in the promotion of effective modalities for the development, application and diffusion of, and take all practicable steps to promote, facilitate and finance, as appropriate, the transfer of, or access to, environmentally sound technologies, know-how, practices and processes pertinent to climate change, in particular to developing countries, including the formulation of policies and programmes for the effective transfer of environmentally sound technologies that

기적으로 이를 갱신할 것

(1) 이러한 계획은, 특히 에너지·수송·산업·농업·임업 및 폐기물관리에 관한 것이며, 적응기술 및 국토관리계획을 개선하기 위한 방법은 기후변화에 대한 적응을 향상시킨다.

(2) 부속서 1의 당사자는 제7조에 따라 국가적 계획과 이 의정서에 따른 조치에 관한 정보를 제출한다. 그 밖의 당사자는 기후변화 및 그 부정적 영향에 대한 대응에 기여하리라고 생각되는 조치(온실가스 배출량의 증가 완화, 흡수원의 증진 및 흡수원에 의한 제거, 능력형성 및 적응조치를 포함한다)를 내용으로 하는 계획에 관한 정보를 자국의 국가보고서에 적절히 포함시키도록 노력한다.

다. 기후변화와 관련된 환경적으로 건전한 기술·노하우·관행 및 공정의 개발·적용·확산을 위한 효과적인 방식을 증진하는 데 협력한다. 특히 개발도상국에 대하여, 기후변화와 관련된 환경적으로 건전한 기술·노하우·관행 및 공정의 이전이나 이에 대한 접근을 적절히 증진·촉진하며, 이에 필요한 재원을 제공하기 위하여 실행가능한 모든 조치를 행한다. 이러한 조치는 공공소유 또는 사적 권리가 소멸된 환경적으로 건전한 기술의 효과적인 이전을 위한 정책 및 계획의

are publicly owned or in the public domain and the creation of an enabling environment for the private sector, to promote and enhance the transfer and access to, environmentally sound technologies;

(d) Cooperate in scientific and technical research and promote the maintenance and development of systematic observation systems and development of data archives to reduce uncertainties related to the climate system, the adverse impacts of climate change and the economic and social consequences of various response strategies, and promote the development and strengthening of endogenous capacities and capabilities to participate in international and inter-governmental efforts, programmes and networks on research and systematic observation, taking into account Article 5 of the Convention;

(e) Cooperate in and promote at the international level, and, where appropriate, using existing bodies, the development and implementation of education and training programmes, including the strengthening of national capacity building, in particular human and institunal capacities and the exchange or secondment of personnel to train experts in this field, in particular for developing countries, and facilitate at the national level public awareness of, and public access to information on, climate change. Suitable modalities should be developed to implement

수립과 민간부문으로 하여금 환경적으로 건전한 기술의 이전과 이에 대한 접근을 증진하고 향상시킬 수 있도록 하는 환경의 조성을 포함한다.

라. 협약 제5조를 고려하여, 기후체계 및 기후변화의 부정적 영향이나 다양한 대응전략의 경제적·사회적 영향에 관한 불확실성을 줄이기 위하여 과학적·기술적 연구에서 협력하고, 체계적 관측체제의 유지·발전 및 자료보관제도의 정비를 증진하며, 연구 및 체계적 관측에 관한 국가간 및 정부간 노력·계획 및 협력망에 참여하기 위한 고유한 역량과 능력의 개발·강화를 증진한다.

마. 국제적 차원에서, 적절한 경우에는 기존 기구를 활용하여, 교육·훈련계획(국가적 능력, 특히 인적·제도적 능력형성의 강화, 특히 개발도상국에 있어서 이 분야의 전문가를 양성할 요원의 교류나 파견에 관한 것을 포함한다)의 개발·실시에 협력하고 이를 증진한다. 국가적 차원에서 기후변화에 관한 공중의 인식을 제고하고 관련 정보에 대한 공중의 접근을 용이하게 한다. 이러한 활동을 수행하기 위한 적절한 방식은, 협약 제6조를 고려하여, 이 협약의 관련기구를 통하여 개발된다.

these activities through the relevant bodies of the Convention, taking into account Article 6 of the Convention;

(f) Include in their national communications information on programmes and activities undertaken pursuant to this Article in accordance with relevant decisions of the Conference of the Parties; and

(g) Give full consideration, in implementing the commitments under this Article, to Article 4, paragraph 8 of the Convention.

바. 당사국총회의 관련 결정들에 따라, 이 조에 의하여 수행한 계획 및 활동에 관한 정보를 자국의 국가보고서에 포함시킨다.

사. 이 조의 공약을 이행함에 있어서 협약 제4조 제8항을 충분히 고려한다.

Article 11

1. In the implementation of Article 10, Parties shall take into account the provisions of Article 4, paragraphs 4, 5, 7, 8 and 9, of the Convention.

2. In the context of the implementation of Article 4, paragraph 1, of the Convention, in accordance with the provisions of Article 4, paragraph 3, and Article 11 of the Convention, and through the entity or entities entrusted with the operation of the financial mechanism of the Convention, the developed country Parties and other developed Parties included in Annex II to the Convention shall:

(a) Provide new and additional financial resources to meet the agreed full costs incurred by developing country Parties in advancing the implementation of existing commitments under Article 4, paragraph 1(a), of the Convention that are covered in Article 10, subparagraph

제 11 조

1. 제10조의 이행에 있어, 당사자는 협약 제4조 제4항 · 제5항 및 제7항 내지 제9항의 규정을 고려한다.

2. 협약 제4조 제1항의 이행과 관련하여, 협약 부속서 2의 선진국인 당사자와 그 밖의 선진당사자는 협약 제4조 제3항 및 제11조와 협약의 재정지원체제의 운영을 위임받은 기구를 통하여 다음을 행한다.

가. 협약 제4조 제1항가목의 규정에 의한 기존 공약으로서 제10조가목에 규정된 사항의 이행을 진전시키기 위하여 개발도상국인 당사자가 부담하는 합의된 총비용을 충당하기 위하여 신규의 추가적 재원을 제공할 것

(a); and

(b) Also provide such financial resources, including for the transfer of technology, needed by the developing country Parties to meet the agreed full incremental costs of advancing the implementation of existing commitments under Article 4, paragraph 1, of the Convention that are covered by Article 10 and that are agreed between a developing country Party and the international entity or entities referred to in Article 11 of the Convention, in accordance with that Article.

나. 협약 제4조 제1항의 규정에 의한 기존 공약으로서 제10조에 규정되어 있고 개발도상국인 당사자와 협약 제11조에 규정된 국제기구간에 합의된 사항의 이행을 진전시키는데 소요되는 합의된 총증가비용을 개발도상국인 당사자가 충당하는데 필요한 신규의 추가적 재원(기술이전을 위한 재원을 포함한다)을 제11조에 따라 제공할 것

The implementation of these existing commitments shall take into account the need for adequacy and predictability in the flow of funds and the importance of appropriate burden sharing among developed country Parties. The guidance to the entity or entities entrusted with the operation of the financial mechanism of the Convention in relevant decisions of the Conference of the Parties, including those agreed before the adoption of this Protocol, shall apply mutatis mutandis to the provisions of this paragraph.

이러한 기존 공약의 이행에는 자금 흐름의 적정성 및 예측가능성이 필요하다는 점과 선진국인 당사자 간에 적절한 부담배분이 중요하다는 점이 고려되어야 한다. 이 의정서의 채택 이전에 합의된 결정을 포함하여 당사국총회의 관련 결정에서 협약상의 재정지원체제를 운영하도록 위임받은 기구에 대한 지침은 이 항의 규정에 준용한다.

3. The developed country Parties and other developed Parties in Annex II to the Convention may also provide, and developing country Parties avail themselves of, financial resources for the implementation of Article 10, through bilateral, regional and other multilateral channels.

3. 협약 부속서 2의 선진국인 당사자와 그 밖의 선진당사자는 양자적·지역적 및 그 밖의 다자적 경로를 통하여 제10조의 이행을 위한 재원을 제공할 수 있고, 개발도상국인 당사자는 이를 이용할 수 있다.

Article 12

1. A clean development mechanism is hereby defined.

2. The purpose of the clean development mechanism shall be to assist Parties not included in Annex I in achieving sustainable development and in contributing to the ultimate objective of the Convention, and to assist Parties included in Annex I in achieving compliance their quantified emission limitation and reduction commitments under Article

3. Under the clean development mechanism:

(a) Parties not included in Annex I will benefit from project activities resulting in certified emission reductions; and

(b) Parties included in Annex I may use the certified emission reductions accruing from such project activities to contribute to compliance with part of their quantified emission limitation and reduction commitments under Article 3, as determined by the Conference of the serving as the meeting of the Parties to this Protocol.

4. The clean development mechanism shall be subject to the authority and guidance of the Conference of the Parties serving as the meeting of the Parties to this Protocol and be supervised by an executive board of the clean development mechanism.

제 12 조

1. 청정개발체제를 이에 규정한다.

2. 청정개발체제는 부속서 1에 포함되지 아니한 당사자가 지속가능한 개발을 달성하고 협약의 궁극적 목적에 기여할 수 있도록 지원하며, 부속서 1의 당사자가 제3조의 규정에 의한 수량적 배출량의 제한·감축을 위한 공약을 준수할 수 있도록 지원하는 것을 목적으로 한다.

3. 청정개발체제하에서,

가. 부속서 1에 포함되지 아니한 당사자는 인증받은 배출감축량을 발생시키는 사업 활동으로부터 이익을 얻는다.

나. 부속서 1의 당사자는 제3조의 규정에 의한 수량적 배출량의 제한·감축을 위한 공약의 일부 준수에 기여하기 위하여 이러한 사업 활동으로부터 발생하는 인증받은 배출감축량을 이 의정서의 당사자회의의 역할을 수행하는 당사국총회가 결정하는 바에 따라 사용할 수 있다.

4. 청정개발체제는 이 의정서의 당사자회의의 역할을 수행하는 당사국총회의 권한 및 지도에 따르며, 청정개발체제 집행이사회의 감독을 받는다.

5. Emission reductions resulting from each project activity shall be certified by operational entities to be designated by the Conference of the Parties serving as the meeting of Parties to this Protocol, on the basis of:

5. 각 사업 활동으로부터 발생하는 배출감축량은 다음에 기초하여, 이 의정서의 당사자회의의 역할을 수행하는 당사국총회가 지정하는 운영기구에 의하여 인증받는다.

(a) Voluntary participation approved by each Party involved;

가. 관련 각 당사자가 승인한 자발적 참여

(b) Real, measurable, and long-term benefits related to the mitigation of climate change; and

나. 기후변화의 완화와 관련되는 실질적이고 측정가능한 장기적 이익

(c) Reductions in emissions that are additional to any that would occur in the absence of the certified project activity.

다. 인증받은 사업 활동이 없는 경우에 발생하는 배출량의 감축에 추가적인 배출량의 감축

6. The clean development mechanism shall assist in arranging funding of certified project activities as necessary.

6. 청정개발체제는, 필요한 경우, 인증받은 사업 활동을 위한 재원조달을 지원한다.

7. The Conference of the Parties serving as the meeting of the Parties to this Protocol shall, at its first session, elaborate modalities and procedures with the objective of ensuring transparency, efficiency and accountability through independent auditing and verification of project activities.

7. 이 의정서의 당사자회의의 역할을 수행하는 당사국총회는 제1차 회기에서 사업 활동에 대한 독립적인 감사·검증을 통하여 투명성·효율성 및 책임성을 보장하기 위한 방식 및 절차를 발전시킨다.

8. The Conference of the Parties serving as the meeting of the Parties to this Protocol shall ensure that a share of the proceeds from certified project activities is used to cover administrative expenses as well as to assist developing country Parties that are particularly vulnerable to the adverse effects of climate change to meet the costs of adaptation.

8. 이 의정서의 당사자회의의 역할을 수행하는 당사국총회는 인증받은 사업 활동의 수익 중 일부가 행정경비로 지불되고, 기후변화의 부정적 효과에 특히 취약한 개발도상국인 당사자의 적응비용의 충당을 지원하는 데 사용되도록 보장한다.

9. Participation under the clean development mechanism, including in activities mentioned paragraph 3(a) above and in the acquisition of certified emission reductions, may private and/or public entities, and is to be subject to whatever guidance may be provided by the executive board of the clean development mechanism.

9. 청정개발체제에의 참여(제3항 가목에 규정된 활동에의 참여 및 인증받은 배출감축량의 취득에의 참여를 포함한다)는 민간 및/또는 공공 기구를 관여시킬 수 있으며, 이러한 참여는 청정개발체제의 집행이사회가 제공하는 지침에 따라 이루어진다.

10. Certified emission reductions obtained during the period from the year 2000 up to the beginning of the first commitment period can be used to assist in achieving compliance in the first commitment period.

10. 2000년부터 제1차 공약기간 개시 전의 기간 동안 취득된 인증받은 배출감축량은 제1차 공약기간동안의 공약준수를 지원하기 위하여 사용될 수 있다.

Article 13

제 13 조

1. The Conference of the Parties, the supreme body of the Convention, shall serve as the meeting of the Parties to this Protocol.

1. 협약의 최고기관인 당사국총회는 이 의정서의 당사자회의의 역할을 수행한다.

2. Parties to the Convention that are not Parties to this Protocol may participate as observers in the proceedings of any session of the Conference of the Parties serving as the meeting of the Parties to this Protocol. When the Conference of the Parties serves as the meeting of the Parties to this Protocol, decisions under this Protocol shall be taken only by those that are Parties to this Protocol.

2. 이 의정서의 당사자가 아닌 협약의 당사자는 이 의정서의 당사자회의의 역할을 수행하는 당사국총회의 모든 회기의 심의에 참관인으로 참여할 수 있다. 당사국총회가 이 의정서의 당사자회의의 역할을 수행하는 경우, 이 의정서에 따른 결정은 이 의정서의 당사자만이 할 수 있다.

3. When the Conference of the Parties serves as the meeting of the Parties to this Protocol, any member of the Bureau of the Conference of the Parties representing

3. 당사국총회가 이 의정서의 당사자회의의 역할을 수행하는 경우, 그 당시 이 의정서의 당사자가 아닌 협약의 당사자를 대표하는 자가 당사국총회의 의장단의 구성원인 때에

a Party to the Convention but, at that time, not a Party to this Protocol, shall be replaced by an additional to be elected by and from amongst the Parties to this Protocol.

는, 동 구성원은 이 의정서의 당사자들이 그들 중에서 선출한 추가구성원으로 대체된다.

4. The Conference of the Parties serving as the meeting of the Parties to this Protocol shall keep under regular review the implementation of this Protocol and shall make, within its mandate, the decisions necessary to promote its effective implementation. It shall perform the assigned to it by this Protocol and shall:

4. 이 의정서의 당사자회의의 역할을 수행하는 당사국총회는 이 의정서의 이행상황을 정기적으로 검토하고, 그 권한의 범위 안에서 이 의정서의 효과적 이행의 증진에 필요한 결정을 한다. 당사국총회는 이 의정서에 의하여 부여된 기능을 수행하며 다음을 행한다.

(a) Assess, on the basis of all information made available to it in accordance with the provisions of this Protocol, the implementation of this Protocol by the Parties, the overall effects of the measures taken pursuant to this Protocol, in particular environmental, economic and social effects as well as their cumulative impacts and the extent to which progress towards objective of the Convention is being achieved;

가. 이 의정서의 규정에 따라 제공되는 이용가능한 모든 정보에 입각하여, 당사자의 의정서 이행상황, 이 의정서에 따라 행한 조치의 전반적 효과, 특히 환경적·경제적·사회적 효과 및 이의 누적적 효과와 협약의 목적 성취도를 평가할 것

(b) Periodically examine the obligations of the Parties under this Protocol, giving due consideration to any reviews required by Article 4, paragraph 2(d), and Article 7, paragraph 2, of the Convention, in the light of the objective of the Convention, the experience gained in its implementation and the evolution of scientific and technological knowledge, and in this respect consider and adopt regular reports on the implementation of this Protocol;

나. 협약 제4조 제2항 라목 및 제7조 제2항에서 요구되는 모든 검토를 충분히 고려하고, 협약의 목적 및 협약의 이행과정에서 얻은 경험과 과학·기술 지식의 발전에 비추어, 이 의정서에 따른 당사자의 의무를 정기적으로 검토하고, 이러한 측면에서 이 의정서의 이행에 관한 정기보고서를 심의·채택할 것

(c) Promote and facilitate the exchange of information on measures adopted by the Parties to address climate change and its effects, taking into account the differing circumstances, responsibilities and capabilities of the Parties and their respective commitments this Protocol;

(d) Facilitate, at the request of two or more Parties, the coordination of measures adopted by them to address climate change and its effects, taking into account the differing circumstances, responsibilities and capabilities of the Parties and their respective commitments this Protocol;

(e) Promote and guide, in accordance with the objective of the Convention and the provisions of this Protocol, and taking fully into account the relevant decisions by the Conference of the Parties, the development and periodic refinement of comparable methodologies for the effective implementation of this Protocol, to be agreed on by the Conference of the Parties serving as the meeting of the Parties to this Protocol;

(f) Make recommendations on any matters necessary for the implementation of this Protocol;

(g) Seek to mobilize additional financial resources in accordance with Article 11, paragraph 2;

(h) Establish such subsidiary bodies as are deemed necessary for the implementation of this Protocol;

(i) Seek and utilize, where appropriate, the services and cooperation of, and information provided by, competent international

다. 당사자의 서로 다른 여건·책임 및 능력과 이 의정서상의 각자의 공약을 고려하여, 기후변화와 그 효과에 대응하기 위하여 당사자가 채택한 조치에 관한 정보의 교환을 촉진하고 용이하게 할 것

라. 2 이상의 당사자의 요청이 있는 경우, 각 당사자의 서로 다른 여건·책임 및 능력과 이 의정서상의 각자의 공약을 고려하여, 기후변화와 그 효과에 대응하기 위하여 당사자가 채택한 조치의 조정을 용이하게 할 것

마. 협약의 목적 및 이 의정서의 규정에 따라, 그리고 당사국총회의 관련 결정을 충분히 고려하여, 이 의정서의 당사자회의의 역할을 수행하는 당사국총회가 합의한 방법론으로서 이 의정서의 효과적인 이행을 위한 비교가능한 방법론의 발전과 정기적인 개선을 촉진·지도할 것

바. 이 의정서의 이행에 필요한 사항에 대하여 권고할 것

사. 제11조 제2항에 따라 추가적 재원의 동원을 위하여 노력할 것

아. 이 의정서의 이행에 필요하다고 판단되는 보조기관을 설치할 것

자. 적절한 경우, 권한 있는 국제기구·정부간기구 및 비정부간기구로부터의 지원·협력 및 정보제공을 구하고 이를 활용할 것

organizations and intergovernmental and non-governmental bodies; and

(j) Exercise such other functions as may be required for the implementation of this and consider any assignment resulting from a decision by the Conference of the Parties.

차. 이 의정서의 이행을 위하여 필요한 그 밖의 기능을 수행하고, 당사국총회의 결정에 의하여 부여되는 모든 과제를 심의할 것

5. The rules of procedure of the Conference of the Parties and financial procedures applied under the Convention shall be applied mutatis mutandis under this Protocol, except as may be otherwise decided by consensus by the Conference of the Parties serving as the meeting of the Parties to this Protocol.

5. 이 의정서의 당사자회의의 역할을 수행하는 당사국총회가 컨센서스로 달리 결정하는 경우를 제외하고는, 당사국총회의 의사규칙 및 협약상 적용되는 재정절차는 이 의정서에 준용한다.

6. The first session of the Conference of the Parties serving as the meeting of the Parties to this Protocol shall be convened by the secretariat in conjunction with the first session of the Conference of the Parties that is scheduled after the date of the entry into force of this Protocol. Subsequent ordinary sessions of the Conference of the Parties serving as the meeting of the Parties to this Protocol shall be held every year and in conjunction with ordinary sessions of the Conference of the Parties, unless otherwise decided by the Conference the Parties serving as the meeting of the Parties to this Protocol.

6. 이 의정서의 당사자회의의 역할을 수행하는 당사국총회의 제1차 회기는 사무국에 의하여 이 의정서의 발효일 이후에 예정되어 있는 당사국총회의 첫째 회기와 함께 소집된다. 이 의정서의 당사자회의의 역할을 수행하는 당사국총회의 후속 정기회기는, 동 당사국총회가 달리 결정하지 아니하는 한, 당사국총회의 정기회기와 함께 매년 개최된다.

7. Extraordinary sessions of the Conference of the Parties serving as the meeting of the Parties to this Protocol shall be held at such other times as may be deemed necessary by the Conference of

7. 이 의정서의 당사자회의의 역할을 수행하는 당사국총회의 특별회기는 동 당사국총회가 필요하다고 인정하거나 당사자의 서면요청이 있는 때에 개최된다. 다만, 이러한 서면요청은 사무국이 이를 당사자들에게 통보한

the Parties serving as the meeting of the Parties to this Protocol, or at the written request of any Party, provided that, within six months of the request being communicated to the Parties by the secretariat, it is supported by at least one third of the Parties.

후 6월 이내에 최소한 당사자 3분의 1이상의 지지를 받아야 한다.

8. The United Nations, its specialized agencies and the International Atomic Energy Agency, as well as any State member thereof or observers thereto not party to the Convention, may be represented at sessions of the Conference of the Parties serving as the meeting of the Parties to this Protocol as observers. Any body or agency, whether national or international, governmental or non−governmental, which is qualified in matters covered by this Protocol and which has informed the secretariat of its wish to be represented at a session of the Conference of the Parties serving as the meeting of the Parties to this Protocol as an observer, may be so admitted unless at least one third of the Parties present object. The admission and participation of observers shall be subject to the rules of procedure, as referred to in paragraph 5 above.

8. 국제연합 · 국제연합전문기구 · 국제원자력기구 및 이들 기구의 회원국이나 참관인인 협약의 비당사자는 이 의정서의 당사자회의의 역할을 수행하는 당사국총회의 회기에 참관인으로 참석할 수 있다. 국내적 · 국제적 또는 정부간 · 비정부간 기구나 기관을 불문하고 이 의정서가 규율하는 사항에 대하여 전문성을 갖는 기구나 기관이 이 의정서의 당사자회의의 역할을 수행하는 당사국총회의 회기에 참관인으로 참석하고자 하는 의사를 사무국에 통보하는 경우, 출석당사자의 3분의 1 이상이 반대하지 아니하는 한 그 참석이 허용될 수 있다. 참관인의 참석 허용 및 회의 참가는 제5항에 규정된 의사규칙에 따라 이루어진다.

Article 14

제 14 조

1. The secretariat established by Article 8 of the Convention shall serve as the secretariat of this Protocol.

1. 협약 제8조에 의하여 설치되는 사무국은 이 의정서의 사무국의 역할을 수행한다.

2. Article 8, paragraph 2, of the Convention

2. 사무국의 기능에 관하여 규정하고 있는 협

on the functions of the secretariat, and Article 8, paragraph 3, of the Convention on arrangements made for the functioning of the secretariat, shall apply mutatis mutandis to this Protocol. The secretariat shall, in addition, exercise the functions assigned to it under this Protocol.

약 제8조 제2항 및 사무국의 기능수행에 필요한 준비에 관하여 규정하고 있는 협약 제8조 제3항은 이 의정서에 준용한다. 또한 사무국은 이 의정서에 의하여 부여된 기능을 수행한다.

Article 15

제15조

1. The Subsidiary Body for Scientific and Technological Advice and the Subsidiary Body for Implementation established by Articles 9 and 10 of the Convention shall serve as, respectively, the Subsidiary Body for Scientific and Technological Advice and the Subsidiary Body for Implementation of this Protocol. The provisions relating to the functioning of these two bodies under the Convention shall apply mutatis mutandis to this Protocol. Sessions of the meetings of the Subsidiary Body for Scientific and Technological Advice and the Subsidiary Body for Implementation of this Protocol shall be held in conjunction with the meetings of, respectively, the Subsidiary Body for Scientific and Technological Advice and the Body for Implementation of the Convention.

1. 협약 제9조 및 제10조에 의하여 설치된 과학·기술자문 보조기관 및 이행을 위한 보조기관은 각각 이 의정서의 과학·기술자문 보조기관 및 이행을 위한 보조기관의 역할을 수행한다. 과학·기술자문 보조기관 및 이행을 위한 보조기관의 기능수행에 관한 협약의 규정은 이 의정서에 준용한다. 이 의정서의 과학·기술자문 보조기관 및 이행을 위한 보조기관 회의의 회기는 각각 협약의 과학·기술 보조기관 및 이행을 위한 보조기관의 회의와 함께 개최된다.

2. Parties to the Convention that are not Parties to this Protocol may participate as observers in the proceedings of any session of the subsidiary bodies. When the subsidiary bodies serve as the subsidiary bodies of this Protocol,

2. 이 의정서의 당사자가 아닌 협약의 당사자는 보조기관의 모든 회기의 심의에 참관인으로 참여할 수 있다. 보조기관이 이 의정서의 보조기관의 역할을 수행하는 경우, 이 의정서에 따른 결정은 이 의정서의 당사자만이 할 수 있다.

decisions under this Protocol shall be taken only by those that are Parties to this Protocol.

3. When the subsidiary bodies established by Articles 9 and 10 of the Convention exercise their functions with regard to matters concerning this Protocol, any member of the Bureaux of those subsidiary bodies representing a Party to the Convention but, at that time, not a party to this Protocol, shall be replaced by an additional member to be elected by and from amongst the Parties to this Protocol.

3. 협약 제9조 및 제10조에 의하여 설치된 보조기관이 이 의정서와 관련된 사항에 대하여 그 기능을 수행하는 경우, 그 당시 이 의정서의 당사자가 아닌 협약의 당사자를 대표하는 자가 보조기관의 의장단의 구성원인 때에는 동 구성원은 이 의정서의 당사자들이 그들 중에서 선출한 추가구성원으로 대체된다.

Article 16

The Conference of the Parties serving as the meeting of the Parties to this Protocol shall, as soon as practicable, consider the application to this Protocol of, and modify as appropriate, the multilateral consultative process referred to in Article 13 of the Convention, in the light of any relevant decisions that may be taken by the Conference of the Parties. Any multilateral consultative process that may be applied to this Protocol shall operate without prejudice to the procedures and mechanisms established in accordance with Article 18.

제16조

이 의정서의 당사자회의의 역할을 수행하는 당사국총회는, 당사국총회가 채택한 모든 관련 결정에 비추어 가능한 한 조속히, 협약 제13조에 규정된 다자간 협의절차를 이 의정서에 적용하는 문제를 심의하고, 적절한 경우에는 이를 수정한다. 이 의정서에 적용될 수 있는 모든 다자간 협의절차는 제18조에 따라 마련된 절차 및 체제에 영향을 미치지 아니하도록 운영된다.

Article 17

The Conference of the Parties shall define the relevant principles, modalities, rules and in particular for verification, reporting and accountability for emissions trading. The

제17조

당사국총회는, 특히 검증·보고·책임 등에 관한 것을 비롯하여, 배출량거래에 관한 원칙·방식·규칙·지침을 규정한다. 부속서 나의 당사자는 제3조의 규정에 의한 공약을 이행하기

Parties included in Annex B may participate in emissions trading for the purposes of fulfilling their commitments under Article 3. Any such trading shall be supplemental to domestic actions for the purpose of meeting quantified emission limitation and commitments under that Article.

위하여 배출량거래에 참여할 수 있다. 이러한 모든 거래는 제3조의 규정에 의한 수량적 배출량의 제한·감축을 위한 공약의 이행을 위한 국내조치의 보조수단으로 활용되어야 한다.

Article 18

제 18 조

The Conference of the Parties serving as the meeting of the Parties to this Protocol shall, at its first session, approve appropriate and effective procedures and mechanisms to determine and to address cases of non-compliance with the provisions of this Protocol, including through the development of an indicative list of consequences, taking into account the cause, type, degree and frequency of noncompliance. Any procedures and mechanisms under this Article entailing binding consequences shall be adopted by means of an amendment to this Protocol.

이 의정서의 당사자회의의 역할을 수행하는 당사국총회는 제1차 회기에서, 이 의정서가 준수되지 아니하는 원인·형태·정도 및 빈도를 고려하여, 그 결과에 관한 예시목록의 개발 등 그 사례를 결정하고 이에 대응하기 위한 적절하고 효과적인 절차 및 체제를 승인한다. 이 조의 규정에 의한 절차 및 체제로서 기속력 있는 결과를 수반하는 것은 이 의정서의 개정에 의하여 채택된다.

Article 19

제 19 조

The provisions of Article 14 of the Convention on settlement of disputes shall apply mutatis mutandis to this Protocol.

분쟁해결에 관한 협약 제14조의 규정은 이 의정서에 준용한다.

Article 20

제 20 조

1. Any Party may propose amendments to this Protocol.
2. Amendments to this Protocol shall be adopted at an ordinary session of the

1. 모든 당사자는 이 의정서의 개정안을 제안할 수 있다.
2. 이 의정서의 개정안은 이 의정서의 당사자회의의 역할을 수행하는 당사국총회의 정기

Conference of the Parties serving as the meeting of the Parties to this Protocol. The text of any proposed amendment to this Protocol shall be communicated to the Parties by the secretariat at least six months before the meeting at which it is proposed for adoption. The secretariat shall also communicate the text of any proposed amendments to the Parties and signatories to the Convention and, for information, to the Depositary.

회기에서 채택된다. 사무국은 개정안의 채택 여부가 상정되는 정기회기가 개최되기 최소 6월 전에 동 개정안을 당사자들에게 통보하고, 협약의 당사자와 그 서명자에게도 통보하며, 참고용으로 수탁자에게도 통보한다.

3. The Parties shall make every effort to reach agreement on any proposed amendment to this Protocol by consensus. If all efforts at consensus have been exhausted, and no agreement reached, the amendment shall as a last resort be adopted by a three-fourths majority vote of the Parties present and voting at the meeting. The adopted amendment shall be communicated the secretariat to the Depositary, who shall circulate it to all Parties for their acceptance.

3. 당사자는 이 의정서의 개정안에 대하여 컨센서스에 의한 합의에 도달하도록 모든 노력을 다한다. 컨센서스를 위한 모든 노력을 다하였으나 합의에 도달하지 못한 경우, 동 개정안은 최종적으로 회의에 출석하여 투표하는 당사자의 4분의 3 이상의 다수결로 채택된다. 사무국은 채택된 개정안을 수탁자에게 통보하며, 수탁자는 동 개정안의 수락을 위하여 이를 모든 당사자에게 배포한다.

4. Instruments of acceptance in respect of an amendment shall be deposited with the Depositary. An amendment adopted in accordance with paragraph 3 above shall enter into force for those Parties having accepted it on the ninetieth day after the date of receipt by the Depositary of an instrument of acceptance by at least three fourths of the Parties to this Protocol.

4. 개정안에 대한 수락서는 수탁자에게 기탁된다. 제3항에 따라 채택된 개정안은 이 의정서의 당사자중 최소 4분의 3 이상의 수락서가 수탁자에게 접수된 날부터 90일째 되는 날에 수락한 당사자에 대하여 발효한다.

5. The amendment shall enter into force for any other Party on the ninetieth day after

5. 그 밖의 당사자가 그 후에 수탁자에게 수락서를 기탁한 경우에는, 그 개정안은 수락서

the date on which that Party deposits with the Depositary its instrument of acceptance of the said amendment.

를 기탁한 날부터 90일째 되는 날에 동 당사자에 대하여 발효한다.

Article 21

제21조

1. Annexes to this Protocol shall form an integral part thereof and, unless otherwise expressly provided, a reference to this Protocol constitutes at the same time a reference to any annexes there-to. Any annexes adopted after the entry into force of this Protocol shall be restricted to lists, forms and any other material of a descriptive nature that is of a scientific, technical, procedural or administrative character.

1. 이 의정서의 부속서는 의정서의 불가분의 일부를 구성하며, 명시적으로 달리 규정하지 아니하는 한, 이 의정서에 관한 언급은 동시에 그 부속서도 언급하는 것으로 본다. 이 의정서의 발효 이후에 채택되는 모든 부속서는 목록·양식이나 과학적·기술적·절차적·행정적 특성을 갖는 서술적 성격의 자료에 국한된다.

2. Any Party may make proposals for an annex to this Protocol and may propose amendments to annexes to this Protocol.

2. 모든 당사자는 이 의정서의 부속서안이나 이 의정서의 부속서의 개정안을 제안할 수 있다.

3. Annexes to this Protocol and amendments to annexes to this Protocol shall be adopted at an ordinary session of the Conference of the Parties serving as the meeting of the Parties to this Protocol. The text of any proposed annex or amendment to an annex shall be communicated to the Parties by the secretariat at least six months before the meeting at which it is proposed for adoption. The secretariat shall also communicate the text of any proposed annex or amendment to an annex to the Parties and signatories to the Convention and, for information, to the Depositary.

3. 이 의정서의 부속서안 및 이 의정서의 부속서의 개정안은 이 의정서의 당사자회의의 역할을 수행하는 당사국총회의 정기회기에서 채택된다. 사무국은 제안된 부속서안 또는 부속서의 개정안의 채택여부가 상정되는 정기회기가 개최되기 최소 6월 전에 동 부속서안 또는 부속서의 개정안을 당사자들에게 통보하고, 협약의 당사자와 그 서명자에게도 통보하며, 참고용으로 수탁자에게도 통보한다.

4. The Parties shall make every effort to reach agreement on any proposed annex or amendment to an annex by consensus. If all efforts at consensus have been exhausted, and no agreement reached, the annex or amendment to an annex shall as a last resort be adopted by a three-fourths majority vote of the Parties present and voting at the meeting. The adopted annex or amendment to an annex shall be communicated by the secretariat to the Depositary, who shall circulate it to all Parties for their acceptance.

4. 당사자는 부속서안 또는 부속서의 개정안에 대하여 컨센서스에 의한 합의에 도달하도록 모든 노력을 다한다. 컨센서스를 위한 모든 노력을 다하였으나 합의에 도달하지 못한 경우, 부속서안 또는 부속서의 개정안은 최종적으로 회의에 출석하여 투표하는 당사자의 4분의 3 이상의 다수결로 채택된다. 사무국은 채택된 부속서안 또는 부속서의 개정안을 수탁자에게 통보하며, 수탁자는 수락을 위하여 이를 모든 당사자에게 배포한다.

5. An annex, or amendment to an annex other than Annex A or B, that has been adopted in accordance with paragraphs 3 and 4 above shall enter into force for all Parties to this Protocol six months after the date of the communication by the Depositary to such Parties of the adoption of the annex or adoption of the amendment to the annex, except for those Parties that have notified the Depositary, in writing, within that period of their non-acceptance of the annex or amendment to the annex. The annex or amendment to an annex shall enter into force for Parties which withdraw their notification of nonacceptance on the ninetieth day after the date on which withdrawal of such notification has been received by the Depositary.

5. 제3항과 제4항에 따라 채택된 부속서안 또는 부속서(부속서 가 또는 나를 제외한다)의 개정안은 수탁자가 동 부속서안 또는 부속서의 개정안의 채택을 당사자에게 통보한 날부터 6월 후에 이 의정서의 모든 당사자(동 기간 내에 이를 수락하지 아니함을 수탁자에게 서면으로 통고한 당사자를 제외한다)에 대하여 발효한다. 부속서안 또는 부속서의 개정안을 수락하지 아니한다는 서면통고를 한 당사자가 이를 철회한 경우에는, 동 당사자에 대하여는 그 철회통고가 수탁자에게 접수된 날부터 90일째 되는 날에 발효한다.

6. If the adoption of an annex or an amendment to an annex involves an amendment to this Protocol, that annex

6. 부속서안 또는 부속서의 개정안의 채택이 이 의정서의 개정을 수반하는 경우에는, 그 부속서안 또는 부속서의 개정안은 이 의정

or amendment to an annex shall not enter into force until such time as amendment to this Protocol enters into force.

서의 개정안이 발효할 때까지 발효하지 아니한다.

7. Amendments to Annexes A and B to this Protocol shall be adopted and enter into force in accordance with the procedure set out in Article 20, provided that any amendment to Annex B shall be adopted only with the written consent of the Party concerned.

7. 이 의정서의 부속서 가 및 나의 개정안은 제20조에 규정된 절차에 따라 채택되고 발효한다. 다만, 부속서 나의 개정안은 관련 당사자의 서면동의가 있는 경우에만 채택된다.

Article 22

제 22 조

1. Each Party shall have one vote, except as provided for in paragraph 2 below.

2. Regional economic integration organizations, in matters within their competence, shall exercise their right to vote with a number of votes equal to the number of their member States that are Parties to this Protocol. Such an organization shall not exercise its right to vote if any of its member States exercises its right, and vice versa.

1. 각 당사자는 제2항에 규정된 경우를 제외하고는 하나의 투표권을 가진다.

2. 지역경제통합기구는 그 기구의 권한사항에 대하여 이 의정서의 당사자인 기구 회원국의 수와 동수의 투표권을 행사한다. 기구 회원국 중 어느 한 국가라도 투표권을 행사하는 경우, 기구는 투표권을 행사하지 아니하며, 그 반대의 경우도 또한 같다.

Article 23

제 23 조

The Secretary-General of the United Nations shall be the Depositary of this Protocol.

국제연합사무총장은 이 의정서의 수탁자가 된다.

Article 24

제 24 조

1. This Protocol shall be open for signature and subject to ratification, acceptance or approval by States and regional economic

1. 이 의정서는 협약의 당사자인 국가와 지역경제통합기구의 서명을 위하여 개방되며,

integration organizations which are Parties to the Convention. It shall be open for signature at United Nations Headquarters in New York from 16 March 1998 to 15 March 1999. This Protocol shall be open for accession from the day after the date on which it is closed for signature. Instruments of ratification, acceptance, approval or accession shall be deposited with the Depositary.

이들에 의하여 비준·수락·승인된다. 이 의정서는 1998년 3월 16일부터 1999년 3월 15일까지 뉴욕의 국제연합본부에서 서명을 위하여 개방되며, 그 서명기간이 종료한 다음 날부터 가입을 위하여 개방된다. 비준서·수락서·승인서·가입서는 수탁자에게 기탁된다.

2. Any regional economic integration organization which becomes a Party to this Protocol without any of its member States being a Party shall be bound by all the obligations under this Protocol. In the case of such organizations, one or more of whose member States is a Party to this Protocol, the organization and its member States shall decide on their respective responsibilities for the performance of their obligations under this Protocol. In such the organization and the member States shall not be entitled to exercise rights under this Protocol concurrently.

2. 이 의정서의 당사자가 되는 지역경제통합기구는, 기구 회원국 중 어느 한 국가도 이 의정서의 당사자가 아닌 경우에도 이 의정서상의 모든 의무에 구속된다. 기구의 1 이상의 회원국이 이 의정서의 당사자인 경우, 기구와 그 회원국은 이 의정서상의 의무를 수행하기 위한 각각의 책임을 결정한다. 이 경우, 기구와 그 회원국은 이 의정서상의 권리를 동시에 행사할 수 없다.

3. In their instruments of ratification, acceptance, approval or accession, regional economic integration organizations shall declare the extent of their competence with respect to the matters governed by this Protocol. These organizations shall also inform the Depositary, who shall in turn inform the Parties, of any substan-tial modification in the extent of their competence.

3. 지역경제통합기구는 그 비준서·수락서·승인서·가입서에서 이 의정서가 규율하는 사항에 관한 기구의 권한범위를 선언한다. 또한, 기구는 그 권한범위의 실질적 변동에 관하여 수탁자에게 통보하며, 수탁자는 이를 당사자에게 통보한다.

Article 25

1. This Protocol shall enter into force on the ninetieth day after the date on which not less than 55 Parties to the Convention, incorporating Parties included in Annex I which accounted in total for at least 55 per cent of the total carbon dioxide emissions for 1990 of the Parties included in Annex I, have deposited their instruments of ratification, acceptance, approval or accession.

2. For the purposes of this Article, "the total carbon dioxide emissions for 1990 of the Parties included in Annex I" means the amount communicated on or before the date of adoption of this Protocol by the Parties included in Annex I in their first national communications submitted in accordance with Article 12 of the Convention.

3. For each State or regional economic integration organization that ratifies, accepts or approves this Protocol or accedes thereto after the conditions set out in paragraph 1 above for entry into force have been fulfilled, this Protocol shall enter into force on the ninetieth day following the date of deposit of its instrument of ratification, acceptance, approval or accession.

4. For the purposes of this Article, any instrument deposited by a regional economic integration organization shall not be counted as additional to those deposited by States members of the

제25조

1. 이 의정서는 부속서 1의 당사자들의 1990년도 이산화탄소 총 배출량 중 55퍼센트 이상을 차지하는 부속서 1의 당사자를 포함하여, 55 이상의 협약의 당사자가 비준서 · 수락서 · 승인서 · 가입서를 기탁한 날부터 90일째 되는 날에 발효한다.

2. 이 조의 목적상, "부속서 1의 당사자들의 1990년도 이산화탄소 총 배출량"이라 함은 부속서 1의 당사자들이 이 의정서의 채택일 또는 그 이전에 협약 제12조에 따라 제출한 제1차 국가보고서에서 통보한 양을 말한다.

3. 발효에 관한 제1항의 조건이 충족된 후 이 의정서를 비준 · 수락 · 승인 · 가입하는 국가 또는 지역경제통합기구의 경우에는, 그 비준서 · 수락서 · 승인서 · 가입서가 기탁된 날부터 90일째 되는 날에 동 국가 또는 기구에 대하여 발효한다.

4. 이 조의 목적상, 지역경제통합기구가 기탁하는 문서는 기구의 회원국이 기탁하는 문서에 추가되는 것으로 계산되지 아니한다.

organization.

Article 26

No reservations may be made to this Protocol.

제 26 조

이 의정서에 대하여는 어떠한 유보도 행할 수 없다.

Article 27

1. At any time after three years from the date on which this Protocol has entered into force for a Party, that Party may withdraw from this Protocol by giving written notification to the Depositary.

2. Any such withdrawal shall take effect upon expiry of one year from the date of receipt by the Depositary of the notification of withdrawal, or on such later date as may be specified in the notification of withdrawal.

3. Any Party that withdraws from the Convention shall be considered as also hav-ing withdrawn from this Protocol.

제 27 조

1. 당사자는 의정서가 자신에 대하여 발효한 날부터 3년이 경과한 후에는 언제나 수탁자에게 서면통고를 함으로써 이 의정서로부터 탈퇴할 수 있다.

2. 탈퇴는 수탁자가 탈퇴 통고를 접수한 날부터 1년이 경과한 날이나 탈퇴통고서에 이보다 더 늦은 날짜가 명시된 경우에는 그 늦은 날에 발효한다.

3. 협약으로부터 탈퇴한 당사자는 이 의정서로부터도 탈퇴한 것으로 본다.

Article 28

The original of this Protocol, of which the Arabic, Chinese, English, French, Russian and Spanish texts are equally authentic, shall be deposited with the Secretary-General of the United Nations.

DONE AT Kyoto this eleventh day of December one thousand nine hundred and ninety-seven.

IN WITNESS WHEREOF the undersigned,

제 28 조

아랍어 · 중국어 · 영어 · 불어 · 러시아어 및 서반아어본이 동등하게 정본인 이 의정서의 원본은 국제연합 사무총장에게 기탁된다.

1997년 12월 11일에 교토에서 작성하였다.

이상의 증거로, 정당하게 권한을 위임받은 아래

being duly authorized to that effect, have affixed their signatures to this Protocol on the dates indicated.

서명자가 명시된 일자에 이 의정서에 서명하였다.

Annex A

Greenhouse gases

Carbon dioxide(CO_2)

Methane(CH_4)

Nitrous oxide(N_2O)

Hydrofluorocarbons(HFCs)

Perfluorocarbons(PFCs)

Sulphur hexafluoride(SF_6)

Sectors/source categories

Energy

Fuel combustion

Energy industries

Manufacturing industries and construction

Transport

Other sectors

Other

Fugitive emissions from fuels

Solid fuels

Oil and natural gas

Other

Industrial processes

Mineral products

Chemical industry

Metal production

Other production

Production of halocarbons and sulphur hexafluoride

Consumption of halocarbons and sulphur hexafluoride

Other

Solvent and other product use

Agriculture

Enteric fermentation

Manure management

Rice cultivation

Agricultural soils

Prescribed burning of savannas

Field burning of agricultural residues

Other

Waste

Solid waste disposal on land
Wastewater handling
Waste incineration
Other

Annex B

Quantified Emission Limitation or Reduction Commitment
[percentage of base year(1990) or period]

Party	%	Party	%
Australia	108	Liechtenstein	92
Austria	92	Lithuania*	92
Belgium	92	Luxembourg	92
Bulgaria*	92	Monaco	92
Canada	94	Netherlands	92
Croatia*	95	New Zealand	100
Czech Republic*	92	Norway	101
Denmark	92	Poland*	94
Estonia*	92	Portugal	92
European Community	92	Romania*	92
Finland	92	Russian Federation*	100
France	92	Slovakia*	92
Germany	92	Slovenia*	92
Greece	92	Spain	92
Hungary*	94	Sweden	92
Iceland	110	Switzerland	92
Ireland	92	Ukraine*	100
Italy	92	United Kingdom	92
Japan	94	United States	93
Latvia*	92		

* Countries that are undergoing the process of transition to a market economy.

3. Paris Agreement (2015)

3. 파리협정

Date : 12 December 2015
In force : 4 November 2016
States Party : 186
Korea : 3 November 2016 (조약 제2315호)
Link : www.unfccc.int

The Parties to this Agreement,

이 협정의 당사자는,

Being Parties to the United Nations Framework Convention on Climate Change, hereinafter referred to as "the Convetion",

「기후변화에 관한 국제연합 기본협약(이하 "협약"이라 한다)」의 당사자로서,

Pursuant to the Durban Platform for Enhanced Action established by decision 1/CP.17 of the Conference of the Parties to the Convention at its seventeenth session,

제17차 협약 당사자총회에서 결정(1/CP.17)으로 수립된 「행동 강화를 위한 더반플랫폼」에 따라,

In pursuit of the objective of the Convention, and being guided by its principles, including the principle of equity and common but differentiated responsibilities and respective capabilities, in the light of different national circumstances,

협약의 목적을 추구하고, 상이한 국내 여건에 비추어 형평의 원칙 및 공통적이지만 그 정도에 차이가 나는 책임과 각자의 능력의 원칙을 포함하는 협약의 원칙에 따라,

Recognizing the need for an effective and progressive response to the urgent threat of climate change on the basis of the best available scientific knowledge,

이용 가능한 최선의 과학적 지식에 기초하여 기후변화라는 급박한 위협에 대하여 효과적이고 점진적으로 대응할 필요성을 인식하며,

Also recognizing the specific needs and special circumstances of developing country Parties, especially those that are particularly vulnerable to the adverse effects of climate change, as provided for in the Convention,

또한, 협약에서 규정된 대로 개발도상국인 당사자, 특히 기후변화의 부정적 영향에 특별히 취약한 개발도상국 당사자의 특수한 필요와 특별한 사정을 인식하고,

Taking full account of the specific needs and special situations of the least developed countries with regard to fund ing and transfer of technology,

자금 제공 및 기술 이전과 관련하여 최빈개도국의 특수한 필요와 특별한 상황을 충분히 고려하며,

Recognizing that Parties may be affected not only by climate change, but also by the impacts of the measures taken in response to it,

당사자들이 기후변화뿐만 아니라 그에 대한 대응 조치에서 비롯된 여파에 의해서도 영향을 받을 수 있음을 인식하고,

Emphasizing the intrinsic relatiohip that climate change actions, responses and impacts have with equitable access to sustainable development and eradication of poverty,

기후변화 행동, 대응 및 영향이 지속가능한 발전 및 빈곤 퇴치에 대한 형평한 접근과 본질적으로 관계가 있음을 강조하며,

Recognizing the fundamental priority of safeguarding food security and ending hunger, and the particular vulnerabilities of food production systems to the adverse impacts of climate change,

식량안보 수호 및 기아 종식이 근본적인 우선과제이며, 기후변화의 부정적 영향에 식량생산체계가 특별히 취약하다는 점을 인식하고,

Taking into account the imperatives of a just transition of the workforce and the creation of decent work and quality jobs in accordance with nationally defined development priorities,

국내적으로 규정된 개발우선순위에 따라 노동력의 정당한 전환과 좋은 일자리 및 양질의 직업 창출이 매우 필요함을 고려하며,

Acknowledging that climate change is a common concern of humankind, Parties should, when taking action to address climate change, respect, promote and consider their respective obligations on human rights, the right to health, the rights of indigenous peoples, local communities, migrants, children, persons with disabilities and people in vulnerable situations and the right to development, as well as gender equality, empowerment of women and

기후변화가 인류의 공통 관심사임을 인정하고, 당사자는 기후변화에 대응하는 행동을 할 때 양성평등, 여성의 역량 강화 및 세대 간 형평뿐만 아니라, 인권, 보건에 대한 권리, 원주민 · 지역공동체 · 이주민 · 아동 · 장애인 · 취약계층의 권리 및 발전권에 관한 각자의 의무를 존중하고 촉진하며 고려하여야 함을 인정하며,

intergenerational equity,

Recognizing the importance of the conservation and enhancement, as appropriate, of sinks and reservoirs of the greenhouse gases referred to in the Convention,

협약에 언급된 온실가스의 흡수원과 저장고의 적절한 보전 및 증진의 중요성을 인식하고,

Noting the importance of ensuring the integrity of all ecosystems, including oceans, and the protection of biodiversity, recognized by some cultures as Mother Earth, and noting the importance for some of the concept of "climate justice", when taking action to address climate change,

기후변화에 대응하는 행동을 할 때, 해양을 포함한 모든 생태계의 건전성을 보장하는 것과 일부 문화에서 어머니 대지로 인식되는 생물다양성의 보존을 보장하는 것의 중요성에 주목하고, 일각에게 "기후 정의"라는 개념이 갖는 중요성에 주목하며,

Affirming the importance of education, training, public awareness, public participation, public access to information and cooperation at all levels on the matters addressed in this Agreement,

이 협정에서 다루어지는 문제에 대한 교육, 훈련, 공중의 인식, 공중의 참여, 공중의 정보 접근, 그리고 모든 차원에서의 협력이 중요함을 확인하고,

Recognizing the importance of the engagements of all levels of government and various actors, in accordance with respective national legislations of Parties, in addressing climate change,

기후변화에 대한 대응에 당사자 각자의 국내 법령에 따라 모든 차원의 정부조직과 다양한 행위자의 참여가 중요함을 인식하며,

Also recognizing that sustainable lifestyles and sustainable patterns of consumption and production, with developed country Parties taking the lead, play an important role in addressing climate change,

또한, 선진국인 당사자가 주도하고 있는 지속가능한 생활양식과 지속가능한 소비 및 생산 방식이 기후변화에 대한 대응에 중요한 역할을 함을 인식하면서,

Have agreed as follows:

다음과 같이 합의하였다.

Article 1

제 1 조

For the purpose of this Agreement, the definitions contained in Article 1 of the

이 협정의 목적상, 협약 제1조에 포함된 정의가 적용된다. 추가로,

Convention shall apply. In addition:

(a) "Convention" means the United Nations Framework Convention on Climate Change, adopted in New York on 9 May 1992;

(b) "Conference of the Parties" means the Conference of the Parties to the Convention;

(c) "Party" means a Party to this Agreement.

가. "협약"이란 1992년 5월 9일 뉴욕에서 채택된 「기후변화에 관한 국제연합 기본협약」을 말한다.

나. "당사자총회"란 협약의 당사자총회를 말한다.

다. "당사자"란 이 협정의 당사자를 말한다.

Article 2

1. This Agreement, in enhancing the implementation of the Convention, including its objective, aims to strengthen the global response to the threat of climate change, in the context of sustainable development and efforts to eradicate poverty, including by:

(a) Holding the increase in the global average temperature to well below 2℃ above pre-industrial levels and pursuing efforts to limit the temperature increase to 1.5℃ above pre-industrial levels, recognizing that this would significantly reduce the risks and impacts of climate change;

(b) Increasing the ability to adapt to the adverse impacts of climate change and foster climate resilience and low greenhouse gas emissions development, in a manner that does not threaten food production; and

(c) Making finance flows consistent with a pathway towards low greenhouse gas emissions and climate-resilient development.

제2조

1. 이 협정은, 협약의 목적을 포함하여 협약의 이행을 강화하는 데에, 지속가능한 발전과 빈곤 퇴치를 위한 노력의 맥락에서, 다음의 방법을 포함하여 기후변화의 위협에 대한 전지구적 대응을 강화하는 것을 목표로 한다.

가. 기후변화의 위험 및 영향을 상당히 감소시킬 것이라는 인식하에, 산업화 전 수준 대비 지구 평균 기온 상승을 섭씨 2도 보다 현저히 낮은 수준으로 유지하는 것 및 산업화 전 수준 대비 지구 평균 기온 상승을 섭씨 1.5도로 제한하기 위한 노력의 추구

나. 식량 생산을 위협하지 아니하는 방식으로, 기후변화의 부정적 영향에 적응하는 능력과 기후 회복력 및 온실가스 저배출 발전을 증진하는 능력의 증대, 그리고

다. 온실가스 저배출 및 기후 회복적 발전이라는 방향에 부합하도록 하는 재정 흐름의 조성

2. This Agreement will be implemented to reflect equity and the principle of common but differentiated responsibilities and respective capabilities, in the light of different national circumstances.

2. 이 협정은 상이한 국내 여건에 비추어 형평 그리고 공통적이지만 그 정도에 차이가 나는 책임과 각자의 능력의 원칙을 반영하여 이행될 것이다.

Article 3

As nationally determined contributions to the global response to climate change, all Parties are to undertake and communicate ambitious efforts as defined in Articles 4, 7, 9, 10, 11 and 13 with the view to achieving the purpose of this Agreement as set out in Article 2. The efforts of all Parties will represent a progression over time, while recognizing the need to support developing country Parties for the effective implementation of this Agreement.

제 3 조

기후변화에 전지구적으로 대응하기 위한 국가결정기여로서, 모든 당사자는 제2조에 규정된 이 협정의 목적을 달성하기 위하여 제4조, 제7조, 제9조, 제10조, 제11조 및 제13조에 규정된 바와 같이 의욕적인 노력을 수행하고 통보하여야 한다. 이 협정의 효과적인 이행을 위해서는 개발도상국 당사자에 대한 지원이 필요함을 인식하면서, 모든 당사자는 시간의 경과에 따라 진전되는 노력을 보여줄 것이다.

Article 4

1. In order to achieve the long-term temperature goal set out in Article 2, Parties aim to reach global peaking of greenhouse gas emissions as soon as possible, recognizing that peaking will take longer for developing country Parties, and to undertake rapid reductions thereafter in accordance with best available science, so as to achieve a balance between anthropogenic emissions by sources and removals by sinks of greenhouse gases in the second half of this century, on the basis of equity, and in the context of sustainable development and efforts to eradicate poverty.

제 4 조

1. 형평에 기초하고 지속가능한 발전과 빈곤퇴치를 위한 노력의 맥락에서, 제2조에 규정된 장기 기온 목표를 달성하기 위하여, 개발도상국 당사자에게는 온실가스 배출최대치 달성에 더욱 긴 시간이 걸릴 것임을 인식하면서, 당사자는 전지구적 온실가스 배출최대치를 가능한 한 조속히 달성할 것을 목표로 하고, 그 후에는 이용 가능한 최선의 과학에 따라 급속한 감축을 실시하는 것을 목표로 하여 금세기의 하반기에 온실가스의 배출원에 의한 인위적 배출과 흡수원에 의한 제거 간에 균형을 달성할 수 있도록 한다.

2. Each Party shall prepare, communicate and maintain successive nationally determined contributions that it intends to achieve. Parties shall pursue domestic mitigation measures, with the aim of achieving the objectives of such contributions.

2. 각 당사자는 달성하고자 하는 차기 국가결정기여를 준비하고, 통보하며, 유지한다. 당사자는 그러한 국가결정기여의 목적을 달성하기 위하여 국내적 완화 조치를 추구한다.

3. Each Party's successive nationally determined contribution will represent a progression beyond the Party's then current nationally determined contribution and reflect its highest possible ambition, reflecting its common but differentiated responsibilities and respective capabilities, in the light of different national circumstances.

3. 각 당사자의 차기 국가결정기여는 상이한 국내 여건에 비추어 공통적이지만 그 정도에 차이가 나는 책임과 각자의 능력을 반영하고, 당사자의 현재 국가결정기여보다 진전되는 노력을 시현할 것이며 가능한 한 가장 높은 의욕 수준을 반영할 것이다.

4. Developed country Parties should continue taking the lead by undertaking economy-wide absolute emission reduction targets. Developing country Parties should continue enhancing their mitigation efforts, and are encouraged to move over time towards economy-wide emission reduction or limitation targets in the light of different national circumstances.

4. 선진국 당사자는 경제 전반에 걸친 절대량 배출 감축목표를 약속함으로써 주도적 역할을 지속하여야 한다. 개발도상국 당사자는 완화 노력을 계속 강화하여야 하며, 상이한 국내 여건에 비추어 시간의 경과에 따라 경제 전반의 배출 감축 또는 제한 목표로 나아갈 것이 장려된다.

5. Support shall be provided to developing country Parties for the implementation of this Article, in accordance with Articles 9, 10 and 11, recognizing that enhanced support for developing country Parties will allow for higher ambition in their actions.

5. 개발도상국 당사자에 대한 지원 강화를 통하여 그들이 보다 의욕적으로 행동할 수 있을 것임을 인식하면서, 개발도상국 당사자에게 이 조의 이행을 위하여 제9조, 제10조 및 제11조에 따라 지원이 제공된다.

6. The least developed countries and small island developing States may prepare and communicate strategies, plans and actions for low greenhouse gas emissions

6. 최빈개도국과 소도서 개발도상국은 그들의 특별한 사정을 반영하여 온실가스 저배출 발전을 위한 전략, 계획 및 행동을 준비하고 통보할 수 있다.

development reflecting their special circumstances.

7. Mitigation co-benefits resulting from Parties' adaptation actions and/or economic diversification plans can contribute to mitigation outcomes under this Article.

7. 당사자의 적응 행동 그리고/또는 경제 다변화 계획으로부터 발생하는 완화의 공통이익은 이 조에 따른 완화 성과에 기여할 수 있다.

8. In communicating their nationally determined contributions, all Parties shall provide the information necessary for clarity, transparency and understanding in accordance with decision 1/CP.21 and any relevant decisions of the Conference of the Parties serving as the meeting of the Parties to this Agreement.

8. 국가결정기여를 통보할 때, 모든 당사자는 결정 1/CP.21과 이 협정의 당사자회의 역할을 하는 당사자총회의 모든 관련 결정에 따라 명확성, 투명성 및 이해를 위하여 필요한 정보를 제공한다.

9. Each Party shall communicate a nationally determined contribution every five years in accordance with decision 1/CP.21 and any relevant decisions of the Conference of the Parties serving as the meeting of the Parties to this Agreement and be informed by the outcomes of the global stocktake referred to in Article 14.

9. 각 당사자는 결정 1/CP.21과 이 협정의 당사자회의 역할을 하는 당사자총회의 모든 관련 결정에 따라 5년마다 국가결정기여를 통보하며, 각 당사자는 제14조에 언급된 전지구적 이행점검의 결과를 통지받는다.

10. The Conference of the Parties serving as the meeting of the Parties to this Agreement shall consider common time frames for nationally determined contributions at its first session.

10. 이 협정의 당사자회의 역할을 하는 당사자총회는 제1차 회기에서 국가결정기여를 위한 공통의 시간 계획에 대하여 고려한다.

11. A Party may at any time adjust its existing nationally determined contribution with a view to enhancing its level of ambition, in accordance with guidance adopted by the Conference of the Parties serving

11. 이 협정의 당사자회의 역할을 하는 당사자총회가 채택하는 지침에 따라, 당사자는 자신의 의욕 수준을 증진하기 위하여 기존의 국가결정기여를 언제든지 조정할 수 있다.

as the meeting of the Parties to this Agreement.

12. Nationally determined contributions communicated by Parties shall be recorded in a public registry maintained by the secretariat.

12. 당사자가 통보한 국가결정기여는 사무국이 유지하는 공공 등록부에 기록된다.

13. Parties shall account for their nationally determined contributions. In accounting for anthropogenic emissions and removals corresponding to their nationally determined contributions, Parties shall promote environmental integrity, transparency, accuracy, completeness, comparability and consistency, and ensure the avoidance of double counting, in accordance with guidance adopted by the Conference of the Parties serving as the meeting of the Parties to this Agreement.

13. 당사자는 자신의 국가결정기여를 산정한다. 자신의 국가결정기여에 따른 인위적 배출과 제거를 산정할 때는, 당사자는 이 협정의 당사자회의 역할을 하는 당사자총회가 채택하는 지침에 따라, 환경적 건전성, 투명성, 정확성, 완전성, 비교가능성, 일관성을 촉진하며, 이중계산의 방지를 보장한다.

14. In the context of their nationally determined contributions, when recognizing and implementing mitigation actions with respect to anthropogenic emissions and removals, Parties should take into account, as appropriate, existing methods and guidance under the Convention, in the light of the provisions of paragraph 13 of this Article.

14. 국가결정기여의 맥락에서, 인위적 배출과 제거에 관한 완화 행동을 인식하고 이행할 때 당사자는, 이 조 제13항에 비추어, 협약상의 기존 방법론과 지침을 적절히 고려하여야 한다.

15. Parties shall take into consideration in the implementation of this Agreement the concerns of Parties with economies most affected by the impacts of response measures, particularly developing country Parties.

15. 당사자는 이 협정을 이행할 때, 대응조치의 영향으로 인하여 자국 경제가 가장 크게 영향을 받는 당사자, 특히 개발도상국 당사자의 우려사항을 고려한다.

16. Parties, including regional economic integration organizations and their member States, that have reached an agreement to act jointly under paragraph 2 of this Article shall notify the secretariat of the terms of that agreement, including the emission level allocated to each Party within the relevant time period, when they communicate their nationally determined contributions. The secretariat shall in turn inform the Parties and signatories to the Convention of the terms of that agreement.

17. Each party to such an agreement shall be responsible for its emission level as set out in the agreement referred to in paragraph 16 of this Article in accordance with paragraphs 13 and 14 of this Article and Articles 13 and 15.

18. If Parties acting jointly do so in the framework of, and together with, a regional economic integration organization which is itself a Party to this Agreement, each member State of that regional economic integration organization individually, and together with the regional economic integration organization, shall be responsible for its emission level as set out in the agreement communicated under paragraph 16 of this Article in accordance with paragraphs 13 and 14 of this Article and Articles 13 and 15.

19. All Parties should strive to formulate and communicate long-term low

16. 공동으로 이 조 제2항에 따라 행동할 것에 합의한 지역경제통합기구와 그 회원국을 포함하는 당사자는 자신의 국가결정기여를 통보할 때, 관련 기간 내에 각 당사자에 할당된 배출 수준을 포함하는 합의 내용을 사무국에 통고한다. 그 다음 순서로 사무국은 협약의 당사자 및 서명자에게 그 합의 내용을 통지한다.

17. 그러한 합의의 각 당사자는 이 조 제13항 및 제14항 그리고 제13조 및 제15조에 따라 이 조 제16항에서 언급된 합의에 규정된 배출 수준에 대하여 책임을 진다.

18. 공동으로 행동하는 당사자들이 이 협정의 당사자인 지역경제통합기구의 프레임워크 안에서 그리고 지역경제통합기구와 함께 공동으로 행동하는 경우, 그 지역경제통합기구의 각 회원국은 개별적으로 그리고 지역경제통합기구와 함께, 이 조 제13항 및 제14항 그리고 제13조 및 제15조에 따라 이 조 제16항에 따라 통보된 합의에서 명시된 배출 수준에 대하여 책임을 진다.

19. 모든 당사자는 상이한 국내 여건에 비추어, 공통적이지만 그 정도에 차이가 나는

greenhouse gas emission development strategies, mindful of Article 2 taking into account their common but differentiated responsibilities and respective capabilities, in the light of different national circumstances.

책임과 각자의 능력을 고려하는 제2조를 유념하며 장기적인 온실가스 저배출 발전 전략을 수립하고 통보하기 위하여 노력하여야 한다.

Article 5

제 5 조

1. Parties should take action to conserve and enhance, as appropriate, sinks and reservoirs of greenhouse gases as referred to in Article 4, paragraph 1(d), of the Convention, including forests.

1. 당사자는 협약 제4조 제1항 라목에 언급된 바와 같이, 산림을 포함한 온실가스 흡수원 및 저장고를 적절히 보전하고 증진하는 조치를 하여야 한다.

2. Parties are encouraged to take action to implement and support, including through results-based payments, the existing framework as set out in related guidance and decisions already agreed under the Convention for: policy approaches and positive incentives for activities relating to reducing emissions from deforestation and forest degradation, and the role of conservation, sustainable management of forests and enhancement of forest carbon stocks in developing countries; and alternative policy approaches, such as joint mitigation and adaptation approaches for the integral and sustainable management of forests, while reaffirming the importance of incentivizing, as appropriate, non-carbon benefits associated with such approaches.

2. 당사자는, 협약하 이미 합의된 관련 지침과 결정에서 규정하고 있는 기존의 프레임워크인: 개발도상국에서의 산림 전용과 산림 황폐화로 인한 배출의 감축 관련 활동, 그리고 산림의 보전, 지속가능한 관리 및 산림 탄소 축적 증진 역할에 관한 정책적 접근 및 긍정적 유인과; 산림의 통합적이고 지속가능한 관리를 위한 완화 및 적응 공동 접근과 같은 대안적 정책 접근을, 이러한 접근과 연계된 비탄소 편익에 대하여 적절히 긍정적인 유인을 제공하는 것의 중요성을 재확인하면서, 결과기반지불 등의 방식을 통하여, 이행하고 지원하는 조치를 하도록 장려된다.

Article 6

제 6 조

1. Parties recognize that some Parties

1. 당사자는 일부 당사자가 완화 및 적응 행동

choose to pursue voluntary cooperation in the implementation of their nationally determined contributions to allow for higher ambition in their mitigation and adaptation actions and to promote sustainable development and environmental integrity.

을 하는 데에 보다 높은 수준의 의욕을 가능하게 하고 지속가능한 발전과 환경적 건전성을 촉진하도록 하기 위하여, 국가결정기여 이행에서 자발적 협력 추구를 선택하는 것을 인정한다.

2. Parties shall, where engaging on a voluntary basis in cooperative approaches that involve the use of internationally transferred mitigation outcomes towards nationally determined contributions, promote sustainable development and ensure environmental integrity and transparency, including in governance, and shall apply robust accounting to ensure, inter alia, the avoidance of double counting, consistent with guidance adopted by the Conference of the Parties serving as the meeting of the Parties to this Agreement.

2. 국가결정기여를 위하여 당사자가 국제적으로 이전된 완화 성과의 사용을 수반하는 협력적 접근에 자발적으로 참여하는 경우, 당사자는 지속가능한 발전을 촉진하고 거버넌스 등에서 환경적 건전성과 투명성을 보장하며, 이 협정의 당사자회의 역할을 하는 당사자총회가 채택하는 지침에 따라, 특히 이중계산의 방지 등을 보장하기 위한 엄격한 계산을 적용한다.

3. The use of internationally transferred mitigation outcomes to achieve nationally determined contributions under this Agreement shall be voluntary and authorized by participating Parties.

3. 이 협정에 따라 국가결정기여를 달성하기 위하여 국제적으로 이전된 완화 성과는 자발적으로 사용되며, 참여하는 당사자에 의하여 승인된다.

4. A mechanism to contribute to the mitigation of greenhouse gas emissions and support sustainable development is hereby established under the authority and guidance of the Conference of the Parties serving as the meeting of the Parties to this Agreement for use by Parties on a voluntary basis. It shall be supervised by a body designated by the Conference of the Parties serving as the

4. 당사자가 자발적으로 사용할 수 있도록 온실가스 배출 완화에 기여하고 지속가능한 발전을 지원하는 메커니즘을 이 협정의 당사자회의 역할을 하는 당사자총회의 권한과 지침에 따라 설립한다. 이 메커니즘은 이 협정의 당사자회의 역할을 하는 당사자총회가 지정한 기구의 감독을 받으며, 다음을 목표로 한다.

meeting of the Parties to this Agreement, and shall aim:

(a) To promote the mitigation of greenhouse gas emissions while fostering sustainable development;

(b) To incentivize and facilitate participation in the mitigation of greenhouse gas emissions by public and private entities authorized by a Party;

(c) To contribute to the reduction of emission levels in the host Party, which will benefit from mitigation activities resulting in emission reductions that can also be used by another Party to fulfil its nationally determined contribution; and

(d) To deliver an overall mitigation in global emissions.

가. 지속가능한 발전 증진 및 온실가스 배출의 완화 촉진

나. 당사자가 허가한 공공 및 민간 실체가 온실가스 배출 완화에 참여하도록 유인 제공 및 촉진

다. 유치당사자 국내에서의 배출 수준 하락에 기여. 유치당사자는 배출 감축으로 이어질 완화 활동으로부터 이익을 얻을 것이며 그러한 배출 감축은 다른 당사자가 자신의 국가결정기여를 이행하는 데에도 사용될 수 있다. 그리고

라. 전지구적 배출의 전반적 완화 달성

5. Emission reductions resulting from the mechanism referred to in paragraph 4 of this Article shall not be used to demonstrate achievement of the host Party's nationally determined contribution if used by another Party to demonstrate achievement of its nationally determined contribution.

5. 이 조 제4항에 언급된 메커니즘으로부터 발생하는 배출 감축을 다른 당사자가 자신의 국가결정기여 달성을 증명하는 데 사용하는 경우, 그러한 배출 감축은 유치당사자의 국가결정기여 달성을 증명하는 데 사용되지 아니한다.

6. The Conference of the Parties serving as the meeting of the Parties to this Agreement shall ensure that a share of the proceeds from activities under the mechanism referred to in paragraph 4 of this Article is used to cover administrative expenses as well as to assist developing country Parties that are particularly

6. 이 협정의 당사자회의 역할을 하는 당사자총회는 이 조 제4항에 언급된 메커니즘하에서의 활동 수익 중 일부가 행정 경비로 지불되고, 기후변화의 부정적 영향에 특별히 취약한 개발도상국 당사자의 적응 비용의 충당을 지원하는 데 사용되도록 보장한다.

vulnerable to the adverse effects of climate change to meet the costs of adaptation.

7. The Conference of the Parties serving as the meeting of the Parties to this Agreement shall adopt rules, modalities and procedures for the mechanism referred to in paragraph 4 of this Article at its first session.

7. 이 협정의 당사자회의 역할을 하는 당사자총회는 제1차 회기에서 이 조 제4항에 언급된 메커니즘을 위한 규칙, 방식 및 절차를 채택한다.

8. Parties recognize the importance of integrated, holistic and balanced non-market approaches being available to Parties to assist in the implementation of their nationally determined contributions, in the context of sustainable development and poverty eradication, in a coordinated and effective manner, including through, inter alia, mitigation, adaptation, finance, technology transfer and capacity-building, as appropriate. These approaches shall aim to:

8. 당사자는 지속가능한 발전과 빈곤퇴치의 맥락에서, 특히 완화, 적응, 금융, 기술 이전 및 역량배양 등을 통하여 적절히 조율되고 효과적인 방식으로 국가결정기여의 이행을 지원하기 위하여 당사자가 이용 가능한 통합적이고, 전체적이며, 균형적인 비시장 접근의 중요성을 인식한다. 이러한 접근은 다음을 목표로 한다.

(a) Promote mitigation and adaptation ambition;
(b) Enhance public and private sector participation in the implementation of nationally determined contributions; and
(c) Enable opportunities for coordination across instruments and relevant institutional arrangements.

가. 완화 및 적응 의욕 촉진
나. 국가결정기여 이행에 공공 및 민간 부문의 참여 강화, 그리고
다. 여러 기제 및 관련 제도적 장치 전반에서 조정의 기회를 마련

9. A framework for non-market approaches to sustainable development is hereby defined to promote the non-market approaches referred to in paragraph 8 of this Article.

9. 지속가능한 발전에 대한 비시장 접근 프레임워크를 이 조 제8항에 언급된 비시장 접근을 촉진하기 위하여 정의한다.

Article 7

1. Parties hereby establish the global goal on adaptation of enhancing adaptive capacity, strengthening resilience and reducing vulnerability to climate change, with a view to contributing to sustainable development and ensuring an adequate adaptation response in the context of the temperature goal referred to in Article 2.

2. Parties recognize that adaptation is a global challenge faced by all with local, subnational, national, regional and international dimensions, and that it is a key component of and makes a contribution to the long-term global response to climate change to protect people, livelihoods and ecosystems, taking into account the urgent and immediate needs of those developing country Parties that are particularly vulnerable to the adverse effects of climate change.

3. The adaptation efforts of developing country Parties shall be recognized, in accordance with the modalities to be adopted by the Conference of the Parties serving as the meeting of the Parties to this Agreement at its first session.

4. Parties recognize that the current need for adaptation is significant and that greater levels of mitigation can reduce the need for additional adaptation efforts, and that greater adaptation needs can involve greater adaptation costs.

제7조

1. 당사자는 지속가능한 발전에 기여하고 제2조에서 언급된 기온 목표의 맥락에서 적절한 적응 대응을 보장하기 위하여, 적응 역량 강화, 회복력 강화 그리고 기후변화에 대한 취약성 경감이라는 전지구적 적응목표를 수립한다.

2. 당사자는 기후변화의 부정적 영향에 특별히 취약한 개발도상국 당사자의 급박하고 즉각적인 요구를 고려하면서, 적응이 현지적, 지방적, 국가적, 지역적 및 국제적 차원에서 모두가 직면한 전지구적 과제라는 점과, 적응이 인간, 생계 및 생태계를 보호하기 위한 장기적이며 전지구적인 기후변화 대응의 핵심 요소이며 이에 기여한다는 점을 인식한다.

3. 개발도상국 당사자의 적응 노력은 이 협정의 당사자회의 역할을 하는 당사자총회 제1차 회기에서 채택되는 방식에 따라 인정된다.

4. 당사자는 현재 적응에 대한 필요성이 상당하고, 더 높은 수준의 완화가 추가적인 적응 노력의 필요성을 줄일 수 있으며, 적응 필요성이 더 클수록 더 많은 적응 비용이 수반될 수 있다는 점을 인식한다.

5. Parties acknowledge that adaptation action should follow a country-driven, gender-responsive, participatory and fully transparent approach, taking into consideration vulnerable groups, communities and ecosystems, and should be based on and guided by the best available science and, as appropriate, traditional knowledge, knowledge of indigenous peoples and local knowledge systems, with a view to integrating adaptation into relevant socioeconomic and environmental policies and actions, where appropriate.

5. 당사자는, 적절한 경우 적응을 관련 사회경제적 및 환경적 정책과 행동에 통합하기 위하여, 취약계층, 지역공동체 및 생태계를 고려하면서 적응 행동이 국가 주도적이고 성 인지적이며 참여적이고 전적으로 투명한 접근을 따라야 한다는 점과, 이용 가능한 최선의 과학, 그리고 적절히 전통 지식, 원주민 지식 및 지역 지식체계에 기반을 두고 따라야 한다는 점을 확인한다.

6. Parties recognize the importance of support for and international cooperation on adaptation efforts and the importance of taking into account the needs of developing country Parties, especially those that are particularly vulnerable to the adverse effects of climate change.

6. 당사자는 적응 노력에 대한 지원과 국제협력의 중요성을 인식하고, 개발도상국 당사자, 특히 기후변화의 부정적 영향에 특별히 취약한 국가의 요구를 고려하는 것의 중요성을 인식한다.

7. Parties should strengthen their cooperation on enhancing action on adaptation, taking into account the Cancun Adaptation Framework, including with regard to:

7. 당사자는 다음에 관한 것을 포함하여 「칸쿤 적응 프레임워크」를 고려하면서 적응 행동 강화를 위한 협력을 증진하여야 한다.

(a) Sharing information, good practices, experiences and lessons learned, including, as appropriate, as these relate to science, planning, policies and implementation in relation to adaptation actions;

가. 적응 행동과 관련 있는 과학, 계획, 정책 및 이행에 관한 것을 적절히 포함하여, 정보, 모범관행, 경험 및 교훈의 공유

(b) Strengthening institutional arrangements, including those under the Convention that serve this Agreement, to support the synthesis of relevant information and

나. 관련 정보와 지식의 취합 및 당사자에 대한 기술적 지원 및 지침의 제공을 지원하기 위하여, 이 협정을 지원하는 협약상의

knowledge, and the provision of technical support and guidance to Parties;

것을 포함한 제도적 장치의 강화

(c) Strengthening scientific knowledge on climate, including research, systematic observation of the climate system and early warning systems, in a manner that informs climate services and supports decision－making;

다. 기후 서비스에 정보를 제공하고 의사결정을 지원하는 방식으로, 연구, 기후체계에 관한 체계적 관측, 조기경보시스템 등을 포함하여 기후에 관한 과학적 지식의 강화

(d) Assisting developing country Parties in identifying effective adaptation practices, adaptation needs, priorities, support provided and received for adaptation actions and efforts, and challenges and gaps, in a manner consistent with encouraging good practices; and

라. 개발도상국 당사자가 효과적인 적응 관행, 적응 요구, 우선순위, 적응 행동과 노력을 위하여 제공하고 제공받은 지원, 문제점과 격차를 파악할 수 있도록, 모범관행 장려에 부합하는 방식으로의 지원, 그리고

(e) Improving the effectiveness and durability of adaptation actions.

마. 적응 행동의 효과성 및 지속성 향상

8. United Nations specialized organizations and agencies are encouraged to support the efforts of Parties to implement the actions referred to in paragraph 7 of this Article, taking into account the provisions of paragraph 5 of this Article.

8. 국제연합 전문기구 및 기관들은 이 조 제5항을 고려하면서 이 조 제7항에서 언급된 행동을 이행하기 위한 당사자의 노력을 지원하도록 장려된다.

9. Each Party shall, as appropriate, engage in adaptation planning processes and the implementation of actions, including the development or enhancement of relevant plans, policies and/or contributions, which may include:

9. 각 당사자는, 관련 계획, 정책 그리고/또는 기여의 개발 또는 강화를 포함하는 적응계획 과정과 행동의 이행에 적절히 참여하며, 이는 다음을 포함할 수 있다.

(a) The implementation of adaptation actions, undertakings and/or efforts;

가. 적응 행동, 조치, 그리고/또는 노력의 이행

(b) The process to formulate and implement national adaptation plans;

나. 국가별 적응계획을 수립하고 이행하는 절차

(c) The assessment of climate change impacts and vulnerability, with a view to

다. 취약인구, 지역 및 생태계를 고려하면서, 국가별로 결정된 우선 행동을 정하기 위하

formulating nationally determined prioritized actions, taking into account vulnerable people, places and ecosystems;

여 기후변화 영향과 취약성 평가

(d) Monitoring and evaluating and learning from adaptation plans, policies, programmes and actions; and

라. 적응 계획, 정책, 프로그램 및 행동에 대한 모니터링, 평가 및 그로부터의 학습, 그리고

(e) Building the resilience of socioeconomic and ecological systems, including through economic diversification and sustainable management of natural resources.

마. 경제 다변화와 천연자원의 지속가능한 관리 등의 방식을 통하여 사회경제적 그리고 생태계의 회복력 구축

10. Each Party should, as appropriate, submit and update periodically an adaptation communication, which may include its priorities, implementation and support needs, plans and actions, without creating any additional burden for developing country Parties.

10. 각 당사자는 개발도상국 당사자에게 어떤 추가적 부담도 발생시키지 아니하면서 적절히 적응 보고서를 정기적으로 제출하고 갱신하여야 하며, 이 보고서는 당사자의 우선순위, 이행 및 지원 필요성, 계획 및 행동을 포함할 수 있다.

11. The adaptation communication referred to in paragraph 10 of this Article shall be, as appropriate, submitted and updated periodically, as a component of or in conjunction with other communications or documents, including a national adaptation plan, a nationally determined contribution as referred to in Article 4, paragraph 2, and/or a national communication.

11. 이 조 제10항에 언급된 적응 보고서는 국가별 적응계획, 제4조제2항에 언급된 국가결정기여, 그리고/또는 국가별보고서를 포함하여 그 밖의 보고서나 문서의 일부로서 또는 이와 함께 정기적으로 적절히 제출되고 갱신된다.

12. The adaptation communications referred to in paragraph 10 of this Article shall be recorded in a public registry maintained by the secretariat.

12. 이 조 제10항에 언급된 적응 보고서는 사무국이 유지하는 공공 등록부에 기록된다.

13. Continuous and enhanced international support shall be provided to developing

13. 제9조, 제10조 및 제11조의 규정에 따라 이 조 제7항, 제9항, 제10항 및 제11항을 이행

country Parties for the implementation of paragraphs 7, 9, 10 and 11 of this Article, in accordance with the provisions of Articles 9, 10 and 11.

하기 위하여 지속적이고 강화된 국제적 지원이 개발도상국 당사자에게 제공된다.

14. The global stocktake referred to in Article 14 shall, inter alia:

(a) Recognize adaptation efforts of developing country Parties;

(b) Enhance the implementation of adaptation action taking into account the adaptation communication referred to in paragraph 10 of this Article;

(c) Review the adequacy and effectiveness of adaptation and support provided for adaptation; and

(d) Review the overall progress made in achieving the global goal on adaptation referred to in paragraph 1 of this Article.

14. 제14조에 언급된 전지구적 이행점검은 특히 다음의 역할을 한다.

가. 개발도상국 당사자의 적응 노력 인정

나. 이 조 제10항에 언급된 적응보고서를 고려하며 적응 행동의 이행 강화

다. 적응과 적응을 위하여 제공되는 지원의 적절성과 효과성 검토, 그리고

라. 이 조 제1항에 언급된 전지구적 적응목표를 달성하면서 나타난 전반적인 진전 검토

Article 8

제 8 조

1. Parties recognize the importance of averting, minimizing and addressing loss and damage associated with the adverse effects of climate change, including extreme weather events and slow onset events, and the role of sustainable development in reducing the risk of loss and damage.

1. 당사자는 기상이변과 서서히 발생하는 현상을 포함한 기후변화의 부정적 영향과 관련된 손실 및 피해를 방지하고, 최소화하며, 해결해 나가는 것의 중요성과, 그 손실과 피해의 위험을 줄이기 위한 지속가능한 발전의 역할을 인식한다.

2. The Warsaw International Mechanism for Loss and Damage associated with Climate Change Impacts shall be subject to the authority and guidance of the Conference of the Parties serving as the meeting of the Parties to this Agreement and may be enhanced and strengthened,

2. 기후변화의 영향과 관련된 손실 및 피해에 관한 바르샤바 국제 메커니즘은 이 협정의 당사자회의 역할을 하는 당사자총회의 권한 및 지침을 따르며, 이 협정의 당사자회의 역할을 하는 당사자총회가 결정하는 바에 따라 증진되고 강화될 수 있다.

as determined by the Conference of the Parties serving as the meeting of the Parties to this Agreement.

3. Parties should enhance understanding, action and support, including through the Warsaw International Mechanism, as appropriate, on a cooperative and facilitative basis with respect to loss and damage associated with the adverse effects of climate change.

3. 당사자는 협력과 촉진을 기반으로, 적절한 경우 바르샤바 국제 메커니즘 등을 통하여 기후변화의 부정적 영향과 관련된 손실 및 피해에 관한 이해, 행동 및 지원을 강화하여야 한다.

4. Accordingly, areas of cooperation and facilitation to enhance understanding, action and support may include:

(a) Early warning systems;
(b) Emergency preparedness;
(c) Slow onset events;
(d) Events that may involve irreversible and permanent loss and damage;
(e) Comprehensive risk assessment and management;
(f) Risk insurance facilities, climate risk pooling and other insurance solutions;
(g) Non-economic losses; and
(h) Resilience of communities, livelihoods and ecosystems.

4. 이에 따라, 이해, 행동 및 지원을 강화하기 위한 협력과 촉진 분야는 다음을 포함할 수 있다.

가. 조기경보시스템
나. 비상준비태세
다. 서서히 발생하는 현상
라. 돌이킬 수 없고 영구적인 손실과 피해를 수반할 수 있는 현상
마. 종합적 위험 평가 및 관리
바. 위험 보험 제도, 기후 위험 분산 그리고 그 밖의 보험 해결책
사. 비경제적 손실, 그리고
아. 공동체, 생계 및 생태계의 회복력

5. The Warsaw International Mechanism shall collaborate with existing bodies and expert groups under the Agreement, as well as relevant organizations and expert bodies outside the Agreement.

5. 바르샤바 국제 메커니즘은 이 협정상의 기존 기구 및 전문가그룹, 그리고 이 협정 밖에 있는 관련 기구 및 전문가 단체와 협력한다.

Article 9

제9조

1. Developed country Parties shall provide financial resources to assist developing

1. 선진국 당사자는 협약상의 자신의 기존 의무의 연속선상에서 완화 및 적응 모두와 관

country Parties with respect to both mitigation and adaptation in continuation of their existing obligations under the Convention.

련하여 개발도상국 당사자를 지원하기 위하여 재원을 제공한다.

2. Other Parties are encouraged to provide or continue to provide such support voluntarily.

2. 그 밖의 당사자는 자발적으로 그러한 지원을 제공하거나 제공을 지속하도록 장려된다.

3. As part of a global effort, developed country Parties should continue to take the lead in mobilizing climate finance from a wide variety of sources, instruments and channels, noting the significant role of public funds, through a variety of actions, including supporting country-driven strategies, and taking into account the needs and priorities of developing country Parties. Such mobilization of climate finance should represent a progression beyond previous efforts.

3. 전지구적 노력의 일환으로, 선진국 당사자는 다양한 행동을 통하여 국가 주도적 전략 지원을 포함한 공적 재원의 중요한 역할에 주목하고 개발도상국 당사자의 요구와 우선순위를 고려하면서, 다양한 재원, 기제 및 경로를 통하여 기후재원을 조성하는 데 주도적 역할을 지속하여야 한다. 그러한 기후재원 조성은 이전보다 진전되는 노력을 보여주어야 한다.

4. The provision of scaled-up financial resources should aim to achieve a balance between adaptation and mitigation, taking into account country-driven strategies, and the priorities and needs of developing country Parties, especially those that are particularly vulnerable to the adverse effects of climate change and have significant capacity constraints, such as the least developed countries and small island developing States, considering the need for public and grant-based resources for adaptation.

4. 확대된 재원의 제공은 적응을 위한 공적 증여기반 재원의 필요성을 고려하고, 국가 주도적 전략과 개발도상국, 특히, 최빈개도국, 소도서 개발도상국과 같이 기후변화의 부정적 영향에 특별히 취약하고 그 역량상 상당한 제약이 있는 개발도상국 당사자의 우선순위와 요구를 감안하면서 완화와 적응 간 균형 달성을 목표로 하여야 한다.

5. Developed country Parties shall biennially communicate indicative quantitative

5. 선진국 당사자는 가능하다면 개발도상국 당사자에게 제공될 공적 재원의 예상 수준

and qualitative information related to paragraphs 1 and 3 of this Article, as applicable, including, as available, projected levels of public financial resources to be provided to developing country Parties. Other Parties providing resources are encouraged to communicate biennially such information on a voluntary basis.

을 포함하여, 이 조 제1항 및 제3항과 관련된 예시적인 성격의 정성적·정량적 정보를 적용 가능한 범위에서 2년마다 통보한다. 재원을 제공하는 그 밖의 당사자는 그러한 정보를 자발적으로 2년마다 통보하도록 장려된다.

6. The global stocktake referred to in Article 14 shall take into account the relevant information provided by developed country Parties and/or Agreement bodies on efforts related to climate finance.

6. 제14조에 언급된 전지구적 이행점검은 기후재원 관련 노력에 관하여 선진국 당사자 그리고/또는 협정상의 기구가 제공하는 관련 정보를 고려한다.

7. Developed country Parties shall provide transparent and consistent information on support for developing country Parties provided and mobilized through public interventions biennially in accordance with the modalities, procedures and guidelines to be adopted by the Conference of the Parties serving as the meeting of the Parties to this Agreement, at its first session, as stipulated in Article 13, paragraph 13. Other Parties are encouraged to do so.

7. 선진국 당사자는, 제13조제13항에 명시된 바와 같이 이 협정의 당사자회의 역할을 하는 당사자총회 제1차 회기에서 채택되는 방식, 절차 및 지침에 따라, 공적 개입을 통하여 제공 및 조성된 개발도상국 당사자에 대한 지원에 관하여 투명하고 일관된 정보를 2년마다 제공한다. 그 밖의 당사자는 그와 같이 하도록 장려된다.

8. The Financial Mechanism of the Convention, including its operating entities, shall serve as the financial mechanism of this Agreement.

8. 운영 실체를 포함한 협약의 재정메커니즘은 이 협정의 재정메커니즘의 역할을 한다.

9. The institutions serving this Agreement, including the operating entities of the Financial Mechanism of the Convention, shall aim to ensure efficient access to financial resources through simplified

9. 협약의 재정메커니즘의 운영 실체를 포함하여 이 협정을 지원하는 기관은, 국가별 기후 전략과 계획의 맥락에서, 개발도상국 당사자, 특히 최빈개도국 및 소도서 개발도상국이 간소한 승인 절차 및 향상된 준비

approval procedures and enhanced readiness support for developing country Parties, in particular for the least developed countries and small island developing States, in the context of their national climate strategies and plans.

수준 지원을 통하여 재원에 효율적으로 접근하도록 보장하는 것을 목표로 한다.

Article 10

제 10 조

1. Parties share a long-term vision on the importance of fully realizing technology development and transfer in order to improve resilience to climate change and to reduce greenhouse gas emissions.

1. 당사자는 기후변화에 대한 회복력을 개선하고 온실가스 배출을 감축하기 위하여 기술 개발 및 이전을 완전히 실현하는 것의 중요성에 대한 장기적 전망을 공유한다.

2. Parties, noting the importance of technology for the implementation of mitigation and adaptation actions under this Agreement and recognizing existing technology deployment and dissemination efforts, shall strengthen cooperative action on technology development and transfer.

2. 당사자는, 이 협정상의 완화 및 적응 행동의 이행을 위한 기술의 중요성에 주목하고 기존의 효율적 기술 사용 및 확산 노력을 인식하면서, 기술의 개발 및 이전을 위한 협력적 행동을 강화한다.

3. The Technology Mechanism established under the Convention shall serve this Agreement.

3. 협약에 따라 설립된 기술메커니즘은 이 협정을 지원한다.

4. A technology framework is hereby established to provide overarching guidance to the work of the Technology Mechanism in promoting and facilitating enhanced action on technology development and transfer in order to support the implementation of this Agreement, in pursuit of the long-term vision referred to in paragraph 1 of this Article.

4. 이 조 제1항에 언급된 장기적 전망을 추구하면서, 이 협정의 이행을 지원하기 위하여 기술 개발 및 이전 행동 강화를 촉진하고 증진하는 데 기술메커니즘의 작업에 포괄적인 지침을 제공하도록 기술에 관한 프레임워크를 설립한다.

5. Accelerating, encouraging and enabling innovation is critical for an effective, long-term global response to climate change and promoting economic growth and sustainable development. Such effort shall be, as appropriate, supported, including by the Technology Mechanism and, through financial means, by the Financial Mechanism of the Convention, for collaborative approaches to research and development, and facilitating access to technology, in particular for early stages of the technology cycle, to developing country Parties.

5. 혁신을 가속화하고 장려하고 가능하게 하는 것은 기후변화에 대한 효과적이고 장기적인 전지구적 대응과 경제 성장 및 지속가능한 발전을 촉진하는 데 매우 중요하다. 그러한 노력은, 연구개발에 대한 협업적 접근을 위하여 그리고 특히 기술 주기의 초기 단계에 개발도상국 당사자가 기술에 쉽게 접근할 수 있도록 하기 위하여, 기술메커니즘 등에 의하여, 그리고 재정적 수단을 통하여 협약의 재정메커니즘 등에 의하여 적절히 지원된다.

6. Support, including financial support, shall be provided to developing country Parties for the implementation of this Article, including for strengthening cooperative action on technology development and transfer at different stages of the technology cycle, with a view to achieving a balance between support for mitigation and adaptation. The global stocktake referred to in Article 14 shall take into account available information on efforts related to support on technology development and transfer for developing country Parties.

6. 이 조의 이행을 위하여 재정적 지원 등의 지원이 개발도상국 당사자에게 제공되며, 이에는 완화와 적응을 위한 지원 간의 균형을 이루기 위하여, 상이한 기술 주기 단계에서의 기술 개발 및 이전에 관한 협력 행동을 강화하기 위한 지원이 포함된다. 제14조에 언급된 전지구적 이행점검은 개발도상국 당사자를 위한 기술 개발 및 이전 지원 관련 노력에 대한 이용 가능한 정보를 고려한다.

Article 11

제11조

1. Capacity-building under this Agreement should enhance the capacity and ability of developing country Parties, in particular countries with the least capacity, such as the least developed countries, and those that are particularly vulnerable to the

1. 이 협정에 따른 역량배양은, 특히 적응 및 완화 행동의 이행을 포함한 효과적인 기후변화 행동을 위하여 최빈개도국과 같은 역량이 가장 부족한 개발도상국 및 소도서 개발도상국과 같은 기후변화의 부정적 효과에 특별히 취약한 개발도상국 당사자의 역

adverse effects of climate change, such as small island developing States, to take effective climate change action, including, inter alia, to implement adaptation and mitigation actions, and should facilitate technology development, dissemination and deployment, access to climate finance, relevant aspects of education, training and public awareness, and the transparent, timely and accurate communication of information.

량과 능력을 강화하여야 하고, 기술의 개발·확산 및 효과적 사용, 기후재원에 대한 접근, 교육·훈련 및 공중의 인식과 관련된 측면, 그리고 투명하고 시의적절하며 정확한 정보의 소통을 원활하게 하여야 한다.

2. Capacity-building should be country-driven, based on and responsive to national needs, and foster country ownership of Parties, in particular, for developing country Parties, including at the national, subnational and local levels. Capacity-building should be guided by lessons learned, including those from capacity-building activities under the Convention, and should be an effective, iterative process that is participatory, cross-cutting and gender-responsive.

2. 역량배양은 국가별 필요를 기반으로 반응하는 국가 주도적인 것이어야 하고, 국가적, 지방적 그리고 현지적 차원을 포함하여 당사자, 특히 개발도상국 당사자의 국가 주인의식을 조성하여야 한다. 역량배양은 협약상의 역량배양 활동을 통한 교훈을 포함하여 습득한 교훈을 따라야 하고, 참여적이고 종합적이며 성 인지적인 효과적·반복적 과정이 되어야 한다.

3. All Parties should cooperate to enhance the capacity of developing country Parties to implement this Agreement. Developed country Parties should enhance support for capacity-building actions in developing country Parties.

3. 모든 당사자는 이 협정을 이행하는 개발도상국 당사자의 역량을 강화하기 위하여 협력하여야 한다. 선진국 당사자는 개발도상국에서의 역량배양 행동에 대한 지원을 강화하여야 한다.

4. All Parties enhancing the capacity of developing country Parties to implement this Agreement, including through regional, bilateral and multilateral approaches, shall regularly communicate on these actions or measures on capacity-building. Developing country Parties

4. 지역적·양자적 및 다자적 접근 등의 수단을 통하여 이 협정의 이행을 위한 개발도상국 당사자의 역량을 강화하는 모든 당사자는, 역량배양을 위한 그러한 행동이나 조치에 대하여 정기적으로 통보한다. 개발도상국 당사자는 이 협정의 이행을 위한 역량배

should regularly communicate progress made on implementing capacity-building plans, policies, actions or measures to implement this Agreement.

양 계획, 정책, 행동이나 조치를 이행하면서 얻은 진전을 정기적으로 통보하여야 한다.

5. Capacity-building activities shall be enhanced through appropriate institutional arrangements to support the implementation of this Agreement, including the appropriate institutional arrangements established under the Convention that serve this Agreement. The Conference of the Parties serving as the meeting of the Parties to this Agreement shall, at its first session, consider and adopt a decision on the initial institutional arrangements for capacity-building.

5. 역량배양 활동은, 협약에 따라 설립되어 이 협정을 지원하는 적절한 제도적 장치 등 이 협정의 이행을 지원하기 위한 적절한 제도적 장치를 통하여 강화된다. 이 협정의 당사자회의 역할을 하는 당사자총회는 제1차 회기에서 역량배양을 위한 최초의 제도적 장치에 관한 결정을 고려하고 채택한다.

Article 12

제 12 조

Parties shall cooperate in taking measures, as appropriate, to enhance climate change education, training, public awareness, public participation and public access to information, recognizing the importance of these steps with respect to enhancing actions under this Agreement.

당사자는 이 협정상에서의 행동 강화와 관련하여 기후변화 교육, 훈련, 공중의 인식, 공중의 참여 그리고 정보에 대한 공중의 접근을 강화하기 위한 적절한 조치의 중요성을 인식하면서, 이러한 조치를 할 때 서로 협력한다.

Article 13

제 13 조

1. In order to build mutual trust and confidence and to promote effective implementation, an enhanced transparency framework for action and support, with built-in flexibility which takes into account Parties' different capacities and builds upon collective experience is

1. 상호 신뢰와 확신을 구축하고 효과적 이행을 촉진하기 위하여, 당사자의 상이한 역량을 고려하고 공동의 경험에서 비롯된 유연성을 내재하고 있는, 행동 및 지원을 위하여 강화된 투명성 프레임워크를 설립한다.

hereby established.

2. The transparency framework shall provide flexibility in the implementation of the provisions of this Article to those developing country Parties that need it in the light of their capacities. The modalities, procedures and guidelines referred to in paragraph 13 of this Article shall reflect such flexibility.

2. 투명성 프레임워크는 각자의 역량에 비추어 유연성이 필요한 개발도상국 당사자가 이 조의 규정을 이행하는 데 유연성을 제공한다. 이 조 제13항에 언급된 방식, 절차 및 지침은 그러한 유연성을 반영한다.

3. The transparency framework shall build on and enhance the transparency arrangements under the Convention, recognizing the special circumstances of the least developed countries and small island developing States, and be implemented in a facilitative, non-intrusive, non-punitive manner, respectful of national sovereignty, and avoid placing undue burden on Parties.

3. 투명성 프레임워크는 최빈개도국과 소도서개발도상국의 특수한 여건을 인식하면서 협약상의 투명성 장치를 기반으로 이를 강화하고, 국가주권을 존중하면서 촉진적·비침해적·비징벌적 방식으로 이행되며, 당사자에게 지나친 부담을 지우지 아니한다.

4. The transparency arrangements under the Convention, including national communications, biennial reports and biennial update reports, international assessment and review and international consultation and analysis, shall form part of the experience drawn upon for the development of the modalities, procedures and guidelines under paragraph 13 of this Article.

4. 국가별보고서, 격년보고서, 격년갱신보고서, 국제 평가 및 검토, 그리고 국제 협의 및 분석을 포함하는 협약상의 투명성 장치는 이 조 제13항에 따른 방식, 절차 및 지침을 개발하기 위하여 얻은 경험의 일부를 구성한다.

5. The purpose of the framework for transparency of action is to provide a clear understanding of climate change action in the light of the objective of the Convention as set out in its Article 2, including clarity and tracking of

5. 행동의 투명성을 위한 프레임워크의 목적은, 제14조에 따른 전지구적 이행점검에 알려주기 위하여, 제4조에 따른 당사자의 국가결정기여와 모범관행·우선순위·필요·격차 등 제7조에 따른 당사자들의 적응 행동을 완수하도록 명확성 및 그 진전을 추

progress towards achieving Parties' individual nationally determined contributions under Article 4, and Parties' adaptation actions under Article 7, including good practices, priorities, needs and gaps, to inform the global stocktake under Article 14.

적하는 것을 포함하여, 협약 제2조에 설정된 목적에 비추어 기후변화 행동에 대한 명확한 이해를 제공하는 것이다.

6. The purpose of the framework for transparency of support is to provide clarity on support provided and received by relevant individual Parties in the context of climate change actions under Articles 4, 7, 9, 10 and 11, and, to the extent possible, to provide a full overview of aggregate financial support provided, to inform the global stocktake under Article 14.

6. 지원의 투명성을 위한 프레임워크의 목적은, 제14조에 따른 전지구적 이행점검에 알려주기 위하여, 제4조, 제7조, 제9조, 제10조 및 제11조에 따른 기후변화 행동의 맥락에서 관련 개별 당사자가 제공하고 제공받은 지원과 관련하여 명확성을 제공하고, 제공된 총 재정지원의 전체적인 개관을 가능한 수준까지 제공하는 것이다.

7. Each Party shall regularly provide the following information:

7. 각 당사자는 다음의 정보를 정기적으로 제공한다.

(a) A national inventory report of anthropogenic emissions by sources and removals by sinks of greenhouse gases, prepared using good practice methodologies accepted by the Intergovernmental Panel on Climate Change and agreed upon by the Conference of the Parties serving as the meeting of the Parties to this Agreement; and

(b) Information necessary to track progress made in implementing and achieving its nationally determined contribution under Article 4.

가. 기후변화에 관한 정부 간 패널에서 수락되고 이 협정의 당사자회의 역할을 하는 당사자총회에서 합의된 모범관행 방법론을 사용하여 작성된 온실가스의 배출원에 의한 인위적 배출과 흡수원에 의한 제거에 관한 국가별 통계 보고서, 그리고

나. 제4조에 따른 국가결정기여를 이행하고 달성하는 데에서의 진전 추적에 필요한 정보

8. Each Party should also provide information related to climate change impacts and

8. 각 당사자는 또한 제7조에 따라 기후변화의 영향과 적응에 관련된 정보를 적절히 제공

adaptation under Article 7, as appropriate.

9. Developed country Parties shall, and other Parties that provide support should, provide information on financial, technology transfer and capacity-building support provided to developing country Parties under Articles 9, 10 and 11.

10. Developing country Parties should provide information on financial, technology transfer and capacitybuilding support needed and received under Articles 9, 10 and 11.

11. Information submitted by each Party under paragraphs 7 and 9 of this Article shall undergo a technical expert review, in accordance with decision 1/CP.21. For those developing country Parties that need it in the light of their capacities, the review process shall include assistance in identifying capacity-building needs. In addition, each Party shall participate in a facilitative, multilateral consideration of progress with respect to efforts under Article 9, and its respective implementation and achievement of its nationally determined contribution.

12. The technical expert review under this paragraph shall consist of a consideration of the Party's support provided, as relevant, and its implementation and achievement of its nationally determined contribution. The review shall also identify areas of improvement for the Party, and include a review of the

하여야 한다.

9. 선진국 당사자는 제9조, 제10조 및 제11조에 따라 개발도상국 당사자에게 제공된 재정지원, 기술 이전 지원 및 역량배양 지원에 관한 정보를 제공하고, 지원을 제공하는 그 밖의 당사자는 이러한 정보를 제공하여야 한다.

10. 개발도상국 당사자는 제9조, 제10조 및 제11조에 따라 필요로 하고 제공받은 재정지원, 기술 이전 지원 및 역량배양 지원에 관한 정보를 제공하여야 한다.

11. 이 조 제7항과 제9항에 따라 각 당사자가 제출한 정보는 결정 1/CP.21에 따라 기술 전문가의 검토를 받는다. 개발도상국 당사자의 역량에 비추어 필요한 경우 역량배양 필요를 파악하기 위한 지원을 검토 절차에 포함한다. 또한 각 당사자는 제9조에 따른 노력과 관련하여 그리고 국가결정기여에 대한 당사자 각자의 이행 및 달성과 관련하여 그 진전에 대한 촉진적 · 다자적 고려에 참여한다.

12. 이 항에 따른 기술 전문가의 검토는, 관련이 있을 경우 당사자가 제공한 지원에 대한 고려와, 국가결정기여의 이행 및 달성에 대한 고려로 구성된다. 또한 검토는 당사자를 위한 개선 분야를 파악하고, 이 조 제2항에 따라 당사자에 부여된 유연성을 고려하여 이 조 제13항에 언급된 방식·절차 및 지침과 제출된 정보 간 일관성에 대

consistency of the information with the modalities, procedures and guidelines referred to in paragraph 13 of this Article, taking into account the flexibility accorded to the Party under paragraph 2 of this Article. The review shall pay particular attention to the respective national capabilities and circumstances of developing country Parties.

한 검토를 포함한다. 검토는 개발도상국 당사자 각자의 국가적 능력과 여건에 특별한 주의를 기울인다.

13. The Conference of the Parties serving as the meeting of the Parties to this Agreement shall, at its first session, building on experience from the arrangements related to transparency under the Convention, and elaborating on the provisions in this Article, adopt common modalities, procedures and guidelines, as appropriate, for the transparency of action and support.

13. 이 협정의 당사자회의 역할을 하는 당사자총회는 제1차 회기에서 협약상의 투명성과 관련된 장치로부터 얻은 경험을 기반으로 이 조의 규정을 구체화하여, 행동과 지원의 투명성을 위한 공통의 방식, 절차 및 지침을 적절히 채택한다.

14. Support shall be provided to developing countries for the implementation of this Article.

14. 이 조의 이행을 위하여 개발도상국에 지원이 제공된다.

15. Support shall also be provided for the building of transparency-related capacity of developing country Parties on a continuous basis.

15. 또한 개발도상국 당사자의 투명성 관련 역량배양을 위하여 지속적인 지원이 제공된다.

Article 14

제 14 조

1. The Conference of the Parties serving as the meeting of the Parties to this Agreement shall periodically take stock of the implementation of this Agreement to assess the collective progress towards achieving the purpose of this Agreement and its long-term goals (referred to as

1. 이 협정의 당사자회의 역할을 하는 당사자총회는 이 협정의 목적과 그 장기적 목표의 달성을 위한 공동의 진전을 평가하기 위하여 이 협정의 이행을 정기적으로 점검(이하 "전지구적 이행점검"이라 한다)한다. 이는 완화, 적응 및 이행 수단과 지원 수단을 고

the "global stocktake"). It shall do so in a comprehensive and facilitative manner, considering mitigation, adaptation and the means of implementation and support, and in the light of equity and the best available science.

려하면서, 형평과 이용 가능한 최선의 과학에 비추어 포괄적이고 촉진적인 방식으로 행하여진다.

2. The Conference of the Parties serving as the meeting of the Parties to this Agreement shall undertake its first global stocktake in 2023 and every five years thereafter unless otherwise decided by the Conference of the Parties serving as the meeting of the Parties to this Agreement.

2. 이 협정의 당사자회의 역할을 하는 당사자총회는 이 협정의 당사자회의 역할을 하는 당사자총회에서 달리 결정하는 경우가 아니면 2023년에 첫 번째 전지구적 이행점검을 실시하고 그 후 5년마다 이를 실시한다.

3. The outcome of the global stocktake shall inform Parties in updating and enhancing, in a nationally determined manner, their actions and support in accordance with the relevant provisions of this Agreement, as well as in enhancing international cooperation for climate action.

3. 전지구적 이행점검의 결과는, 이 협정의 관련 규정에 따라 당사자가 국내적으로 결정한 방식으로 행동과 지원을 갱신하고 강화하도록 또한 기후 행동을 위한 국제 협력을 강화하도록 당사자에게 알려준다.

Article 15

제 15 조

1. A mechanism to facilitate implementation of and promote compliance with the provisions of this Agreement is hereby established.

1. 이 협정 규정의 이행을 원활하게 하고 그 준수를 촉진하기 위한 메커니즘을 설립한다.

2. The mechanism referred to in paragraph 1 of this Article shall consist of a committee that shall be expert－based and facilitative in nature and function in a manner that is transparent, non－adversarial and non－punitive. The committee shall pay particular attention

2. 이 조 제1항에 언급된 메커니즘은 전문가를 기반으로 한 촉진적 성격의 위원회로 구성되고, 이 위원회는 투명하고 비대립적이며 비징벌적인 방식으로 기능한다. 위원회는 당사자 각자의 국가적 능력과 여건에 특별한 주의를 기울인다.

to the respective national capabilities and circumstances of Parties.

3. The committee shall operate under the modalities and procedures adopted by the Conference of the Parties serving as the meeting of the Parties to this Agreement at its first session and report annually to the Conference of the Parties serving as the meeting of the Parties to this Agreement.

3. 위원회는 이 협정의 당사자회의 역할을 하는 당사자총회 제1차 회기에서 채택되는 방식 및 절차에 따라 운영되며, 매년 이 협정의 당사자회의 역할을 하는 당사자총회에 보고한다.

Article 16

제 16 조

1. The Conference of the Parties, the supreme body of the Convention, shall serve as the meeting of the Parties to this Agreement.

1. 협약의 최고기구인 당사자총회는 이 협정의 당사자회의 역할을 한다.

2. Parties to the Convention that are not Parties to this Agreement may participate as observers in the proceedings of any session of the Conference of the Parties serving as the meeting of the Parties to this Agreement. When the Conference of the Parties serves as the meeting of the Parties to this Agreement, decisions under this Agreement shall be taken only by those that are Parties to this Agreement.

2. 이 협정의 당사자가 아닌 협약의 당사자는 이 협정의 당사자회의 역할을 하는 당사자총회의 모든 회기 절차에 옵서버로 참석할 수 있다. 당사자총회가 이 협정의 당사자회의 역할을 할 때, 이 협정에 따른 결정권은 이 협정의 당사자만이 갖는다.

3. When the Conference of the Parties serves as the meeting of the Parties to this Agreement, any member of the Bureau of the Conference of the Parties representing a Party to the Convention but, at that time, not a Party to this Agreement, shall be replaced by an additional member to be elected by and from amongst the Parties to this Agreement.

3. 당사자총회가 이 협정의 당사자회의 역할을 할 때, 당사자총회 의장단의 구성원으로서 해당 시점에 이 협정의 당사자가 아닌 협약의 당사자를 대표하는 자는 이 협정의 당사자들이 그들 중에서 선출한 추가 구성원으로 대체된다.

4. The Conference of the Parties serving as the meeting of the Parties to this Agreement shall keep under regular review the implementation of this Agreement and shall make, within its mandate, the decisions necessary to promote its effective implementation. It shall perform the functions assigned to it by this Agreement and shall:

(a) Establish such subsidiary bodies as deemed necessary for the implementation of this Agreement; and

(b) Exercise such other functions as may be required for the implementation of this Agreement.

5. The rules of procedure of the Conference of the Parties and the financial procedures applied under the Convention shall be applied mutatis mutandis under this Agreement, except as may be otherwise decided by consensus by the Conference of the Parties serving as the meeting of the Parties to this Agreement.

6. The first session of the Conference of the Parties serving as the meeting of the Parties to this Agreement shall be convened by the secretariat in conjunction with the first session of the Conference of the Parties that is scheduled after the date of entry into force of this Agreement. Subsequent ordinary sessions of the Conference of the Parties serving as the meeting of the Parties to this Agreement shall be held in conjunction with ordinary sessions of the Conference of the Parties, unless otherwise decided by the

4. 이 협정의 당사자회의 역할을 하는 당사자총회는 이 협정의 이행상황을 정기적으로 검토하고, 그 권한의 범위에서 이 협정의 효과적 이행의 증진에 필요한 결정을 한다. 이 협정의 당사자회의 역할을 하는 당사자총회는 이 협정에 의하여 부여된 기능을 수행하며 다음을 한다.

가. 이 협정의 이행에 필요하다고 간주되는 보조기구의 설립, 그리고

나. 이 협정의 이행을 위하여 요구될 수 있는 그 밖의 기능의 수행

5. 이 협정의 당사자회의 역할을 하는 당사자총회가 만장일치로 달리 결정하는 경우를 제외하고는, 당사자총회의 절차규칙 및 협약에 따라 적용되는 재정 절차는 이 협정에 준용된다.

6. 이 협정의 당사자회의 역할을 하는 당사자총회의 제1차 회기는 이 협정의 발효일 후에 예정되어 있는 당사자총회의 제1차 회기와 함께 사무국에 의하여 소집된다. 이 협정의 당사자회의 역할을 하는 당사자총회의 후속 정기회기는, 이 협정의 당사자회의 역할을 하는 당사자총회가 달리 결정하는 경우가 아니면, 당사자총회의 정기회기와 함께 개최된다.

Conference of the Parties serving as the meeting of the Parties to this Agreement.

7. Extraordinary sessions of the Conference of the Parties serving as the meeting of the Parties to this Agreement shall be held at such other times as may be deemed necessary by the Conference of the Parties serving as the meeting of the Parties to this Agreement or at the written request of any Party, provided that, within six months of the request being communicated to the Parties by the secretariat, it is supported by at least one third of the Parties.

7. 이 협정의 당사자회의 역할을 하는 당사자총회의 특별회기는 이 협정의 당사자회의 역할을 하는 당사자총회에서 필요하다고 간주되는 다른 때에 또는 어느 당사자의 서면요청이 있는 때에 개최된다. 다만, 그러한 서면 요청은 사무국에 의하여 당사자들에게 통보된 후 6개월 이내에 최소한 당사자 3분의 1의 지지를 받아야 한다.

8. The United Nations and its specialized agencies and the International Atomic Energy Agency, as well as any State member thereof or observers thereto not party to the Convention, may be represented at sessions of the Conference of the Parties serving as the meeting of the Parties to this Agreement as observers. Any body or agency, whether national or international, governmental or non-governmental, which is qualified in matters covered by this Agreement and which has informed the secretariat of its wish to be represented at a session of the Conference of the Parties serving as the meeting of the Parties to this Agreement as an observer, may be so admitted unless at least one third of the Parties present object. The admission and participation of observers shall be subject to the rules of procedure referred to in paragraph 5 of this Article.

8. 국제연합, 국제연합 전문기구, 국제원자력기구 및 이들 기구의 회원국이나 옵서버인 협약의 비당사자는 이 협정의 당사자회의 역할을 하는 당사자총회의 회기에 옵서버로 참석할 수 있다. 이 협정이 다루는 문제와 관련하여 자격을 갖추고 이 협정의 당사자회의 역할을 하는 당사자총회의 회기에 옵서버로 참석하고자 하는 의사를 사무국에 통지한 기구나 기관은, 국내적 또는 국제적, 정부 간 또는 비정부 간인지를 불문하고, 출석당사자의 3분의 1 이상이 반대하는 경우가 아니면 참석이 승인될 수 있다. 옵서버의 승인 및 참석은 이 조 제5항에 언급된 절차규칙에 따른다.

Article 17

1. The secretariat established by Article 8 of the Convention shall serve as the secretariat of this Agreement.

2. Article 8, paragraph 2, of the Convention on the functions of the secretariat, and Article 8, paragraph 3, of the Convention, on the arrangements made for the functioning of the secretariat, shall apply mutatis mutandis to this Agreement. The secretariat shall, in addition, exercise the functions assigned to it under this Agreement and by the Conference of the Parties serving as the meeting of the Parties to this Agreement.

제 17 조

1. 협약 제8조에 의하여 설립되는 사무국은 이 협정의 사무국 역할을 한다.

2. 사무국의 기능에 관한 협약 제8조제2항 및 사무국의 기능 수행에 필요한 장치에 관한 협약 제8조제3항은 이 협정에 준용된다. 또한 사무국은 이 협정에 따라 부여된 기능과 이 협정의 당사자회의 역할을 하는 당사자총회에 의하여 부여된 기능을 수행한다.

Article 18

1. The Subsidiary Body for Scientific and Technological Advice and the Subsidiary Body for Implementation established by Articles 9 and 10 of the Convention shall serve, respectively, as the Subsidiary Body for Scientific and Technological Advice and the Subsidiary Body for Implementation of this Agreement. The provisions of the Convention relating to the functioning of these two bodies shall apply mutatis mutandis to this Agreement. Sessions of the meetings of the Subsidiary Body for Scientific and Technological Advice and the Subsidiary Body for Implementation of this Agreement shall be held in conjunction with the meetings of, respectively, the Subsidiary Body for Scientific and

제 18 조

1. 협약 제9조 및 제10조에 의하여 설립된 과학기술자문 보조기구와 이행보조기구는 각각 이 협정의 과학기술자문 보조기구와 이행보조기구의 역할을 한다. 이들 두 기구의 기능 수행에 관한 협약 규정은 이 협정에 준용된다. 이 협정의 과학기술자문 보조기구와 이행보조기구 회의의 회기는 각각 협약의 과학기술 보조기구 및 이행보조기구의 회의와 함께 개최된다.

Technological Advice and the Subsidiary Body for Implementation of the Convention.

2. Parties to the Convention that are not Parties to this Agreement may participate as observers in the proceedings of any session of the subsidiary bodies. When the subsidiary bodies serve as the subsidiary bodies of this Agreement, decisions under this Agreement shall be taken only by those that are Parties to this Agreement.

2. 이 협정의 당사자가 아닌 협약의 당사자는 그 보조기구의 모든 회기의 절차에 옵서버로 참석할 수 있다. 보조기구가 이 협정의 보조기구의 역할을 할 때, 이 협정에 따른 결정권은 이 협정의 당사자만 가진다.

3. When the subsidiary bodies established by Articles 9 and 10 of the Convention exercise their functions with regard to matters concerning this Agreement, any member of the bureaux of those subsidiary bodies representing a Party to the Convention but, at that time, not a Party to this Agreement, shall be replaced by an additional member to be elected by and from amongst the Parties to this Agreement.

3. 협약 제9조 및 제10조에 의하여 설립된 보조기구가 이 협정에 대한 문제와 관련하여 그 기능을 수행할 때, 보조기구 의장단의 구성원으로서 해당 시점에 이 협정의 당사자가 아닌 협약의 당사자를 대표하는 자는 이 협정의 당사자들이 그들 중에서 선출한 추가 구성원으로 대체된다.

Article 19

제 19 조

1. Subsidiary bodies or other institutional arrangements established by or under the Convention, other than those referred to in this Agreement, shall serve this Agreement upon a decision of the Conference of the Parties serving as the meeting of the Parties to this Agreement. The Conference of the Parties serving as the meeting of the Parties to this Agreement shall specify

1. 이 협정에서 언급되지 아니한, 협약에 의하여 또는 협약에 따라 설립된 보조기구나 그 밖의 제도적 장치는 이 협정의 당사자회의 역할을 하는 당사자총회의 결정에 따라 이 협정을 지원한다. 이 협정의 당사자회의 역할을 하는 당사자총회는 그러한 보조기구나 장치가 수행할 기능을 명확히 한다.

the functions to be exercised by such subsidiary bodies or arrangements.

2. The Conference of the Parties serving as the meeting of the Parties to this Agreement may provide further guidance to such subsidiary bodies and institutional arrangements.

2. 이 협정의 당사자회의 역할을 하는 당사자총회는 그러한 보조기구와 제도적 장치에 추가적인 지침을 제공할 수 있다.

Article 20

제 20 조

1. This Agreement shall be open for signature and subject to ratification, acceptance or approval by States and regional economic integration organizations that are Parties to the Convention. It shall be open for signature at the United Nations Headquarters in New York from 22 April 2016 to 21 April 2017. Thereafter, this Agreement shall be open for accession from the day following the date on which it is closed for signature. Instruments of ratification, acceptance, approval or accession shall be deposited with the Depositary.

1. 이 협정은 협약의 당사자인 국가와 지역경제통합기구의 서명을 위하여 개방되며, 이들에 의한 비준, 수락 또는 승인을 조건으로 한다. 이 협정은 뉴욕의 국제연합본부에서 2016년 4월 22일부터 2017년 4월 21일까지 서명을 위하여 개방된다. 그 후 이 협정은 서명기간이 종료한 날의 다음 날부터 가입을 위하여 개방된다. 비준서, 수락서, 승인서 또는 가입서는 수탁자에게 기탁된다.

2. Any regional economic integration organization that becomes a Party to this Agreement without any of its member States being a Party shall be bound by all the obligations under this Agreement. In the case of regional economic integration organizations with one or more member States that are Parties to this Agreement, the organization and its member States shall decide on their respective responsibilities for the performance of their obligations under

2. 그 회원국 중 어느 국가도 이 협정의 당사자가 아니면서 이 협정의 당사자가 되는 모든 지역경제통합기구는, 이 협정상의 모든 의무에 구속된다. 하나 또는 둘 이상의 회원국이 이 협정의 당사자인 지역경제통합기구의 경우, 그 기구와 그 회원국은 이 협정상의 의무를 이행하기 위한 각자의 책임에 관하여 결정한다. 그러한 경우, 그 기구와 그 회원국은 이 협정상의 권리를 동시에 행사하지 아니한다.

this Agreement. In such cases, the organization and the member States shall not be entitled to exercise rights under this Agreement concurrently.

3. In their instruments of ratification, acceptance, approval or accession, regional economic integration organizations shall declare the extent of their competence with respect to the matters governed by this Agreement. These organizations shall also inform the Depositary, who shall in turn inform the Parties, of any substantial modification in the extent of their competence.

3. 지역경제통합기구는 그 비준서, 수락서, 승인서 또는 가입서에서 이 협정이 규율하는 문제에 관한 기구의 권한범위를 선언한다. 또한, 이러한 기구는 그 권한범위의 실질적 변동을 수탁자에게 통지하며, 수탁자는 이를 당사자에게 통지한다.

Article 21

1. This Agreement shall enter into force on the thirtieth day after the date on which at least 55 Parties to the Convention accounting in total for at least an estimated 55 per cent of the total global greenhouse gas emissions have deposited their instruments of ratification, acceptance, approval or accession.

2. Solely for the limited purpose of paragraph 1 of this Article, "total global greenhouse gas emissions" means the most up-to-date amount communicated on or before the date of adoption of this Agreement by the Parties to the Convention.

3. For each State or regional economic integration organization that ratifies, accepts or approves this Agreement or accedes thereto after the conditions set

제 21 조

1. 이 협정은 지구 온실가스 총 배출량 중 최소한 55퍼센트를 차지하는 것으로 추정되는 55개 이상의 협약 당사자가 비준서, 수락서, 승인서 또는 가입서를 기탁한 날부터 30일 후에 발효한다.

2. 오직 이 조 제1항의 제한적 목적상, "지구 온실가스 총 배출량"이란 협약의 당사자가 이 협정의 채택일에 또는 그 전에 통보한 가장 최신의 배출량을 말한다.

3. 발효에 관한 이 조 제1항의 조건이 충족된 후 이 협정을 비준, 수락 또는 승인하거나 이에 가입하는 국가 또는 지역경제통합기구의 경우, 이 협정은 그러한 국가 또는 지

out in paragraph 1 of this Article for entry into force have been fulfilled, this Agreement shall enter into force on the thirtieth day after the date of deposit by such State or regional economic integration organization of its instrument of ratification, acceptance, approval or accession.

역경제통합기구의 비준서, 수락서, 승인서 또는 가입서가 기탁된 날부터 30일 후에 발효한다.

4. For the purposes of paragraph 1 of this Article, any instrument deposited by a regional economic integration organization shall not be counted as additional to those deposited by its member States.

4. 이 조 제1항의 목적상, 지역경제통합기구가 기탁하는 모든 문서는 그 기구의 회원국이 기탁하는 문서에 추가하여 계산되지 아니한다.

Article 22

제22조

The provisions of Article 15 of the Convention on the adoption of amendments to the Convention shall apply mutatis mutandis to this Agreement.

협약의 개정안 채택에 관한 협약 제15조는 이 협정에 준용된다.

Article 23

제23조

1. The provisions of Article 16 of the Convention on the adoption and amendment of annexes to the Convention shall apply mutatis mutandis to this Agreement.

1. 협약의 부속서 채택 및 개정에 관한 협약 제16조는 이 협정에 준용된다.

2. Annexes to this Agreement shall form an integral part thereof and, unless otherwise expressly provided for, a reference to this Agreement constitutes at the same time a reference to any annexes thereto. Such annexes shall be restricted to lists, forms and any other

2. 이 협정의 부속서는 이 협정의 불가분의 일부를 구성하며, 명시적으로 달리 규정되는 경우가 아니면, 이 협정을 언급하는 것은 이 협정의 모든 부속서도 언급하는 것으로 본다. 그러한 부속서는 목록, 양식 및 과학적·기술적·절차적 또는 행정적 특성을 갖는 서술적 성격의 그 밖의 자료에 국한

material of a descriptive nature that is of a scientific, technical, procedural or administrative character.

된다.

Article 24

The provisions of Article 14 of the Convention on settlement of disputes shall apply mutatis mutandis to this Agreement.

제 24 조

분쟁해결에 관한 협약 제14조는 이 협정에 준용된다.

Article 25

1. Each Party shall have one vote, except as provided for in paragraph 2 of this Article.

2. Regional economic integration organizations, in matters within their competence, shall exercise their right to vote with a number of votes equal to the number of their member States that are Parties to this Agreement. Such an organization shall not exercise its right to vote if any of its member States exercises its right, and vice versa.

제 25 조

1. 각 당사자는 이 조 제2항에 규정된 경우를 제외하고는 하나의 투표권을 가진다.

2. 지역경제통합기구는 자신의 권한 범위의 문제에서 이 협정의 당사자인 그 기구 회원국의 수와 같은 수만큼의 투표권을 행사한다. 기구 회원국 중 어느 한 국가라도 투표권을 행사하는 경우, 그러한 기구는 투표권을 행사하지 아니하며, 그 반대의 경우에서도 또한 같다.

Article 26

The Secretary-General of the United Nations shall be the Depositary of this Agreement.

제 26 조

국제연합 사무총장은 이 협정의 수탁자가 된다.

Article 27

No reservations may be made to this Agreement.

제 27 조

이 협정에 대해서는 어떤 유보도 할 수 없다.

Article 28

1. At any time after three years from the date on which this Agreement has entered into force for a Party, that Party may withdraw from this Agreement by giving written notification to the Depositary.

2. Any such withdrawal shall take effect upon expiry of one year from the date of receipt by the Depositary of the notification of withdrawal, or on such later date as may be specified in the notification of withdrawal.

3. Any Party that withdraws from the Convention shall be considered as also having withdrawn from this Agreement.

제 28 조

1. 당사자는 이 협정이 자신에 대하여 발효한 날부터 3년 후에는 언제든지 수탁자에게 서면통고를 하여 이 협정에서 탈퇴할 수 있다.

2. 그러한 탈퇴는 수탁자가 탈퇴통고서를 접수한 날부터 1년이 경과한 날 또는 탈퇴통고서에 그보다 더 나중의 날짜가 명시된 경우에는 그 나중의 날에 효력이 발생한다.

3. 협약에서 탈퇴한 당사자는 이 협정에서도 탈퇴한 것으로 본다.

Article 29

The original of this Agreement, of which the Arabic, Chinese, English, French, Russian and Spanish texts are equally authentic, shall be deposited with the Secretary-General of the United Nations.

DONE at Paris this twelfth day of December two thousand and fifteen.

IN WITNESS WHEREOF, the undersigned, being duly authorized to that effect, have signed this Agreement.

제 29 조

아랍어, 중국어, 영어, 프랑스어, 러시아어 및 스페인어본이 동등하게 정본인 이 협정의 원본은 국제연합 사무총장에게 기탁된다.

2015년 12월 12일에 파리에서 작성되었다.

이상의 증거로, 정당하게 권한을 위임받은 아래의 서명자들이 이 협정에 서명하였다.

공저자약력

박덕영

연세대학교 법과대학 졸업
연세대학교 대학원 법학석사, 법학박사
영국 University of Cambridge 법학석사(L.L.M)
영국 University of Edinburgh 박사과정 마침
교육부 국비유학시험 합격

(現) 연세대학교 법학전문대학원 교수
SSK 기후변화와 국제법 연구센터장

『EU통상법』, 『국제기후변화법제』, 『WTO 무역과 환경 사례연구』, 『배출권거래와 WTO법』, 『EU란 무엇인가』, 『알기쉬운 국제중재』, Legal Issues on Climate Change and International Trade Law 외 다수의 저서와 논문

최승필

독일 Julius–Maximilians–Universität Würzburg 경제학과 수학
독일 Julius–Maximilians–Universität Würzburg 법학박사(Dr. iur.)
미국 UC Berkeley Law School Visiting Scholar

(現) 한국외국어대학교 법학전문대학원 교수

『법의 지도』, 『신 국제경제법』, 『EU법 강의』, Tendenzen und Strukturen der südkoreanischen Bankenregulierung(공저), Der Staat als Wirtschaftssubjekt und - regulierer(공저) 외 다수의 저서와 논문

고문현

경북대학교 법과대학 졸업
경북대학교 대학원 법학과 법학석사
서울대학교 환경대학 수학
서울대학교 대학원 법학과 법학박사

(現) 숭실대학교 법과대학 교수
기후변화특성화대학원(에너지 법제도 전문가 양성과정) 원장

『기후변화와 환경의 미래: 어떻게 대응하고 적응할 것인가』, 『환경헌법』, 『독일환경법』, 『기후변화 대응을 위한 에너지·자원법』 외 다수의 저서와 논문

기후변화에 대한 법적 대응
-유엔기후체제, 국내법 및 통상법의 관점에서-

초판발행 2019년 2월 28일

지은이 박덕영 · 최승필 · 고문현
펴낸이 안종만 · 안상준

편 집 조보나
기획/마케팅 조성호
표지디자인 박현정
제 작 우인도 · 고철민

펴낸곳 (주) 박영사
서울특별시 종로구 새문안로3길 36, 1601
등록 1959. 3. 11. 제300-1959-1호(倫)
전 화 02)733-6771
f a x 02)736-4818
e-mail pys@pybook.co.kr
homepage www.pybook.co.kr
ISBN 979-11-303-3458-5 93360

정 가 29,000원